社会治理的政治哲学话语

The Political Philosophy Discourse of Social Governance

周谨平　著

国家社科基金后期资助项目
出版说明

后期资助项目是国家社科基金设立的一类重要项目，旨在鼓励广大社科研究者潜心治学，支持基础研究多出优秀成果。它是经过严格评审，从接近完成的科研成果中遴选立项的。为扩大后期资助项目的影响，更好地推动学术发展，促进成果转化，全国哲学社会科学工作办公室按照“统一设计、统一标识、统一版式、形成系列”的总体要求，组织出版国家社科基金后期资助项目成果。

全国哲学社会科学工作办公室

序　社会治理如何进入政治哲学的视野

谨平教授的新著《社会治理的政治哲学话语》即将问世，嘱咐作序，我欣然答应，一是本书所讨论的问题也是我近年来所关注的，多少能说上一二；二是在我的记忆里，这是谨平教授第一次提出这种请求，不好推辞；三是书稿作为国家哲学社会科学基金后期资助项目和湖南省哲学社会科学的重大委托项目，大部分内容已经看过，可以不必花更多时间去通读，顺述数言，妄为导读，不足为难。

随着国家治理能力与治理体系现代化战略的推进，社会治理的格局也越来越清晰。从管理向治理的现代转型是我国社会建设的历史任务。走向社会治理的过程既是社会生活方式持续创新的过程，也是社会生活理念不断丰富、迈向现代政治文明的过程。正因此，社会治理绝不能只停留在如何治理的操作层面，还必须上升到形上层面，追寻什么样的治理才是好的，这自然蕴含着深刻的政治哲学内涵。没有政治哲学的出场，社会治理也只能在技术层面变换花样而已。

对于社会生活，我们都无法回避一个最根本的问题：何种社会生活方式是“好”的。人类社会生活的历史本质上就是寻求“好”生活的历史。在漫长的历史长河中，社会生活的方式从未停下创新和演进的脚步，其根本的动力就是人们对于“好”生活理解的深化与充实。正如施特劳斯在论证政治哲学何以可能时所论述的，当我们开始对于“好”的追问时，我们便进入了哲学的世界。从古希腊对自然主义正义的追寻，先秦儒家对仁义、王道的推崇到中世纪上帝之城的设想，启蒙运动对于平等、自由、博爱的提倡再到马克思主义将人们从各种压迫中解放出来以获得全面自由发展的谋划，社会总是在“善”价值的引领下向前发展。从管理向治理的转型除了治理方式和手段的演化，更表达出我们政治共同体对于“好”社会生活的理解共识。近代以来，出现了政治、行政价值中立的声音。结构主义等理论认为我们不应带有价值的偏见进入公共生活，从而维护社会的公正。这一主张也导致政治生活与哲学的分离。然而，无论是政治资格的获取还是政治目标的达成，都需要价值的引导和支撑。面对社会治理，我们也必须思考，怎样的治理才是“好”的？要对之给出答案，我们必然要走进政治哲学的视野。

因此，与其将社会治理视为一种新的治理方式，毋宁把它视为关于社会之“善”的崭新叙事。传统管理的叙事是围绕权力而展开的，它强调权力的权威性和有效性，关注权力行使与管理目标之间的达成度。治理的叙事则围绕权利而展开，期待通过治理实现社会利益的共享、社会主体权利的满足。社会从管理走向治理的目的在于肯定和巩固社会成员的主体地位，希望以社会多元参与的方式弥补单一社会主体理性与能力的缺陷、在社会协同合作中推进社会的发展。自古希腊以降，怎样在社会生活中充分表达民众的主体身份、维护民众的权利就成为政治哲学的核心主题。我们的社会生活中所遇到的挑战在于，如何保证民众对于公共权力的参与。在传统社会管理模式中，公共权力的行使呈现出自上而下的单向度特点。政府部门成为公共权力的单一主体，具有绝对的政治权威，从而导致政府与其他社会单元的主客体关系绝对化。民众难以有效对公共权力行使产生实质性影响，主体地位受到挑战。同时，政府部门承担了过多的责任，权力与责任如车之两轮、鸟之双翼，总是相辅相成的，完全的权力导致完全的责任。随着社会生活的日益繁杂和丰富，承担所有的社会责任对于政府而言已是不可承受之重。更为重要的是，单向的权力结构让民众远离公共权力。而多中心、网络化的社会治理权力图式则为民众的公共事务参与搭建顺畅的桥梁，让人们可以将自己的意见、主张和权利诉求有效输入公共权力行使过程之中，实现公共权力的人民之治。在政治认同的时代，促进社会参与、谋求社会最大公约数不仅保证了治理的有效性，更强化了治理的道德合法性。社会制度安排、社会政策的实施，都必须服从人民的意志、增进人民的利益，这是由公共权力源自人民委托的本质所决定的。在何种程度上满足人民的意愿也成为社会治理道德合法性的重要来源。显然，社会治理是对政治哲学重大主题的回应，呈现出我们对于社会之“善”的现代理解。

对于社会之“善”叙事方式的改变必然产生新的政治哲学话语。任何社会治理方式的改变都对政治伦理秩序提出了新的要求。柏拉图以质料为依据对人们社会角色的划分、亚里士多德对公民德性的梳理都意味着，在不同的社会治理图式之中，需要建立与之相适的伦理秩序。社会的多元性和多样性决定了各社会主体的伦理差异。人们处于不同的社会地位、分担不同的社会责任，也产生了对公共生活的不同理解和不同的权益诉求。在个人与他人之间、个人与社会之间，难以避免伦理的矛盾与冲突。社会公共道德的建设、社会主体间权力边界的划分都对社会治理产生着至关重要的影响。我们不禁要问，我们应该怀着怎样的伦理姿态进入社会治理？在社会治理中，各社会主体之间构成怎样的伦理关系？我们又如何在社会治理中维护公共权力与私人权利、自我权利与他人权利之间的和谐互惠？毋庸置疑，只有当我们洞悉所处共同体的政治文化、把握公共生活的价值体系才能对上述问题予以有效的回应。对于这些问题的探究和回答构成社会治理的政治哲学话语。

这些问题，谨平教授在著作中多少都有回应，为我们开启了这个领域研究的一扇新门，但还是有回应不彻底、引路不明快之感。一方面可能是因为我们置社会治理于国家治理之下，并没有凸显社会治理与国家治理的同等地位，从而削弱了其政治意味；另一方面在操作层面上可能与我们对社会治理的狭隘性理解有关，停留于“鸡毛蒜皮”的小事而没有哲学意味。另外，当我们说“社会治理的政治哲学话语”时，是否意味着，社会治理仅仅是政治哲学“言说”的对象，还是社会治理问题本身就是政治哲学问题。从政治哲学的核心问题来看，就是要解决国家权力与社会权力两极平衡和制约问题，社会治理的根本在于如何有效制约国家权力对社会权力的无限制干预，还社会的“自治”状态。我国社会治理的基本遵循是：建设“党委领导、政府负责、民主协商、社会协同、公众参与、法治保障、科技支撑的社会治理体系，建设人人有责、人人尽责、人人享有的社会治理共同体，确保人民安居乐业、社会安定有序，建设更高水平的平安中国”。这些任务都需要从政治哲学的高度来观照、来寻找实践的答案，而不能仅仅是“话语”了，期待谨平教授对此有新的“答卷”。

是为序。

李建华

于三思书屋

2020 年 3 月

目　录

第一章　导言：中国社会治理的政治哲学之维 …………………………… 1

一　社会治理如何走入政治哲学 …………………………………………… 1

二　中国社会走向治理的政治哲学镜像 …………………………………… 4

三　中国社会治理的政治哲学语境与基本问题 …………………………… 10

第二章　社会治理的政治文化源流 ………………………………………… 17

一　社会治理与政治文化 …………………………………………………… 17

二　中国优秀的传统政治文化 ……………………………………………… 30

三　现代民主政治文化 ……………………………………………………… 44

四　马克思主义政治文化 …………………………………………………… 55

第三章　社会治理的价值内核 ……………………………………………… 70

一　社会治理中的自由价值 ………………………………………………… 71

二　社会治理中的平等价值 ………………………………………………… 81

三　社会治理中的民主价值 ………………………………………………… 91

四　社会治理中的法治价值 ………………………………………………… 99

第四章　社会治理的政治节点 ……………………………………………… 109

一　多元主体与党委领导的节点 …………………………………………… 109

二　公共舆论与意识形态的节点 …………………………………………… 114

三　公众意志与个体权利的节点 …………………………………………… 121

四　治理效率与社会公平的节点 …………………………………………… 127

第五章　治理节点的化解之道 ……………………………………………… 132

一　政府转型：社会治理的政府角色定位 ………………………………… 132

二　多元网络：社会治理的权力结构 ……………………………………… 142

三　多维一体：社会治理的话语范式 …… 152
四　公共理性：社会治理的理性支撑 …… 163
五　公民美德：社会治理的道德追寻 …… 174

第六章　社会治理的政治进路 …… 184

一　正义的社会基本制度安排 …… 184
二　民主的社会多维协商机制 …… 199
三　有效的社会自治能力 …… 210
四　德法共治的社会规导体系 …… 221

参考文献 …… 231

索　引 …… 242

后　记 …… 247

第一章　导言：中国社会治理的政治哲学之维

作为国家治理的有机组成部分，社会治理不仅为我们提供了新的社会生活开展方式，更为我们描绘了社会权力分配、运作、交往的全新图景。在这幅图景中，它无声地诉说着我们的社会价值理想、社会伦理观念，表达出我们对社会生活的理解和诉求。显然，如果我们只限于对其工具性的认知而仅仅将它视为一种手段或途径，我们也许将遗漏社会治理最基本的部分。在这一部分中，社会治理受到价值牵引、获得正当性的理由并明晰路径选择的方向。对于这部分的理解则需要我们聆听社会治理的政治哲学话语。

一　社会治理如何走入政治哲学

社会治理作为社会建设的现代模式是否具有政治哲学的意义，是我们必须澄清的问题。只有当它真实存在于政治哲学的视野中，对于其政治哲学的研究才是必要和有效的。

首先，社会治理具有追寻“善”的本质。所有的政治活动都围绕两个问题展开：我们在公共生活中围绕何种系统性理念开展政治生活及政治生活如何开展才能被视为有效。这也是社会治理所面对的中心问题。治理意味着我们有一个关于被治理着的世界之映象，在此映象中我们具备关于参与成员利益和如何安排他们社会地位的知识。[①] 拥有这些知识的前提在于，我们必须形成关于“好”生活的完备价值标准。唯有如此，我们才能分辨何种治理方式才是值得期待和选择的。政治哲学家施特劳斯（Leo Strauss）曾断言，所有的政治活动都受到价值判断的指引，

---

① 参见 Jan-Peter Voβ and Richard Freeman, eds., *Knowing Governance*, Palgrave Macmillan, 2016, p. 1。

当我们判断某种政治生活方式“更好”或者“更坏”时，我们实际上已经赋予了一种“善”的观念。正因此，政治活动的价值维度不是被外在赋予的，而是内含于对“善”的追求之中，要么追求“好”的生活，要么追求“好”的社会。在施特劳斯的视域中，“好”的社会完全是一种政治善。[①]对于“好”生活、“好”社会的期待无疑是我们推进社会治理的根本理由。所以在社会治理中，我们担负着一个不可推卸的责任——澄明治理的价值目标。“当这种善的指向逐渐清晰，而且人们致力获得关于这种善的知识，那么便踏入了政治哲学的领域。”[②] 就此而言，社会治理无可辩驳地存在于政治哲学场域。

其次，社会治理建立在对公共生活的现代性理解之上。换言之，只有在现代政治哲学语境中，社会治理模式才可能出现。现代意义上的治理是与传统政府主导的等级制管理相对的概念，旨在建立非中心化的水平权力结构。如果说传统等级管理主要依赖政府权威与强力予以维持，那么治理则主要通过社会成员多元参与、协商共识的方式进行公共决策。[③] 社会从管理向治理的转型是对社会权力关系和权力结构的重新调整。这种调整源自公共生活的现代性理念。从古希腊的城邦至上到黑格尔将国家视为“圣物”，在古典主义政治哲学观念中，国家处于至高无上的地位，拥有无可置疑的主体实在性。社会被置于国家权力的统摄之中，公共生活的主题在于展现国家主权。自霍布斯开始，公民个体的自主性开始受到尊重和肯定，个人权利逐渐成为现代政治哲学的中心话语。国家权力和公民权利的双峰并立使公共领域的形成成为可能，也使公共领域的存在成为必要。在古典主义的政治哲学语境下，公共生活旨在捍卫主权，人们对公共生活的参与围绕着超个人的目的体系。现代意义的公共生活则被赋予了新的意义，哈贝马斯援引阿伦特的话语说道：“社会是共同生活的形式，其中，人纯粹是为了生存而相互依赖，除此之外没有什么公共意义，因此，只是为了维持生命的行

---

① Hilail Gildin, ed., *An Introduction to Political Philosophy: Ten Essays by Leo Strauss*, Wayne State University Press, 1989, p. 3.

② Hilail Gildin, ed., *An Introduction to Political Philosophy: Ten Essays by Leo Strauss*, p. 3.

③ G. Westermeyer, *The Impact of Private Actors on Security Governance*, Springer Fachmedien Wiesbaden, 2013, p. 44.

为不仅出现在公共领域里，而且还决定公共空间的外在特征。”[①] 公共生活不再受到政治权力的支配，成为民众主张、实现个人生活目标而相互交往的空间。

在这一空间中，国家权力与个人权利之间达成统一。国家权力与个人权利表现出一定程度的张力。国家的公共性源自它“担负着为全体公民谋幸福这样一种使命”[②]，而公民所追求的是个人的利益。我们不禁要问，怎样才能超越个人的局限，让个体的诉求上升为普遍性的共同行动理由，达成个人权利与国家权力的一致？答案在于：我们需要提供一个场域，让每一位个体表达自己的意愿并倾听他人的声音，在交往中形成公意。公意成为国家权力合法性的基础，也通过公共权力监督国家权力的行使。因此，公共生活领域既不附属于国家权力，又与私人领域相对。每位公民都有自己的价值倾向和利益诉求，但公共生活有着去私人化的倾向，阿伦特把“共同”视为公共生活的特质。“作为共同世界的公共领域既把我们聚拢在一起，又防止我们倾倒在彼此身上。”[③] 去私人化不是消除私人差异的平整化，而是谋求超越个体差异的公共性。因此，在公共生活中，我们既需要倾听公民个体的声音，反映人们个体性的需求，又要防止这种个体自主性的扩张，造成个体对他人和社会的侵犯。这就是为什么我们要在多元社会主体间划分权力的边界，并通过社会权力的分配保障人们公共参与的资格和话语权。以分权和多元参与为特征的社会治理模式的产生是对公共生活的现代回应。在此意义上，社会治理与其说是一种被构建的新型社会建设方式，毋宁被视为在政治哲学的现代性浪潮中所形成的结果。

最后，社会治理不能离开道德的观照。如施特劳斯论及政治哲学的现代危机时所指出的，近代科技实证主义的兴起对政治哲学提出了严峻挑战。实证主义追求“科学”的知识，这种知识必须可以被实验所证明。源于孔德的实证主义不再如“形而上学”那样追求关于“为什么”

① 〔德〕哈贝马斯：《公共领域的结构转型》，曹卫东等译，学林出版社1999年版，第18页。

② 〔德〕哈贝马斯：《公共领域的结构转型》，第2页。

③ 〔美〕汉娜·阿伦特：《人的境况》，王寅丽译，上海人民出版社2009年版，第34页。

的完备答案，而转向寻求回答“如何做”的相关知识。[①] 实证主义引发了对政治生活研究的转向，即从价值和理念的研究转向规范与方法的研究。在实证主义影响下，治理成为科学分析和技术控制的对象，治理的话语逐渐从群体认同、价值、利益等公共性问题转为对治理工具性功能的探讨，治理“价值中立”的呼声日益高涨。[②] 问题在于，非道德的社会治理是否可能？回答是否定的。根据社会契约论的观点，我们之所以要建立社会，就是要摆脱非道德的前社会状态，谋求安宁和富足的生活。[③] 在我们探寻社会参与的有效方式、立法的合理程序、社会合作的科学途径等问题之前，我们不得不首先回答，为何社会参与、立法、社会合作是必要的？社会参与、立法与社会合作的目的何在，这些目的是否正当？所以任何社会制度、社会规则和社会程序的确立都需要体系化价值的支撑。同时，社会治理必然受到政治文化、道德传统的影响。所以虽然社会治理有着普遍性的内涵，但在不同社会，治理的内容又呈现出多样性的特点。非道德的社会治理只能是一种幻象，社会治理始终处于道德的观照之中。

社会治理走入政治哲学是由其“公共性”本质所决定的。只有阐明社会治理的政治哲学话语，我们才能回答社会治理的核心问题：我们需要何种治理和何种合理性。

二　中国社会走向治理的政治哲学镜像

中国社会从管理走向治理历经了漫长的过程。在这一过程中，我们的社会权力关系、结构与运行范式都发生了深刻变革。推动变革的根本原因是政治哲学话语的转换。

中国社会迈向治理之路大致可分为三个阶段：从 1949 年到改革开放之前是第一阶段，从改革开放到党的十八届三中全会召开是第二阶段，党的十八届三中全会和党的十九大则开启了第三阶段的序幕。其中的每

① 参见 Hilail Gildin, ed., *An Introduction to Political Philosophy: Ten Essays by Leo Strauss*, pp. 7 - 13。

② 参见 Jan-Peter Voβ and Richard Freeman, eds., *Knowing Governance*, pp. 3 - 4。

③ 参见万俊人《政治如何进入哲学》，《中国社会科学》2008 年第 2 期，第 22 页。

一阶段都呈现出特有的政治哲学镜像。

在第一阶段中，中国实行了以政府主导的严格的社会管理制度。其突出特征在于试图建立具有统合能力的全能型政府，最大限度地发挥政府职能，以国家理性引领社会发展。这一时期，国家计划成为社会建设的主导模式，政治占据社会生活的中心地位。基于国家计划的社会管理体系在当时无疑具有现实的合理性。

中华人民共和国成立之初，国家百废待兴、差序社会传统影响犹存、国民思想意识差异明显。在这种背景下，凭借强有力的政治手段统一思想、整合资源、稳定秩序无疑是在短时间内凝心聚力、推进社会快速发展的必然选择。中国社会经历长期分崩离析的状态，社会力量极为有限，不足以支撑社会生活。在公民层面，权利意识淡薄、公共精神尚未确立，人们面对社会生活方式从传统走向现代的转变亟待价值观念的有效引领。社会权力和公民权力缺失留下的空白须由国家权力予以填补。以国家理性为主导的计划模式能够为社会生活划定基本框架、集中国家资源发展与国计民生密切相关的重点领域，实现以点带面的发展。

中国当时的政治形态和国际环境让扩大国家权力成为时代的需求。社会主义理论建立在对资本主义生产生活方式的反思、批判之上。20世纪初期西方世界所爆发的经济危机充分暴露了资本主义私有制生产方式的局限性。西方私有制生产模式直接导致了个体利益与社会利益之间的张力、扩大了社会成员之间的经济差距。通过国家计划实现信息对称、规避市场失灵的后果、化解经济不平等的张力无疑是一种合理的考量。从世界范围来看，20世纪四五十年代，世界刚刚经历第二次世界大战的浩劫，即便西方国家也开始普遍推行强调国家干预的凯恩斯主义，建设福利国家的浪潮席卷了欧洲。通过扩大国家权力消除单纯市场机制的不足成为一种广泛的共识。从这一角度来看，中国当时推行以国家为主导的社会管理模式符合国际社会建设的趋势。这也证明，强化国家权力是在社会遭受重大破坏之后重建的内在需要。

在社会的发展进程中，全能型政府的社会管理模式开始暴露弊端。首先，政府理性的有限性在日益复杂的社会生活面前被不断放大。随着社会逐渐步入稳定发展阶段，社会生活日趋丰富、社会结构出现重大变革，单一的国家计划已经不能跟上社会前进的步伐。国家计划难以完全掌握社会的供给与需求，也不能穷尽社会纷繁复杂的具体情境，从而导致国家计划的失灵。而且，在单一计划模式下，政府理性的不足演化为社会风险，在政府理性没有照见的领域，社会生活出现失序与混乱，任何政府决策的偏差都极易导致严重的社会后果。

其次，国家统合式管理压抑了社会的成长、挤压了社会生活空间。严格的社会管理在有效稳定社会秩序的同时也影响了社会的流动，削弱了社会活力。中国在改革开放之前施行了严格的户籍制度，通过控制人口流动强化对人们社会行为的监督和管理。同时，政府职能不断扩张，政府权力延伸到社会生活的方方面面，甚至渗透私人领域，跨越了国家、社会和私人的界限。在这种状况下，公共领域基本被国家权力所控制，社会事务完全交由政府处理、社会自主能力无从发展。

最后，政府也承受着巨大压力。权力与责任总是呈现出对称的姿态，权力的无限伸展必然带来无限责任。西方战后的社会管理中也出现了类似的现象。福利国家的建设让西方国家政府背负了沉重压力，最终引发20世纪70年代的经济危机，催生了新公共管理改革运动。全能型政府对政府能力提出了苛刻的要求，对于社会事务的大包大揽更加重了政府的经济负担和道德责任。一旦某些问题得不到及时解决，政府作为唯一的责任主体，成为民众归咎的对象，政府权威也因此受到严峻挑战。之所以在改革开放之前我们的社会变革频繁出现极端情况，根本原因在于政府有限能力与无限责任之间的矛盾不能得到有效化解。

党的十一届三中全会召开之后，我国确立了改革开放的基本方针，社会建设进入第二阶段。在此阶段，我国将建设社会主义市场经济作为国家战略、旨在解决落后的社会生产力与人民日益增长的物质文化需求之间的矛盾。这一时期，我国将经济发展作为社会建设的中心任务，一度提出了“以经济建设为中心”的口号，着力发挥市场机制在物质生产、分配中的主导作用，致力于提高社会效率、调动人们的主观能动性、凭借多劳多得的分配制度鼓励人们参与市场竞争，增进市场活力。为了满足经济发展对自由市场和劳动力的需求，社会管理逐渐宽松，人口的大面积流动成为常态，陌生人社会开始形成。特别需要指出的是，社会道德文化也较以前出现了重大变化。改革开放之前，我们对社会主义集体主义道德原则的理解出现了偏差，无条件地将集体利益凌驾于个人利益之上，忽视了两者的融合统一，对个体利益持否定态度。改革开放之后，社会开始肯定个人权利，鼓励通过个体努力创造社会财富、实现自我价值。我国围绕公民权利颁布了多项法律法规，以法制形式保护个人权利的表达与实现。以2007年《物权法》的通过为标志，个人财产得到前所未有的尊重。在社会主义市场经济的助推下，我国社会也呈现出新的特征，在诸多领域发生了深刻变革。

首先，公民权利意识提升、产生了更多的权利诉求。在市场机制中，无论是社会层面还是公民个体层面，都给予私人领域更多关注。市场经济的内在逻辑在于：社会主体凭借自己的有限理性实现个体利益的最大化，最终通过个体的自觉行为达到社会资源的最优配置。市场经济肯定社会主体理性的有限性并且认为正是这种有限性为人际平等和个体自由提供了理论基础。正如市场经济之父亚当·斯密所描述的："我们每天所需的食品和饮料，不是出自屠户、酿酒家或烙面师的恩惠，而是出于他们自利的打算。我们不说唤起他们利他心的话，而说唤起他们利己心的话。我们不说自己有需要，而说对他们有利。"① 因为理性的有限性，任何人的理性都不完满，因此不能将自己的意志强加于人。同时，作为一种自发的经济模式，个人行为成为市场的起点，个人成为市场机制的基本维度。这一机制无疑使人们关切自我、认同自我，强调维护私人利益。

其次，社会流动性增强，公共领域逐渐成长。社会主义市场经济建设产生了对社会流动性的内在需求。社会资源在市场机制作用下，打破地域界限，在国家范围内实现优化配置。与之相适，我国逐步推进户籍制度改革，为人口流动提供政策和制度支持。人口大面积流动成为改变我国社会结构的重要因素。人口流动完全改变了以往熟人社会的特征，来自不同地域、不同文化背景、有着不同成长经历的人们开始聚集、交往，组成新的公共领域，陌生人社会成为现代社会的主要特征。陌生人社会的形成让社会认同机制和交往机制都发生结构性的变化。就社会认同而言，熟人领域的认同具有某种自然意味。熟人社会最主要的纽带是血缘，依据在血缘体系中的位置，人际构建起了自然的相互关系，并由

① 〔英〕亚当·斯密：《国民财富的性质和原因的研究》（上卷），郭大力、王亚南译，商务印书馆1994年版，第14页。

此担负一定的道德责任、享有对应的权利。在熟人社会中，人们的生活范畴受到极大的限制，约定俗成的社会规则和行为原则更容易被个体所认同和接受。因为一旦违背所在社会的共识，人们将付出沉重代价，甚至遭到生活共同体的排斥和驱逐。就交往机制而言，熟人社会的交往需要充分考虑族群的利益，考量自己行为对于族群成员的影响。而且，人际交往带有某种强制性。这种强制不一定是制度化的强迫，而是生活范畴的狭小所导致的必然性交往。在陌生人社会，人们之间不再以血缘作为联结的基础，交往也表现出更强的自主性。因为大家缺乏先天的联系，相互间承担着较小的交往义务。在这种情况下，人们无论在价值倾向还是交往对象的选择层面，都更多地关注自我。

同时，旧有社会生活格局的调整促使人们参与社会生活的态度也发生改变。如果说在计划经济时代，人们更多地是以“单位人”的身份参与社会生活，那么在市场经济时期则是以“社会人”的姿态进入公共领域。计划经济时期，“单位”不仅承担着社会生产的职能，而且扮演着社会管理的角色。从基础教育、技能培训到医疗服务、社会治安，“单位”特别是国有大中型“单位”都普遍设置相关部门，在为所属员工提供全面社会服务的同时也进行着系统化管理。毫无疑问，“单位人”社会在很大程度上依然保留着熟人社会的形态。改革开放之后，伴随着公有制改革，“单位”的社会功能大为简化，私有经济的发展削弱了人们的“单位”依属关系，人们以新的身份、新的态度参与社会生活。“单位”社会功能弱化的背后是行政权力在社会领域的收缩，这为公共领域的成长留下了空间。人们更愿意在社会生活中表达自己的观点和利益诉求，通过相互协商达成共识、开展协作。

最后，社会力量增长，自治空间得以扩大。围绕社会主义市场经济建设，我国社会改革也不断深化，其中的重要方面在于为社会组织的成长创造条件，并且鼓励其发展。经过完全计划模式的实践，人们对国家理性的局限有了深入的认识，也意识到政府能力的有限，从而希望凭借社会组织的建设弥补政府能力的不足，让社会力量分担社会管理的责任。同时，社会组织作为非政府机构，在社会管理中能发挥积极的协商功能，也能以第三方的身份参与公共事务、保持公正的立场。改革开放之后，社会组织数量快速增长，组织类别也日趋丰富，涵盖各个领域。在这一过程中，社会逐渐形成了自我管理的空间。社会自治空间的形成是社会主义市场经济建设的必然结果。社会主义市场经济模式强调在经济领域必须尊重市场规律，充分发挥市场在经济资源配置、经济活力刺激等方面的优势，以市场机制代替政府意志安排经济生活。提升经济领域的自治能力无疑是市场机制的内在要求。社会主义市场经济建设并不仅仅是经济领域的问题，还是国家战略，如何在社会管理中探寻满足市场模式需求的方式和手段成为社会建设的重大问题。社会自治空间的发展是对市场机制诉求的回应，也受益于市场思维的影响。

公民意识的提升、公共领域的形成以及社会力量的增长产生了对于社会生活新的要求，也为我国继续深化社会改革积蓄了力量。在旧有体制的惯性作用下，现行社会管理相对于社会发展表现出明显的滞后性。有学者总结我国当前社会管理的主要问题在于：公民社会程度偏低、有限政府理念尚未确立、社会管理体制尚不健全。[①] 造成这些问题的原因在于，我们依旧延续着以政府为中心的社会建设思路，行政权力仍然处于社会管理的主体地位。我们看到，在经济层面，很长时间还是依靠政府拉动经济增长，行政过度干涉经济行为的现象普遍存在，影响了市场效力；在社会层面，政府管理职能比服务职能表达得更为强势，户籍制度、社会组织登记审查制度等方面存在的缺陷为社会能力发展设置了障碍；城乡二元结构依然没有被打破，导致群体差异和区域差异没有得到根本消除。这些现象显然与我国社会发展的方向存在偏差。以新的理念引领我国社会改革的深化、以新的路径铺筑适合社会发展的道路，成为我国社会建设亟待解决的关键问题。

在这种形势下，我国社会建设开始向新的阶段迈进。以党的十八届三中全会和党的十九大为里程碑，社会建设开启了新的篇章，走上了社会治理的道路。党的十八届三中全会报告明确提出："全面深化改革的总目标是完善和发展中国特色社会主义制度、推进国家治理体系和治理能力现代化。"[②] 社会治理是国家治理的有机组成部分，核心在于维护、强化社会成员的主体地位，通过共同参与、相互协作让社会发展结果符合

① 周红云：《社会管理创新》，中央编译出版社 2013 年版，第 7 ~ 9 页。

② 《习近平关于全面深化改革论述摘编》，中央文献出版社，2014，第 23 页。

人民意愿与利益需求、为所有社会成员所共享，形成健康稳定的社会秩序。党的十九大报告清晰提出“打造共建共治共享的社会治理格局”的时代任务，指明了社会治理的根本方向：“加强社会治理制度建设，完善党委领导、政府负责、社会协同、公众参与、法治保障的社会治理体制，提高社会治理社会化、法治化、智能化、专业化水平。”①

三　中国社会治理的政治哲学语境与基本问题

社会从管理向治理的转变标志着我国社会建设理念在新时代背景下的重大调整，表达出从善政走向善治的强烈信号。因此，社会治理也处在新的政治哲学语境之中。

首先，社会权力呈现出新的结构。我国以往的政治生活着力于通过强化政府职能、提升行政能力对社会进行全面规导，通过政府行为满足人们的需求、维持社会的稳定。善政是支撑这种社会管理模式的核心理念。善政过分关切于政府，将之作为社会管理的唯一主体而忽视了社会各单元之间的分工合作。政府与其他社会主体之间表现出自上而下的垂直关系，后者的自主性受到行政权力的挤压和削弱。此种态势显然与党的十九大“推动社会治理重心向基层下移，发挥社会组织作用，实现政府治理和社会调节、居民自治良性互动”的目标相背离。对于公共权力而言，善政理念暗含潜在的风险。根据现代政治理论，公共权力源自社会成员的让渡，是人们相互达成契约的结果。因此，公共权力归属所有社会成员，人们也由此具备参与公共生活的权力。善政理念让政府成了公权的唯一代理者，压缩了公权参与的通道，并加剧了政府权力与其他权力之间的张力。在善政的图谱中，虽然民众的福祉也被置于重要的位置，但执政者与民众间建立起差等的关系。行政权力是施惠于民的主要载体，实现民众福祉的方式与目的基本由行政者决定。作为公权的代言人，执政者在公权行使过程中难以摆脱“家长式管理”的影子，而且表现出不断强化其权力中心的倾向，造成行政权力对其他权力的排斥。这

① 习近平：《决胜全面建成小康社会　夺取新时代中国特色社会主义伟大胜利——在中国共产党第十九次全国代表大会上的报告》，人民出版社2017年版，第49页。

无疑有悖于现代权力理论的初衷。善政模式在社会力量高度发展的今天难以满足公共权力的本质需求，从善政走向善治也成为时代发展的必然。善治强调社会各主体的共同参与，充分发挥所有社会成员的主体作用，以责任共担、利益共享的方式强化社会协作、实现社会的良序发展。与善政相比，善治表现出显著的政治包容性，对于公共权力有着更为开放的理解。依据善治理论，公共权力并非由政府所独享，任何社会主体只要在公共生活中得到认可，都可以被赋予公权。因此，政府不再是社会治理的单一主体，行政权力也不再是垄断性的权力，公共权力的协同共治成为社会治理的常态。[①] 社会权力呈现出平行结构。

其次，社会行为呈现出新的机制。在社会管理模式下，政府是社会行为的指挥者和召集者，通常以行政命令的形式分配社会工作、组织社会合作。政府为社会集体协作制定目标、程序和方式，行政权威成为凝聚社会资源、开展社会行为的支柱力量。这种模式的优势在于能够快速传递行政信息、整合社会资源、执行决策方案。当遇到突发事件，政府组织行为能够做出及时有效的回应。但其存在的问题也是不容忽视的。行政权力支配下的社会合作对政府理性提出了苛刻的要求。要在复杂且充满变化的社会生活中完全依赖政府理性制定出完备的集体行动方案是一项极为困难的任务。一旦发现之前的判断出现错误，或者行为环境因素发生改变，就必须等待政府做出新的决策，导致社会集体行为缺乏足够的灵活性。社会治理中更多是基于社会成员意愿的自发合作。“治理”概念最早的意义可以追溯到古希腊时代的掌舵行为。我们社会中存在大量的如气候变暖、资源枯竭等无法由某一个体独自处理的问题。面对这些问题，任何自利的行为都会导致对公共利益的伤害。所以，我们需要社会的集体性选择。做出这一选择不是依赖某一社会主体的意志和利益诉求，而是社会成员在共识下的自主行为。社会治理过程是人们通过广泛协商产生自发合作、做出集体选择的过程。[②] 如果说政府组织型的社会行为主要依赖政府决策，治理型社会行为则建立在协商决策机制之上。与前者相比，自发的社会行为能够更广泛地吸纳不同社会成员的意见、

① 胡仙芝：《从善政向善治的转变》，《中国行政管理》2001 年第 9 期，第 22 ~ 23 页。

② B. Guy Peters, “Governance as Political Theory,” in Jiangxing Yu and Sujian Gao, eds., *Civil Society and Governance in China*, Palgrave Macmillan, 2012, pp. 18 – 19.

顾及更多社会群体的利益、具有更普遍的代表性。因为自发型的社会行为是社会成员自愿参与的结果，所有参与者都必须对行为的进程和结果负责。这也会激发参与者的责任意识，促使人们以更积极的姿态参与社会生活。当然，社会治理不是以公民自发行为取代政府行为，或者将行政权力完全驱逐出社会领域。恰恰相反，社会治理强调通过行政权力参与社会行为方式的改变而发挥其更好的作用。如盖・彼得斯（B. Guy Peters）所言，政府在社会治理中发挥着前提性（Ex ante）功能，除了其所具备的政治权威和对于合法性权力的垄断之外，它为社会行为的达成制定协商与决策的规则。[①] 关键在于，行政权力要从社会行为的发起者和支配者转变为倡导者和服务者，即为社会集体协作提供平台和支撑、给予社会成员充分的商讨空间、通过制度设计保障公共决策的效率和科学性。

最后，社会道德呈现出新的图式。在传统管理模式下，社会道德主要由政府倡导、传播、规范，表现出鲜明的一元化特点。政府往往既是社会道德体系的构建者，也是宣传者和评价者。这种道德图式难免造成政府对于道德话语的垄断以及社会道德生活的僵化。依赖行政权力推行道德认同的方式不仅导致了社会其他主体的失语，更压抑了人们的道德理性发展。我们已经进入了文化多元的时代，在网络技术的助推下，文化交往早已突破空间与时间的限制，在社会各个角落交织汇聚。价值选择俨然成为人们不可逃避的道德生活内容。行政权力主导的道德传播机制不但削弱了人们价值选择的权利，更让大家面对多元价值显得无所适从。凭借公民自身的道德理性在社会生活中做出判断与选择是多元时代的要求。如同国家理性无法穷尽社会的变化，政府的道德理性也不能涵盖一切领域，为所有道德情境提供答案。道德体系的构建既需要顶层设计的指引，也要有公民共识的维度。我们要防止任何单一社会群体垄断道德话语。否则，那些与之持有不同道德观念的社会成员就可能受到偏见与歧视，这无疑将损害社会的包容性。因此，社会治理中的价值认同诉诸人们在社会同源文化背景下所达成的道德共识。在从私人领域走向

---

① B. Guy Peters, "Governance as Political Theory," in Jiangxing Yu and Sujian Guo, eds., *Civil Society and Governance in China*, p. 20.

公共空间的过程中实现私人道德向公共道德的转化需要公民理性的支撑。以重叠共识的方式谋求社会道德的最大公约数，才能获得社会成员的普遍认同，从而具备公意的合理性。诚然，政府的道德引导是社会道德建设不可或缺的环节。将纵向的引导与横向的共识有机结合，构筑开放的社会道德体系，是社会道德治理的根本方向。

社会权力关系的调整、社会行为机制的革新和社会道德图式的改变让社会治理处于新的政治哲学话语之中，内生出新的政治哲学诉求。要厘清社会治理之道，我们必须回答以下这些根本性的问题。

其一，社会治理源自何种政治文化？社会治理作为一种关于社会生活的理念不是无本之木、无源之水，相反，它根植于国家的政治实践历史和政治文明发展历程之中。国家的政治文化深层决定着社会生活的开展方式。在政治文化的浸染与熏陶下，人们形成了相应的价值观念和行为习惯。因此，处于不同政治文化语境中的人对于社会生活有着不同的理解。在一定程度上，政治文化决定着人们的政治生活态度和能力。加布里埃尔·A. 阿尔蒙德等研究发现，在不同的政治文化中，社会成员的交往倾向、群体认同、自我角色定位和合作态度存在明显差别。[①] 这也直接关系到人们的社会能力。在组织和团体意识浓厚的政治文化中，大家对社会参与表现得更为积极，也更愿意担负社会责任、发挥自己的能力。[②] 只有探明社会治理的政治文化源流，我们才能辨识其所处的政治文化环境，依此培育合乎人们政治文化观念、与大家社会生活方式相适的路径选择。这也是保障社会治理文化合理性的重要基础。

此外，社会治理是在特定的政治文化中展开的，源自不同政治文化的社会治理被赋予了独特的价值内涵和意义。基于这一角度，社会治理又是政治文化的载体，显现出所承载政治文化蕴含的价值倾向和道德标准。所以，拥有不同政治文化背景的社会治理，虽然表现出共同的特征——如强调分权和多元参与，但有着各自的治理范式。政治文化也是一个动态开放的系统，政治文化的发展是促进社会生活变革的内在动因，

---

① 参见〔美〕加布里埃尔·A. 阿尔蒙德、西德尼·维巴《公民文化——五个国家的政治态度和民主制度》，张明澍译，商务印书馆、人民出版社 2014 年版，第 287 ~ 330 页。

② 参见〔美〕加布里埃尔·A. 阿尔蒙德、西德尼·维巴《公民文化——五个国家的政治态度和民主制度》，第 256 ~ 260 页。

社会生活方式的改变也会促进政治文化的丰富。如我国学者谢晓娟所论述的，政治文化在社会转型中可以发挥“路线图”的作用。[①] 在对政治文化脉络梳理中，我们不但可以获得社会治理历史合法性的证明，还能从政治文化的发展走势中洞见社会治理的前行方向。

其二，社会治理由何种价值所支撑和引领？如上文所述，任何社会都离不开善的指引，无论何种社会制度、社会政策，背后都有基本价值的支撑。虽然近代科技理性主义的盛行曾经对公共生活和社会管理产生了深远影响，一度试图将公共管理与道德相剥离，激进的自由主义学者甚至认为“政治中立”是唯一可行的民主政治方向。[②] 但公共生活对于善的追寻从未停止，道德依旧是公共生活得以可能的基础。唯有遵循正确价值的引导，社会生活才能沿着健康的轨道向前发展。问题在于，社会治理追求的基本善是什么？只有把握社会治理的价值内核，才能为此问题提供答案。

社会治理的价值内核集中反映了其价值立场、价值目标和价值理念，决定了社会在治理中所恪守的伦理原则，是治理的价值坐标。只有阐明其价值内核，我们才能衡量社会治理的善恶得失，才能选择正确的治理方式和手段。更为重要的是，价值是社会治理的灵魂。仅当我们认同社会治理包含的基本价值时，我们才会接受治理所倡导的程序和规则，治理模式才能存在和延续。当我们问为什么要以合作协商的方式而不是以强制认同的方式达成社会共识时，我们只能诉诸其价值内核寻找最终的根据。

其三，社会治理面对着怎样的价值张力？社会治理面对着多层次的价值张力。

首先，社会治理面对着其“公共性”本质与社会多样性的张力。社会治理需要社会成员的共同参与、合作，旨在促进社会的整体福祉、使社会发展的成果惠及所有成员。“公共性”是社会治理的本质属性。所以，社会治理具有“求同”的向度，期待在社会生活中达成观念和利益诉求的共识。但我们的社会表现出多样性特点。尊重这种多样性，在承

---

① 谢晓娟：《政治文化：民主政府的制度环境与制度精神》，《中国特色社会主义研究》2008 年第 2 期，第 41 页。

② 万俊人：《政治如何进入哲学》，《中国社会科学》2008 年第 2 期，第 20 页。

认社会差异的基础上谋求共同的社会合作恰恰是社会治理区别于传统管理的基本特质。如何在社会整体之“同”和个体之“异”间寻求平衡，是社会治理需要解决的重要课题。

其次，社会治理面对着有限资源与社会需求的张力。社会是一个由多元主体构成的复杂体系。社会的多样性在于，社会成员有着各自的家庭背景、成长经历、社会地位、文化信仰，由此产生了对于社会生活的不同期待和诉求。社会治理既包括对社会权力的分配，又包括对社会资源的分配。由于权力和资源的有限性，我们无法同时同等程度地满足社会成员的所有需求。况且，治理必然需要效率的保证，但很多社会福利性的需求可能降低效率。如何消解公平与效率的紧张是公共领域长期存在的难题。

最后，社会生活是由不同的领域所构成的。各个领域都有自己的价值目标和价值实现方式。这些价值之间难免出现矛盾和冲突。我们显然不能期待以单一的模式统驭社会生活的各方各面，但我们又必须有统一的价值标准对社会生活进行检验和调整。正确处理社会诸领域间的价值关系，是社会治理面临的又一挑战。

只有深入剖析社会治理主要张力的内在根源，才能有效寻找化解之道，通过治理实现和谐共享。

其四，社会治理中的价值张力如何化解？化解社会治理价值张力的根本途径在于满足治理的政治哲学诉求。社会治理意味着社会权力结构的调整以及社会主体关系的重新梳理，政治哲学语境的改变让社会治理内生出新的诉求。

首先是对于政府角色重新定位的诉求。上文在论及社会权力新结构时已指出，政府不再是社会生活的支配者，行政权力的垄断格局被打破。这就要求政府必须改变在传统社会管理中的“家长式”角色，根据社会治理的要求调整权力范围和行使方式。

其次是对于社会权力重新分配的诉求。在新的社会权力结构和社会行为发生机制中，我们需要重新分配社会权力并在社会主体间划定清晰的权力边界。社会权力分配必须确保所有成员都具有参与治理、进行社会合作的能力。在这一过程中，我们既要实现国家权力的合理退让，防止权力主体间的相互侵犯，又要填补国家权力收缩留下的空间，确保治理模式的有效性。

再次是对于社会理性的诉求。国家理性和经济理性都不能成为社会治理的支撑。那种将社会生活完全置于国家理性之下的模式已被证明存在巨大风险。而基于个人层面的经济理性难以满足社会治理“公共性”的需求。所以我们必须为社会治理寻求新的理性支撑。

最后是对于社会道德的诉求。道德言说方式的改变对道德生活提出了新的要求。社会治理所期待的道德话语既要为社会成员的交往、合作提供共识的基础，又要保持开放和宽容的姿态，与现代多样化的道德生活相适，维护人们协商、谈论的空间。

唯有促进政府转型、协调社会权力关系、培育支撑公共生活的理性与道德，才能消除社会治理中的价值矛盾。

其五，社会治理要通过何种路径方可实现？社会治理最终需要通过制度、政策、机制予以贯彻和落实，它们为社会生活提供基本框架。我们不禁要问，在社会治理的模式下，我们需要何种制度安排、构建何种机制？

在社会治理的进路构筑中，我们必须保证程序和治理结果的正当性。这种正当性意味着：我们所制定的政策、制度应向所有社会成员开放，并确保他们在程序之中受到无差别的对待；治理的结果应该满足其核心价值的要求，维护社会成员基于政治身份的平等。探寻适宜的政治进路是实现社会善治的关键所在。

上述问题直接关系到社会治理的合法性、正当性，关系到对于社会治理的认识、理解与践行，是社会治理的政治哲学核心问题。探寻这些问题的答案正是本书的学术期待。

第二章　社会治理的政治文化源流

政治文化深刻影响着人们对于社会生活的理解、价值期待以及参与社会生活的方式，潜移默化地推动着社会建设模式的创新。社会治理根植于我国深厚的政治文化土壤，并因此获得持久的生命力。孕育我国社会治理的政治文化主要来自三个方面：一是我国优秀的传统政治文化，二是现代民主政治文化，三是马克思主义政治文化。

一　社会治理与政治文化

任何一种社会运行的模式都受到所处政治文化语境的深刻影响，又刻画、改变着政治文化。恰如亨廷顿援引帕特里克·莫伊尼汉所言，“保守地说，真理的中心在于，对一个社会的成功起决定作用的是文化，而不是政治。开明地说，真理的中心在于，政治可以改变文化，使文化免于沉沦”。[①] 任何地区的社会治理都有共性的一面，治理概念的提出就是政治文明发展的结果，或者说，是发端于现代民主的社会模式。但不同国家和地区的治理又表现出鲜明的独特性，不同社会的治理话语体系都蕴含和表达了其政治文化的历史和特质。因此，要准确把握我国社会治理的政治哲学内涵，就必须细致考察社会治理的政治文化。

其一，政治文化是人们在社会治理中角色定位的重要标志。政治文化是社会成员接受和认同共同体的决定性因素，特定政治文化赋予了人们在政治生活中理解自我身份的视角。在这种视角下，人们赋予政治生活相应的意义，由此建立与社会和他人的联系，并承担与之相适的责任和义务。

古希腊城邦中形成了基于公民身份的文化传统。在公民文化的影响

① 〔美〕塞缪尔·亨廷顿、劳伦斯·哈里森主编《文化的重要作用——价值观如何影响人类进步》，程克雄译，新华出版社 2010 年版，第 8 页。

下，古希腊人所追求的美德几乎都与城邦生活息息相关。在亚里士多德描述的诸种美德之中，我们都能看到城邦的影子。按照亚里士多德的逻辑，城邦的善处于最高的价值位阶。他在论证政治学追求最高目的善的过程中指出，“既然政治学使其他科学为自己服务，既然政治学制定着人们应该做什么和不该做什么的法律，它的目的就包含着其他学科的目的。所以这种目的必定是属人的善。尽管这种善于个人和于城邦是同样的，城邦的善却是所要获得和保持的更重要、更完满的善”。[①] 亚里士多德认为德性的获得不是来自自然的赋予——虽然自然给予我们道德能力，而道德的达成、德性的展现最终取决于公民对政治生活的参与。古希腊人对城邦的热爱、对荣誉的尊崇、对贡斯当所言积极自由的履行构成其民主政体的行动源泉。这也可以解释为何直接民主的形式在古希腊能够得到长久的维护和延续。而在其他的政治文化体系中，人们辨识自我的方式则大相径庭，从而衍生出其他形态的政治制度。孟德斯鸠就把古代波斯的专制政体归结于它的政治文化。他对此言道：“在波斯，当国王谴责某人时，没有人敢于申辩或祈求仁慈。即使国王喝醉或发疯，他的命令也照旧执行。”[②] 显然，之所以古波斯人对于国王的命令持有这样的态度，与他们对于自我政治身份的认识是密不可分的。

在某种意义上，人们在接受和认同共同体的同时也在阐释自我与共同体的意义，而对意义的阐释总是以政治文化的存在为背景的。所以，政治生活总是呈现历史性和民族性。社会治理与传统社会管理的重大差别在于这种模式期待打破权威式管理的垄断，形成多元共治的局面。在社会多种主体的参与中，我们以怎样的方式建立彼此的联系，我们以何种机制构建多方参与和互动的渠道、平台，很大程度上取决于社会成员如何看待社会共同体与自我的关系以及自己在其中扮演的角色。政治文化在这方面发挥着不可忽视的作用。

其二，政治文化深刻影响着社会治理价值目标的设定。社会治理包含着为人们所公认的价值，比如学界普遍承认治理方式承载着民主的价

---

① 〔古希腊〕亚里士多德：《尼各马可伦理学》，廖申白译注，商务印书馆 2009 年版，第 6 页。

② 〔美〕迈克尔·布林特：《政治文化的谱系》，卢春龙、袁倩译，丛日云校，社会科学文献出版社 2013 年版，第 7 页。

值理念，内生对于传统权威性政治的解构。但不同类型社会所采取的治理模式又追求着各自的价值目标。比如在激进自由主义的社会治理中，治理的价值目标在于至上的自由，旨在最大限度地保障自我所有权和财产所有权。如金里卡所指出的，自由至上主义在政治生活中希望尊重人们的选择，但反对纠正不平等的境况，因为他们害怕后者在政治中的道德滑坡，即为了促进平等而无限扩大政府对社会生活的干涉。① 而在社群主义的政治文化中，社会治理则会更加注重社会成员间的特殊关系，他们会倾向于保持群体的多样性并且恢复一种共同善观念。②

因此，当我们设定社会治理的价值目标时，就必须充分考虑政治文化的潜在影响。换言之，政治文化潜移默化地培育人们对于社会治理的价值理解，同时又孕育着人们的政治偏好、影响着政治价值的定位。美国学者罗纳德·英格尔哈特深入调查了价值类型与政治偏好之间的关系，发现拥有不同文化偏好的人有着自己清晰的价值定位，以此而拥有各自的政治立场。英格尔哈特发现，无论在欧洲还是美国，人们都能在激进主义和保守主义的指标体系中找到自己的位置，而且他们物质主义价值的强弱与政治立场之间保持着紧密的关系。调查发现，“后物质主义类型比物质主义类型更明显地倾向于将自己置于左的或者自由的地位。从广义来看，后物质主义更乐意看到政治变化”。③ 显然，社会治理价值目标的设立与政治文化具有内在的密切关联。这种关联不仅意味着政治文化暗含着价值预设，会对社会治理的价值取向形成不可忽视的推动力量；还意味着社会治理的价值目标需要通过契合政治文化的方式获得合法性依据。英国学者海伍德对此有着敏锐的洞见。他指出，“人们的信仰、符号和价值既决定了他们对政治过程的态度，也至关重要地影响着他们对所在政权的看法，尤其是对该政权正当或合法与否的认识”。④ 社会治理要追求何种价值目标，一方面需要结合当前的社会形势、对应国家和社会的重大价值需求，另一方面则要取得广泛的价值共识。政治文化则是

---

① 〔加〕金里卡：《当代政治哲学》，刘莘译，上海三联书店 2004 年版，第 285～286 页。

② 〔加〕金里卡：《当代政治哲学》，第 500～501 页。

③ 〔美〕罗纳德·英格尔哈特：《静悄悄的革命——西方民众变动中的价值与政治方式》，叶丽娟、韩瑞波等译，上海人民出版社 2016 年版，第 49～50 页。

④ 〔英〕海伍德：《政治学》，张立鹏译，中国人民大学出版社 2013 年版，第 115～116 页。

价值共识的基础。如果所设立的价值目标偏离或者违背社会政治文化，很难想象它会为社会成员所接受和认同。一旦如此，治理的合法性就会受到挑战。海伍德援引比瑟姆的观点认为政治合法性必须具备三个条件，其中一点就是合法性要根据政府和民众的共同信念予以证明。[①]

其三，政治文化引导着社会治理参与。英国学者斯蒂芬·P. 奥斯本（Stephen P. Osborne）指出，社会治理的突出特征在于“政府在公共政策领域不再具有主导优势，而是需要依赖其他社会行动主体，以实现其合法性和对该领域的影响”。[②] 社会治理网络型的多元参与图式对社会参与提出了较传统社会管理更高的要求。政治文化对治理参与的政治态度、政治情感、政治信任等要素都发挥着不可忽视的作用。

政治文化传递着人们对于政治参与的热情。美国学者阿尔蒙德和维巴发现，在政治文化的熏陶下，人们对政治有着大相径庭的情感和关注。在社会治理中，我们需要通过政治参与将人们的需求从个体层面上升为治理决策，这一点就像阿尔蒙德描绘的民主“毛细血管”。他认为，只有当政党、利益团体、大众传播媒体和家庭、朋友、邻里、工作团体等私人交往主体有效结合起来，个人“追求、需要、要求、喜好等因素”才能畅通地“流向政治体系”。[③] 政治文化关系着人们对于政府的接受和信任程度。有的政治文化表现出对于政府的信任和认可，受这类文化影响，人们也较容易肯定政府的地位，从而建立起对于政府的忠诚。在阿尔蒙德、维巴的研究中，“在美国、英国和联邦德国，有一大部分人在输出意义上是‘忠诚者’”。相反，意大利和墨西哥的民众则对政府透露出冷漠，他们要么较少感知政府的影响，要么质疑政府的决策。那些对政府的政治文化持肯定态度的社会成员培养了更浓厚的政治意识，对政府决策怀有更多的热情。按照阿尔蒙德的观点，对政治关注这一事实便是最低程度的政治参与，或者说是政治参与的起点。[④] 可以想见，在政治情感冷漠的文化中，人们对于

① 〔英〕海伍德：《政治学》，第 132 页。

② 〔英〕Stephen P. Osborne：《新公共治理？——公共治理理论和实践方面的新观点》，包国宪、赵晓军等译，科学出版社 2016 年版，第 6 页。

③ 〔美〕加布里埃尔·A. 阿尔蒙德、西德尼·维巴：《公民文化——五个国家的政治态度和民主制度》，第 109 ~ 110 页。

④ 〔美〕加布里埃尔·A. 阿尔蒙德、西德尼·维巴：《公民文化——五个国家的政治态度和民主制度》，第 51 ~ 55 页。

社会治理的参与也将面临更大的阻碍和挑战。而在充满政治热情的社会中，人们参与社会治理的意愿也会更为强烈。

其四，政治文化牵引着人们治理行为的选择。在长久的文化侵染中，人们总是会形成某些固定的行为模式。在社会治理中，分属不同文化群体的人们在谋求社会合作、表达治理意愿等方面也会体现出鲜明的文化特征。在注重亲缘关系的文化中，人们就倾向于以血缘关系或者熟人为原点划分交往范围，与自己熟悉的人建立稳定的合作关系。在对政治权威更信任的文化中，人们则可能希望通过正式组织的形式参与合作。而在宗教以及非正式团体文化盛行的地区，人们以社团渠道参与治理的方式会更为普遍。阿尔蒙德和维巴通过实证研究发现，美国人普遍持开放的社会态度，他们比意大利人和墨西哥人对慈善与福利活动、宗教团体活动等社团活动注入了更高的热情。在这种文化的感染下，美国人一般对他人抱有信任，调查表明，绝大多数美国人认为社会成员之间是会寻求合作的，在970名受访者中，持此观点的占到了80%，多数人认为大部分社会成员是值得信赖的（比例为55%）。[①] 积极的社会文化让美国人频繁在社会交往中热衷于讨论社会建设问题，从而激发了社会治理的活力。托克维尔曾对美国社会的活跃程度进行了细致的观察，他描述道："这里全城四分之一的人正在集会，讨论决定要不要建一座教堂；那里正在选举一名议员；稍远一点的地方，一个区的代表正在急急忙忙赶到城里去，为的是商讨如何改善本地的状况……"[②] 从阿尔蒙德和维巴的分析，以及托克维尔的论述中，我们不难看出美国社团文化是其社会治理的重要活性源泉。相反，保守文化流行的意大利呈现出全然不同的面貌。它的社团不但较少，而且在社团活动中也极少涉及社会话题，而主要是进行娱乐。[③]

其五，政治文化是社会治理能力的重要组成部分。政治文化在塑造人们社会参与方式的同时也潜在地影响人们社会治理的参与能力。有的政治文化鼓励人们的社会参与，并且允许人们影响社会决策；有的文化

① 〔美〕加布里埃尔·A. 阿尔蒙德、西德尼·维巴：《公民文化——五个国家的政治态度和民主制度》，第214～217页。

② 转引自〔美〕加布里埃尔·A. 阿尔蒙德、西德尼·维巴《公民文化——五个国家的政治态度和民主制度》，第220页。

③ 参见〔美〕加布里埃尔·A. 阿尔蒙德、西德尼·维巴《公民文化——五个国家的政治态度和民主制度》，第221～222页。

压抑人们的社会参与，甚至让人们产生类似“臣民”的文化心理。那些认为自己可以影响社会治理决策的人将有更大的动机、更多的渠道培养自己治理参与的能力，反之，那些认为自己参与无效或者接受了消极政治文化的人无法获得足够的治理实践机会，参与能力自然大打折扣。有意思的是，政治文化不一定只在政治活动的范畴中施加影响，政治文化还会渗透到家庭等私人空间之中。研究表明，那些总是参与家庭事务决定的人比较少参与家庭决策的人有更强的政治参与能力。阿尔蒙德和维巴通过对美国、联邦德国、英国、意大利和墨西哥的调研得出结论：“在五个国家中，记得始终能够在家庭决策中表达意见的人，往往在主观政治能力表上得分最高。”[①] 除了赋予人们政治参与的期待，政治文化还关系到人们对于社会责任的感知、调动社会资源的意愿、发表自我诉求的勇气等社会治理能力的关键方面。

社会治理有着自己的话语体系，不仅被政治文化所滋润，也在运行过程中为政治文化增添新的内容，助推后者的演变。社会治理作为新的社会运行模式，自身就是民主政治文化的载体，它所倡导的政治参与、政治商谈都会深刻改变人们的政治行为模式和政治理念，最终形成新的政治文化风尚。

首先，社会治理有助于改变政治权威文化。法国学者西蒙指出，“权威是一种属于一个人并通过一种命令而得到实施的作用力（an active power），该作用力通过被另一个拥有自由意志的人看作是行动规则的实践判断而得到实施”。[②] 在社会中，政治权威的存在不仅是既有的事实，而且是必要的。西蒙揭示了政治权威的两大功能：一是本质性功能，二是辅助性功能。就本质性功能而言，政治权威谋求政治共同体的公共善，由此引发社会集体行为并赋予行为正当性。就辅助性功能而言，政治权威可以弥补人们的认知不足。因为并不是所有社会成员都具备同等的认知能力，权威的存在能够在认知缺乏的条件下为人们提供一般性原则。[③] 显然，所有社会都需要政治权威，也必定存在某种形式的政治权威。而

① 〔美〕加布里埃尔·A. 阿尔蒙德、西德尼·维巴：《公民文化——五个国家的政治态度和民主制度》，第287页。

② 〔法〕耶夫·西蒙：《权威的性质与功能》，吴彦译，商务印书馆2015年版，第7页。

③ 参见〔法〕耶夫·西蒙《权威的性质与功能》，第11～15页。

政治权威的确立形式以及对权威的理解构成了政治文化的有机部分。

政治权威通常诉诸两种模式：一是强制，二是认同。在传统垂直型管理中，人们服从权威更多源自强制。虽然传统管理也会考虑公众的感受和期待，有的管理者也会尽力促进公众利益的提升、公众目标的实现。但受制于管理方式，公众的诉求难以有效表达、影响社会决策。在此模式中，政治权威往往凭借政治强力来树立和施行。人们普遍将政治权威视为管理者的意志，而将自己置身事外，导致服从型的政治人格。对于政治权威的合法性，我们认同西蒙的观念，它不是追求排除任何偶然性的科学性正确，而是寻求亚里士多德所提及的道德实践正确。西蒙举了个例子，即有人为了身心的放松和愉悦做出了旅游的规划，但在旅游途中却遭受不幸。我们不能因为旅游的结果否定旅游规划的合理性。[①] 只要制定的规划是经过良性和道德的审慎判断，并且顾及相关者的利益，便可以得到合法性的证成。要点在于，政治权威不能仅代表管理者的利益和意志，必须把公众的意志纳入其中。西蒙的观念在社会层面还有需要补充之处。他认为家长权威在一定条件下也是合理的，因为小孩缺乏理智，所以当家长从小孩自身的发展考虑而诉诸权威时，是合情合理的。[②] 不能否认，这一论证有合理之处，但对于社会生活而言尚不充分。如果认知的缺乏能够成为权威强制的理由，我们需要继续追问，那些认知缺乏者的利益是否应该被社会所承认？它们如何被代表和体现？公共的善和利益是如何达成的？如何辨析私人利益与公共利益？

社会治理正是希望借助多元参与让公共意志得到完整的表达，在谋求社会公约数的过程中构建政治权威。所以社会成员不再是单纯的政治权威服从者，而是权威建构的参与者。社会治理将会削弱强制性的政治权威文化，促进基于认同的政治权威文化的生长。

其次，社会治理有益于公民文化的构建。公民文化是现代政治文化的标志，这种文化以公民权利为基石、以公共精神为支撑，以公共意志为导向。不同于传统差序的政治文化，公民文化是传统与现代相结合的民主文明结晶，包含着人们对于独立人格的确立、对社会的包容、对公

---

① 参见〔法〕耶夫·西蒙《权威的性质与功能》，第 18 ~ 19 页。

② 参见〔法〕耶夫·西蒙《权威的性质与功能》，第 27 页。

共事务的热心，在关切自我利益、尊重自主权利的同时也倡导公共参与、寻求自我与社会的协同发展。

与公民文化相对的，一是臣民文化，二是自利文化。前者漠视或者排斥作为社会成员的自主性，以政治服从为核心；后者则只寓于自己狭小的私人领域，对公共事务漠不关心。这两种政治文化都难以满足社会治理的要求，或者说与现代政治文化发展方向相背离。

社会治理内生着兼顾个人权利和公共利益的诉求。社会治理不同于传统管理之处在于它严守社会主体的边界，防止由边界模糊所导致的权力僭越。而社会各主体边界形成本质上是由各自权利所决定的。社会治理在分权的过程之中让更多主体参与公共权力的运作，就必然要厘定权力的实施范畴，否则会带来治理的失序。所以社会治理会促进社会成员建立权利意识，不仅明晰自我的权利，还能洞察他人的权利。此外，社会治理会增强人们的公共责任意识。根据学者库曼的定义，社会治理是“各种互动安排的总和，公共部门和私人部门的行动主体均可参与其中，旨在解决社会问题或者创造社会机遇，维护和管理治理活动发生的制度（环境）”。[①] 社会治理本身就是一个互动体系，社会主体通过互动分享、整合社会资源，也产生了更为深层次的相互依赖和交往，并增进相互的理解。针对各种各样的社会问题和社会需求，人们也担负着相应的责任。缺乏互动的社会会使人们忽略这些责任，治理的互动则有助于鼓励人们积极担负集体责任。互动还会创造出新的责任，因为互动会结成新的组织——无论是有着章程和制度约束的正式组织还是松散的隐形组织或者临时组织，在组织中必然会达成一致的组织原则、划分工作。因此，社会治理模式下不断深化和频繁的多元互动将激励人们自主承担和履行社会责任。

此外，社会治理还将提升公共精神。在我们的社会生活中，人们权利意识呈现持续上升的趋势，但由于社会结构的转换——从陌生人社会走向熟人社会，大家彼此之间由于缺乏先天的联结或历史交往而削弱了相互认同与关注。如果说熟人社会让人际产生了基于血亲的显见义务，

① 〔英〕Stephen P. Osborne：《新公共治理？——公共治理理论和实践方面的新观点》，第80页。

那么此种义务在公共性社会正在弱化。这就不难理解为何人们通常将自我利益置于优先的地位，而较少顾及相关者的权益。在公共领域的消极态度也与传统管理的闭合性有关。传统自上而下的管理模式将政府作为公共事务唯一的主导机构，在加重政府负担的同时也降低了社会参与程度。直接后果就是人们缺乏参与公共决策的通道，对公共参与预期不足。由于社会成员长期的社会输入难以获得有效输出，对社会参与的信息也随之减弱。与之相伴的是社会成员公共热情的消退，从而把焦点聚集在私人事务之上。阿尔蒙德和维巴的研究显示，人们对公共事务的主观能力与他们的参与预期之间建立着密切的关联，“特别是个人能够与其他公民合作以影响政府的信念，显得尤其重要”。① 社会治理开放性的合作模式无疑将增强人们的公共事务参与信心，并且为人们提供影响公共政策的渠道和平台。这会让大家逐渐提高步入公共领域的热情，并在治理实践中树立对于他人和社会的使命感，从而滋养公共精神。

最后，社会治理有利于凝练新型民主文化。西方代议制民主在其践行过程中显露出越来越多的问题。一是代议制民主往往以一次民主的形式开展，民众选举之后就再难以对公共权力施加影响，造成了政治冷漠现象的出现。这反而削弱了民主文化，降低了民主参与。二是西方代议制民主所表达的民主文化并不适于所有国家和民族。这也就不难理解为何在代议制施行的国家产生了全然不同的政治结果，即便西方国家内部，代议制民主的行使方式和表达的政治价值也非完全一致，甚至还存在显著的差异。

我国的社会治理是在我们民族独有的政治语境下所进行的，融入了我们的核心政治理念和传统政治文明成果，与我国当前发展阶段相适，并反映我们社会根本性的需求。这就意味着我们不能照搬或者套用衍生于其他政治文化的民主形式参与社会治理，而必须根植国家和民族文化基因开辟新型的社会治理道路，实现治理文化的创新。社会治理本身又集中体现了现代民主的核心价值，而且作为系统的自组织行为，治理避免了代议制民主的弊端，为民众的过程民主参与敞开了大门。蒂姆·雷

---

① 〔美〕加布里埃尔·A. 阿尔蒙德、西德尼·维巴：《公民文化——五个国家的政治态度和民主制度》，第171页。

戴尔（Tim Reddel）指出，“新治理话语的出现为这样一个政策框架的形成提供了一些希望，该政策框架可以对国家—社群（和市场）的关系进行重新界定，并有助于提供更高质量的社区产品和服务，尤其是在地域性或空间政策和项目的环境条件下”。这种政策框架主要特色在于“对话、慎议和联合”“强大的公民社会参与”。[①] 社会治理要求民众持续参与公共事务的过程，表达自己的利益诉求、协调彼此间的差异。以过程参与替代代议制民主的一次参与，不但可以有效规避权力代理的风险，而且让人们始终处于公共权力的舞台之中，充分展示民众的主体性。

对于社会成员而言，当自己成为治理的主体，就必须面对重要的问题：如何支撑主体责任？答案在于公共意识和民主意识。美国学者帕特南发现，参与民主能够让人们实践民主的美德，逐渐培养民主的技能并形成习惯。积极参与公共生活、可信赖和互惠的德性都可通过治理参与得以塑造。[②] 网络化的互动与合作暗含着人格平等的价值诉求，任何社会主体在谋求社会协作中既然不能受到他人的强制压抑，也就不能压制他人的治理权。因此，社会治理兼顾了政治服从与政治参与的平衡，一方面要求人们服从公共意志，另一方面则倡导人们相互尊重各自意志和利益，自觉寻求个人、他者和社会三者间的统一和共赢。社会治理的开放性还有益于排除极端的政治文化要素，使政治文化趋于理性、温和。帕特南根据调查分析指出，民主参与的不足将让那些持有温和政见的人远离公共生活，持有极端政治见解的人反而更多参与其中，结果就是政治文化沉淀非理性的内容。[③] 不难看出，社会治理为我们构建富有理性的新型民主文化创造了契机。

借助社会治理，力推政治文明的进步，建设现代政治文化，是我们所肩负的历史使命。把握社会治理机遇，发展政治文化的要点在于以下几方面。

第一，以社会治理为抓手引领传统政治文化的现代转型。中华文明

① 〔英〕Stephen P. Osborne：《新公共治理？——公共治理理论和实践方面的新观点》，第102页。

② 〔美〕罗伯特·帕特南：《独自打保龄球——美国社区的衰落与复兴》，刘波等译，燕继荣审校，北京大学出版社2011年版，第396页。

③ 〔美〕罗伯特·帕特南：《独自打保龄球——美国社区的衰落与复兴》，第395页。

历史深厚、源远流长，积累了丰富的政治文化传统。从儒家的仁政文化到道家的无为而治、治大国如烹小鲜文化理念，再到墨家的兼爱、法家的法制，传统文化赋予当代富足的历史给养和借鉴。但是，传统文化自近代以来却出现了与现代的割裂，政治文化亦未能幸免。由于历史的原因，西方所开启的现代性浪潮以非自愿的方式甚至借助暴力打开了我们的大门。因此，包括政治文化在内的传统文化并未自觉完成现代转型。中国学者万俊人富有洞见地指出，我国传统文化一开始就缺乏与其他文明碰撞的际遇，鸦片战争又在搅乱中华民族封闭的政治、经济格局的同时挟带着巨大的文化冲击。[①] 牵引传统文化的现代生长、完成现代转型已然成为亟待完成的历史任务。借用帕特南的概念，政治文化对社会治理而言具有社会资本的意蕴。帕特南区分了社会资本的两种类型——连接性社会资本（兼容性社会资本）和黏合性社会资本（排他性社会资本），前者是人们相互联结的纽带、建立彼此信任和承诺，后者则是狭隘的群体观念，引发社会的群体划分。[②] 我们需要区分：传统政治文化中，哪些在社会治理中扮演连接性社会资本角色，哪些扮演黏合性社会资本角色。在此基础上，我们要继承、发扬与社会治理相适的文化内容，最终形成富有中国特色的治理文化。在传统政治文化中流淌的家国情怀、“先天下之忧而忧、后天下之乐而乐”的政治责任感，以及基于中华民族认知形成的同胞观念都可以成为促进社会治理的文化动力。长期差序社会形成的“臣民”思想、等级观念则与社会治理的文化需求南辕北辙。在社会治理中积极发挥传统政治文化的连接性社会资本要素，助力传统政治文化与现代政治文明的对接，是实现其现代转型的关键。社会治理与传统政治文化之间是动态的相互作用、相互补充的关系。我们既不能套用西方或者其他政治共同体业已建立的治理价值标准审视传统政治文化，也不能以后者为坐标评判社会治理。社会治理需要根植民族政治文化的土壤，从中汲取维系生命的养分，传统政治文化也在与社会治理的文化诉求对接中实现面向现代的自觉生长。

第二，以社会治理为切入点建构现代政治文化话语体系。话语体系

---

① 万俊人：《论中国伦理学之重建》，《北京大学学报》（哲学社会科学版）1990 年第 1 期，第 73 ~ 74 页。

② 〔美〕罗伯特·帕特南：《独自打保龄球——美国社区的衰落与复兴》，第 11 ~ 12 页。

是政治文化的重要表达方式。或者说，话语是政治文化的有机组成部分。话语并不单纯是描述和记录的工具，话语是一整套的语言规则，这种规则不但呈现话语的意义，而且赋予话语内涵。正如法国学者福柯所言，“话语并非仅是显现（或隐藏）欲望——它本身亦是欲望的对象”。[①] 政治文化总是在一定的语境下以话语的形式予以述说和显现。在不同的话语体系中，政治文化的内涵表现出深刻的差异。比如传统政治中对于民众的关怀集中表达在“民本”“惠民”的文化话语中。其中保留着与差序社会相符的自上而下的不对等观念，暗含着君与民之间的差等关系。而现代政治文化语境则转换为“人本”话语，以人际平等为预设前提。所以如福柯所言，话语之中带有某种排斥规则，以禁止的语言、疯狂的区分和真理意志将话语主体与其他群体所分开，由此产生社会权力的分配。[②] 一些人掌握话语权，而一部分人则无法有效进入话语体系、受到歧视或排挤。这就可以解释在古希腊政治文化话语中的“民主”为何与现代“民主”有着巨大的差异。古希腊的“民主”已将不具备公民身份的社会成员——妇女、儿童和奴隶等排除在外，而现代话语中的“民主”将其中很大部分吸纳进来。衍生于不同政治文化的国家对于“民主”也有着相异的话语表达方式。

政治文化借助何种话语传播和交往，直接影响政治生活的内容与形式。在我们原有的政治话语体系中，受到传统文化和制度影响，对于政治文化的表达在政治文明的发展中暴露出不适和滞后。社会治理为推进政治文化话语的现代发展提供了契机。社会治理的话语有着自己的规则和内在逻辑，它面对着我国当前的重大社会需求，内生于我国社会现代转型的必然要求。社会治理是对既有社会管理模式和制度的超越，是社会建设方式的重大改革。随着社会治理的开展，旧有文化话语所依托的制度将被改变或者淘汰，新的制度安排会引发文化话语的调整、营造新的文化语境。社会治理也会引导社会关系和社会身份的改变。在网络化的协同合作中，社会成员的交往范畴得以扩大，相互间将缔结更为紧密和新颖的交往关系。同时，社会成员也可能随之更新自己的社会身份和

---

① 〔法〕福柯：《话语的秩序》，肖涛译，载《语言与翻译的政治》，中央编译出版社 2001 年版，第 3 页。

② 〔法〕福柯：《话语的秩序》，肖涛译，载《语言与翻译的政治》，第 3 ~ 6 页。

地位，比如从社会决策的接受者变为参与者。在社会参与不断强化中，人们有更多的机会获得新的身份，比如投身社会工作而成为某一社团的成员。种种变化都势必为政治文化话语增添新的内容，甚至撬动话语结构的转换。英国学者费尔克拉夫指出，话语与社会结构之间存在互为因果的辩证关系。话语会对诸如“社会身份”、“主体地位”、各类型“自我”做出回应，也会帮助它们重新构建。[①] 实现社会治理话语体系与既有政治文化话语体系的对接，整合形成富有现代政治文明气息、具有中国特色的政治文化话语体系，是构建新型政治文化的当务之急。

第三，以社会治理为平台拓展政治文化的现代视野。在社会发展进程中，政治文化的视野也在悄然转变。以往注重社会宏大政治问题的文化主题在现代社会生活中遭遇了挑战。克莱梅尔（J. Clammer）指出，旧有钟情于宏大叙事的政治文化正逐渐被“生活化政治”（Lifestyle Politics）文化所取代。在商业文明的侵染下，人们觉得社会公平、性别平等、福利保障等话题离个人生活太远。人们将主要注意力投向了私人生活，关心个人收入是否增长，而不是社会贫困是否得到解决，这种现象也被称为“那些事与我无关”（Not in My Backyard）。[②] 社会治理需要在个人领域与公共领域之间铺设通达的桥梁，从而激励个人以主动的态度进入公共生活，分担公共责任。这就意味着我们的政治文化不仅要关切宏观的政治话题，而且要伸向生活范畴，面向“生活化政治”的文化需求。昂格（Unger）认为，商业文明让政治与经济的联结日渐紧密，现代生活中的政治经济（包括劳动本质、福利、权利、稳定等方面）推动了政治文化的物质化，即以物质方式进行自我表达。它们被昂格称为业已形成政治文化的“文化改革伙伴”（cultural-revolutionary counterpart）。[③] 社会治理作为系统化的治理机制，目的在于维系社会的可持续、稳定发展。与之相适的政治文化不再追随某一特定的社会价值目标，或者钟情单一的社会领域，而开始把目光投射到全面、综合的社会范畴——生态、经济、民众福祉、社会心理等诸多层面。在多元协同的治理背景中，社

① 〔英〕诺曼·费尔克拉夫：《话语与社会变迁》，殷晓蓉译，华夏出版社 2003 年版，第 59～60 页。

② J. Clammer, *Cultures of Transition and Sustainability*, Palgrave Macmillan, 2016, p. 92.

③ J. Clammer, *Cultures of Transition and Sustainability*, p. 99.

会文化也日益多元，特别在全球化浪潮的助推下，治理过程呈现出超越地域、超越政府的趋势。过去的政治文化由政府所主导，也容易来源于固定的历史和文化传统。当前社会全球性影响（比如国际安全、全球性经济行为的相互影响、国际公司和组织签订的合同契约、多地域文化的交织）在开拓社会治理国际眼界的同时，也推进政治文化视域的拓宽。[①]政治文化不再被限定在特定的社会共同体之中，而应具备全球性的视野。

正因为社会治理与政治文化之间有着如此紧密的关系，而且相互间产生深刻、长远的影响，探寻我国社会治理的政治文化源流就显得尤为重要。

二 中国优秀的传统政治文化

作为文明古国，中国有着悠久的政治文明历史，积淀了丰厚的政治文化传统。这些文化在数千年的政治实践中已经融入民族血液之中，转化为民族精神的重要组成部分，深刻影响着我们的政治视野、政治理想、政治态度和政治行为。

（1）中国的传统政治文化表现出强烈的道德气息，德政也成为传统政治的基本特征。我国传统政治文化非常注重对于执政资格的道德要求，认为只有那些具备高尚道德人格的人才能行使政治权力。孔子言道：“政者，正也。”（《论语·颜渊》）“正”是对于行政道德精炼的诠释，也刻画出为政者的基本人格。“修身、齐家、治国、平天下”一直是古代先贤们所推崇的人生理想。从“修身、齐家、治国”到“平天下”是政治理想逐步提升、政治道德逐渐升华的过程。其中，“修身”是实现一切政治愿望的基础，离开这一前提，后面的政治目标都无法实现。“修身”的要义就是对于道德人格的塑造。一位执政者要获得人们的尊敬，就必须表现出良好的道德修为。季康子问：“使民敬、忠以劝，如之何？”子曰：“临之以庄则敬，孝慈则忠，举善而教不能则劝。”（《论语·为政》）为政者自己端庄自重、孝顺父母、爱护民众、温厚慈祥、唯贤是举并且

① Lourdes Arizpe, *Culture, Diversity and Heritage: Major Studies*, Springer Cham Heidelberg New York Dordrecht London, 2015, p. 140.

施善于人，方能赢得百姓的仰慕。同时，道德还关乎为政者的行政能力。人们都会自觉效仿、服从具备高尚道德人格的为政者，对于道德败坏者则会产生排斥、拒绝的情绪。前者会自然享有道德所带来的政治权威，而后者则会丧失这种权威。所以孔子说："其身正，不令而行；其身不正，虽令不从。"（《论语·子路》）可以看出，我国传统政治文化对于执政者道德有着非常高的要求。从汉代开始，道德要求逐渐被制度化、程序化，成为跨入官员门槛的关键标准。汉文帝时期把"廉"提升到了"民之表"的高度，继而建立起了选廉制度。在之后的历朝历代政治实践中，道德都被置于举足轻重的地位，成为评价执政者的基本要素。就执政手段而言，我国传统政治文化更偏向于德治。在传统文化中占据主导地位的儒家认为，以德服人、通过德性的教化让人们自觉遵循社会规范，才是社会治理的根本。子曰："为政以德，譬如北辰居其所而众星共之。"（《论语·为政》）对于行政者而言，德治是基本原则。只有根植于德治，行政才能立于正义的位置、获得人们的认可和尊重。德治还是行政正当性的重要来源。"道之以政，齐之以刑，民免而无耻，道之以德，齐之以礼，有耻且格。"（《论语·为政》）以刑罚或者单纯的行政手段对人们进行管理只能取得暂时性的结果，并不能从本质上解决问题。唯有以道德引导人们的行为，人们才能心悦诚服。恰如孟子所言："以力服人者，非心服也，力不赡也；以德服人者，中心悦而诚服也。"（《孟子·公孙丑上》）在我国传统政治学者看来，即便使用刑罚，也必须以道德为前提。正所谓"名不正，则言不顺；言不顺，则事不成；事不成，则礼乐不兴；礼乐不兴，则刑罚不中；刑罚不中，则民无所错手足"（《论语·子路》）。刑罚本身是危险的，作为工具，其使用的合理性、合法性都取决于其使用者和使用的目的。只有先"正名""兴礼乐"，建立明确的道德框架，人们才能知道如何行为可以免于刑罚，从而避免手足无措的尴尬。否则，刑罚就有被滥用的风险，最终导致社会秩序的混乱。

任何行政都要回答一个最根本的问题，那就是为何行政。在我国传统政治视野中，行政与道德实践是紧密相连、不可分开的。孔子甚至提出，行政就是道德实践的过程。或谓孔子曰："子奚不为政？"子曰："《书》云：'孝乎？惟孝，友于兄弟，施于有政。'是亦为政，奚其为为政？”（《论语・为政》）显然，孔子认为实践孝顺父母、友爱兄弟这样的道德本身就是在行政。国家政治目标的实现也依赖于道德的政治实践。孔子认为，一个知道修身的人才能知道如何对待和管理别人，一个知道如何管理别人的人才能知道治理国家。对于生活在同一国家、城邦的人，只有以道德的姿态对待他们，才能获取广泛的尊敬和支持。这也被归纳为治理社会的重要方法——“九经”。“凡为天下国家有九经，曰修身也，尊贤也，亲亲也，敬大臣也，体群臣也，子庶民也，来百工也，柔远人也，怀诸侯也。修身则道立，尊贤则不惑，亲亲则诸父昆弟不怨，敬大臣则不眩，体群臣则士之报礼重，子庶民则百姓劝，来百工则财用足，柔远人则四方归之，怀诸侯则天下畏之。”（《中庸》）可见，以道德的方式获得道德的结果是政治的必然。

对于社会的管理不是要以某种强力来规范人们的行为，而是要引领人们过道德的生活。孔子最高的政治理想就是让他所处的礼乐崩坏的社会恢复道德秩序。在我国漫长的政治历史中，对于道德的张扬和追寻一直是政治文化的主旋律，而偏重于政治方式、注重于“术”的思想基本游离在政治文化的边缘。虽然在某一时期（比如秦代对于法家的推崇），政治文化也表现出非道德化的倾向，但自汉武帝推行“独尊儒术”之后，我国传统政治文化的道德基调就已经被确立下来。无论是最高统治者本人，还是国家的建设都以实现儒家弘扬的道德价值为目标。最高统治者都希望成为“明君圣主”，其所施行的政策、措施都期待能够被称为“仁政”。道德理想与政治理想的高度统一成为我国传统政治文化的显著特征。

（2）中国传统政治文化蕴含着治理的理念。虽然我国传统社会长久以来处于皇权的统摄之下，并且建立了严格的中央集权制度，但在政治生活中也富含与现代治理耦合的理念。特别在社会层面，传统政治文化也非常注重对社会资源和社会力量的整合，通过社会合作辅助、补充中央权力。

我国传统社会治理的结构并非完全单一的，而是呈现出显著的多维度格局。敷衣凌认为，自古以来，我国的社会就呈现出明显的多元结构。“学者们长期以来对商周两代的社会性质见仁见智，终无定论，原因之一就在于从原始社会末期开始，中国多元的社会结构已经形成，很难用一套使用于欧洲社会的模式来进行规范。秦汉以后，这一特点表现得更为明显，奴隶制因素、地主制因素、自耕农经济成份和其它多种经济因素长期并存。”[①] 多元的构成要素让传统社会治理分为“公”“私”两组系统，“一方面，凌驾于整个社会之上的是组织严密、拥有众多官僚、胥役、家人和幕友的国家系统”；“另一方面，实际对基层社会直接进行控制的，却是乡族的势力”。[②] 社会治理多元的构成决定了治理体系的多层和治理模式的多样。

其一，在国家权力中，虽然皇权处于绝对的核心地位，但也并非独揽天下，在某些时期，国家权力也出现了分化的态势。无论是大臣议政制度还是监察机制的设立，都对皇权形成了补充和约束。钱穆先生对我国传统政治予以深入考察之后发现自秦代以降，传统政治权力有着鲜明的君权、臣权之分——“中国秦以后的传统政治，显然常保留一个君职与臣职的划分，换言之，即是君权与臣权之划分”。[③]

在国家决策方面，虽然皇权代表着最高的政治权力，但大臣对于皇帝的意见也并非只能俯首帖耳，内阁在重大事务层面拥有对皇帝提出意见甚至反驳皇帝主张的权力。唐代就设有以中书省、门下省和尚书省为主干的中枢机构，中书省负责从皇帝处获取旨意、草拟文稿。对于起草的决策，“中书舍人若意见不一，可各执一端，签名负责，称为‘五花判事’，然后由中书省审查修改，再由门下省把关拨正”。[④] 显然，皇帝的主张和意见并不能直接成为关系国计民生的政治决策，而必须经过严格的成文与审议过程。此过程是对皇帝意见丰富、修正的程序。唐太宗就指出，大家不要随意附和、主张雷同，而应秉公谏言，借助不同的声音让国家决策符合公道——“中书所出诏，颇有意见不同，或兼错失而相正以否。元置中书、门下本拟相防过误。人之意见，每或不同，有所是非，本为公事……卿等特须灭私徇公，坚守直道，庶事相启沃，勿上下雷同也”。[⑤]

① 敷衣凌：《中国传统社会：多元的结构》，《中国社会经济史研究》1988 年第 3 期，第 1 页。
② 敷衣凌：《中国传统社会：多元的结构》，《中国社会经济史研究》1988 年第 3 期，第 2 页。
③ 钱穆：《国史新论》，三联书店 2001 年版，第 83 页。
④ 郭绍林：《论唐代社会对皇权的制约机制》，《中国史研究》1995 年第 3 期，第 75 页。
⑤ 郭绍林：《论唐代社会对皇权的制约机制》，《中国史研究》1995 年第 3 期，第 75 页。

在皇权的行使方面，我国传统政治思想强调君臣职责的划分，反对君主事必躬亲、将所有事务揽于一身。霍存福研究发现，自封建君权建立的萌芽阶段开始，我国传统政治就认为君权不能事无巨细、统摄一切，应该把握关键和要点——《尚书·皋陶漠》写道："元首丛脞哉，股肱惰哉，万事堕哉！"《史记集解》引孔安国语："丛脞，细碎无大略也。君如此，则臣懈堕，万事堕废也。"[①] 根据他的研究，我国先秦政治思想普遍推崇"委任责成"论，认为君臣之间要各司其职，君主不能固执己见、专权独断，而需要集中臣下的智慧、发挥官员的才干。霍存福指出："先秦各家尤其是儒、道、法三家之间，其思想从各自的理论基础到其所倚重的治术、手段等方面，抵牾不两立者甚多，而在委任责成问题上却是惊人的一致，这不能不说是思想史上的一大奇事。"[②] 显然，我国传统政治文化并不如人们一般想象的，将所有权力都包揽于帝王手中，而是有着明确的职责界限，各司其职。

在皇权的监督方面，我国也有着丰富的皇权制约思想，并且诉诸制度。一方面，"天"作为最高形式的存在，对皇权有一种自然的约束作用。如赵燕玲所言："在儒家的'天命'、'礼教'思想中，确实存在着'王在天下'、'王在礼下'的因素。"孔子提出了"君子有三畏，畏天命，畏大人，畏圣人之言"的命题，董仲舒则提出了"天人感应"说，认为《春秋》大义在于"屈君而伸天"，"祝前世已行之事，以观天人相与之际，甚可畏也。国家将有失道伤败，而天乃出灾害以谴告之；不知自省，又出怪异以警惧之；尚不知变，而伤败乃矣。以此见天心之仁爱人君，而欲止其乱也"。[③] 敬畏天、天人感应的思想一直被历代所遵循。比如隋代、唐代都继承和奉行此思想，并且形成了相应的制度。在隋代，天成为帝王论证行为合理性的依据，也成为臣子谏言所凭借的重要力量。据冀英俊考证，隋文帝在政权更替、废立太子等重大事宜中都引用天命

① 霍存福：《论皇帝行使权力的类型与皇权、相权问题（上）》，《吉林大学社会科学学报》1990 年第 2 期，第 62 页。

② 霍存福：《论皇帝行使权力的类型与皇权、相权问题（上）》，《吉林大学社会科学学报》1990 年第 2 期，第 68 页。

③ 赵燕玲：《论中国古代皇权制约理论与制约机制》，《湖北社会科学》2013 年第 2 期，第 84 ~ 85 页。

证明行为的合理性。[①] 唐代制定了周密的祭天礼仪，唐太宗等君主遭遇自然灾害也向天祈祷，并且将天象作为警示反思自己的执政行为。臣子也往往借助天的名义上疏，表达自己的观点，或者驳斥君主的命令。[②]

另一方面，我国古代建立了较为完备的皇权监督机制。我国古代存在谏诤制度和以相权为代表的中央分权制度。从周代开始便有谏诤制度的记载，历朝历代都有官员通过该制度向皇帝谏言，甚至以生命为谏言的代价。从秦朝设立言谏官开始，之后的朝代也都承袭了言谏制度并对其不断完善，直到清代才慢慢被取消。[③] 除此之外，以相权为代表的官僚集团权力也构成对皇权的约束。自秦朝建立宰相制度开始，相权便有了明确的范畴和职能。宰相除了成为皇帝的股肱，辅佐皇帝之外，还是整个官僚体系的代表。诚然，相权在不同的朝代有着不同的表现方式，也曾出现过以内阁取代宰相职位的现象，但以之为代表的内阁权力始终存在。皇权与内阁权力的统一与对立都是必然的，其统一性在于内阁权力在很大程度上是依附皇权的、为皇权服务。但如曾小华、季盛清所言，“皇权作为至高无上的统治权力，主要的利益是巩固和强化其统治实力，以及保证皇权的独占性，使皇家天下万世不穷。相权作为国家的最高管理权，主要的利益是保障国家正常秩序，同时也维护整个官僚集团的利益”。[④] 因此，皇权与内阁权力之间也充满矛盾和张力，后者构成对前者的有力制约，也监督前者的政治行为。

其二，中国传统社会在庙堂之外，也有其他权力作为政治权力的补充，乡绅、乡老等制度就是介于政府与民众之间的权力构成。乡绅、乡老是在社会中具有声望，但游离于政治权力之外的人，他们虽处江湖之远，但与政治权力又保持着千丝万缕的联系。乡绅多是考取了功名但仍行走于民间或者曾经担任官职的人，是随着我国古代士人阶层的扩充而形成的群体。如徐祖澜所述：“明代中叶以后，获得功名的读书人数量大增，入仕艰难，加上官员退休后也回到原籍居住的致仕制度，使得大量

---

① 冀英俊：《隋代皇权制约理论研究》，《理论界》2013 年第 10 期，第 103 页。

② 郭绍林：《论唐代社会对皇权的制约机制》，《中国史研究》1995 年第 3 期，第 73 ~ 74 页。

③ 参见张胜利《中国古代皇权的制度性与非制度性制约》，《中州学刊》2016 年第 8 期，第 132 ~ 133 页。

④ 曾小华、季盛清：《论中国古代的皇权与相权》，《浙江学刊》1997 年第 4 期，第 115 页。

的持有功名的士人沉滞于乡村。他们由于共同的经历、利益和文化背景而逐渐固定成为一个独立的社会阶层——乡绅。”① 乡老则基本是由在地方德高望重的人所担任，从西周开始，我国有的朝代特别设置了“三老”一职。但“三老”不是行政职务，无固定俸禄。有人认为，其属于“非吏得与吏比”的基层社会领袖。② 无论乡绅还是乡老，虽然他们游离于正式的官府之外，但在地方发挥着组织、协调和教育功能，可视为官府职能的外延。

一方面，他们享有社会事务的话语权。乡绅、乡老或以他们的知识文化水平，或以德性、年龄受到社会的推崇和信任，因而具有广泛的社会认同。这种认同让他们处理乡里纠纷、化解社会矛盾时往往掌有话语主导权。

另一方面，他们分担着公共管理和代表公众发声的职能。从帮助官府征收徭役，到兴办地方教育、建设地方公共设施，乡绅、乡老们构成基层治理的重要力量。如王日根所论：“乡绅可以承接官府赋役征收、文化教化、公共设施建设包括桥渡路井的建设、育婴堂养济院的建设、学校的建设等，因此，乡绅是中国传统社会基层管理中不可或缺的力量。”③ 但是他们又不单是官府意志和利益的代表，他们也会代民发声，向官府提出民众的意愿和诉求。裘斌就此论道：“由于乡绅对基层民众的生活疾苦比较了解，有时亦能向官府表达乡民的呼声。”④

其三，中国形成了历史悠久的乡约自治传统。乡约制度的出现对于我国古代社会治理有着里程碑的意义。如杨开道所言，“乡约制度是由士人阶级的提倡，乡村人民的合作，在道德方面、教化方面去裁制社会的行为，谋求大众的利益”。其开创性在于我国古代以往“都是人民被治，士人治人”，“乡约制度的起源，实在是一个破天荒的举动，人民居然能得士人阶级的指导，士人居然能放弃政治舞台的生活”。⑤ 乡约制度促进了社会共同体的形成，它通过软约束调动和整合社会力量，形成互帮互

---

① 徐祖澜：《历史变迁语境下的乡绅概念之界定》，《湖北社会科学》2016年第6期，第108页。

② 朱耀垠：《中国乡老参与乡村社会治理的传统》，《社会治理》2017年第10期，第61页。

③ 王日根：《乡绅对明清江西地方社会秩序的意义》，《农业考古》2018年第6期，第268页。

④ 裘斌：《“乡贤治村”与村民自治的发展走向》，《甘肃社会科学》2016年第2期，第163页。

⑤ 杨开道：《中国乡约制度》，商务印书馆2015年版，第27页。

助的内在机制，厘定了社会共同体成员间的义务和责任。

乡约制度与以往我国古代社会管理制度最大的区别在于，它是人们自然、自发形成的共治机制，立足最基层的自然社会单元。我国古代有“皇权不下县”的说法，虽然县以下也设立了相关机构，但皇权对乡村基层的效力明显减弱。乡约制度无疑填补了古代基层治理的权力空缺，夯实了古代社会治理的基础。如杨开道所言，王安石推行新法就是因为下层组织不健全导致新法实施走形，甚至善法变为恶法。他由此得出结论：“虽鞭之长，不及马腹，奈何欲以一人之智力，数年之光阴，达到一切穷乡僻壤。”[①] 此结论无疑反映了皇权之于社会治理的局限性。乡约制度则是对皇权的重要补充，内容涉及礼仪、教化、待人接物等各方各面，确立了处理人际关系的基本规范。在著名的《吕氏乡约》中，就包含了“德业相劝”“过失相规”“礼俗相交”“患难相恤”四类条款，列出了与之相关的二十一条德目。[②]

如果说传统皇权的行使显现出自上而下的局面，皇权高高在上，民众只是被管理和驾驭的对象，那么乡约制度则诉诸人们的自觉参与。在乡约制度中，民众成为治理的主体，他们依据血缘关系或者生活场域的重叠联结在一起，共同制定、自觉奉行规约的内容。围绕规约而组成的共同体带有鲜明的开放性色彩，人们自由参与其中，而不是外界的强力使然。这种开放性也促使乡约有广泛的社会协调能力，为民众治理敞开了大门。

（3）中国传统政治文化具有人本情怀。有学者指出，由于在我国历史上没有出现超越政权之上的宗教体系，比如像西方中世纪的基督神权统治，因此，神权观念在我国政治中较为淡薄。这也在一定程度上决定了我国政治文化的人本主义特质。[③] 人在我国政治文化中始终处于中心位置。如果说在宗教文化中，人总是处于低微的地位，等待着神的指引、救赎和宽恕，那么在我国的政治文化中，人的主体性得到了充分的张扬。虽然在上古时期，我国也形成了天命观，但商代之后，人们发现天命并不是决定个人和国家命运的唯一要素。夏桀和商纣王都是天子，都承载

① 杨开道：《中国乡约制度》，第 70 页。

② 杨开道：《中国乡约制度》，第 73 ~ 74 页。

③ 朱日耀：《中国传统政治文化的结构及其特点》，《政治学研究》1987 年第 6 期，第 47 页。

着天命，但他们最后都因为自己的暴戾而消亡。这充分说明天命不是一成不变的，而是会随着其承载者的行为发生变化。自周开始，我国先贤们就提出了“敬德配天”“修德配命”的命题。[①]《诗》云：“无念尔祖，聿修厥德。永言配命，自求多福。”《尚书》也言：“若有功，其惟王位在德元。”这意味着统治者不能只是被动地接受天命，而是要通过自己的努力修炼德行，方可使天命延续。根据考证，“德”字就是在周代形成的，其意义一是治国平天下，二是正心修身。可见，个人的道德修为直接决定着其能否承担天命所赋予的责任。孟子也提出了“万物皆备于我矣”。这与同样张扬着人本色彩的古希腊哲学家普罗泰戈拉所言“人是万物的尺度”有着异曲同工之妙。他们都肯定人在世界中的主体地位。人在自然界既不是高高在上，成为万物的主宰，也不是臣服于某种超自然的存在，而是通过自我彰显各事各物的存在价值。所谓“万物皆备于我”（《孟子·尽心上》），是承认人分有万物的气质，或者说万物的气质可以通过人表达出来。人对这些气质的彰显本身就是一种天命。但天命并不会自我呈现出来，而需要“反身而诚”。所以我国历代政治生活都非常强调为政者的作用，认为为政者的行为直接决定了政治生活的优劣。

我国传统政治文化的人本特质还表现在弘扬人本关怀。虽然人们对于我国传统政治是不是“民本”存在争议——在君主制度下，民也的确难以成为政治生活的中心。但我国传统政治文化中的人本关怀确是非常浓厚的。孔子就发出了“苛政猛于虎也”的哀叹，对于普通民众的疾苦表现出深切的关怀。在儒家所推崇的“仁政”中，对于民众利益的维护是其重要内容，也是检验“仁政”的标准。“仁者，爱人”，对他人的尊重和关爱是对于“仁”最本源的解释。孔子曾明确地指出“古之为政，爱人为大”。在论述治国之道时，他论述道：“道千乘之国，敬事而信，节用而爱人，使民以时。”（《论语·学而》），他认为要治理千乘的大国，必须关爱人民，并且合理地安排人们的工作。孟子则更为体系化地表达了惠民思想，并且勾勒出理想社会的美好图景。当梁惠王向孟子询问治国之道时，孟子区分了王道和霸道，并且告诫梁惠王只有行王道才能立于不败之地。当梁惠王开言谈利之时，孟子就马上打断了他——“王何

① 朱贻庭：《中国传统伦理思想史》，华东师范大学出版社2003年版，第10~14页。

必曰利？亦有仁义而已矣。”（《孟子·梁惠王上》）把仁义作为治国的标准。那何为仁义呢？就是能够为民带来恩惠，与民同乐。他举例说：“文王以民力为台为沼，而民欢乐之，谓其台曰灵台，谓其沼曰灵沼，乐其有麋鹿鱼鳖。古之人与民偕乐，故能乐也。”（《孟子·梁惠王上》）古代有作为的政治家之所以能够有所成就，就是因为他们能够充分考虑百姓的福祉，让民众享受到他们的政治成果。反过来，那些荒奢淫逸的君王都难逃国家覆灭、身败名裂的下场。“《汤誓》曰：‘时日害丧，予及女偕亡！’民欲与之偕亡，虽有台池、鸟兽，岂能独乐哉？”（《孟子·梁惠王上》）那么，如何才能行王道，让民同乐呢？孟子给出了答案，他认为能够让百姓丰衣足食、生活安定有保障，就是王道的开始。“不违农时，谷不可胜食也；数罟不入洿池，鱼鳖不可胜食也；斧斤以时入山林，材木不可胜用也。谷与鱼鳖不可胜食，材木不可胜用，是使民养生丧死无憾也。养生丧死无憾，王道之始也。”（《孟子·梁惠王上》）由此，孟子断言，国家的强弱既不取决于国家面积的大小和民众的多少，也不取决于军事力量，而是由国家人民生活是否幸福决定的。施仁政于民是抵御强敌、国家富强的根本途径。“王如施仁政于民，省刑罚、薄税敛，深耕易耨；壮者以暇日修其孝悌忠信，入以事其父兄，出以事其长上，可使制梃以挞秦、楚之坚甲利兵矣。”（《孟子·梁惠王上》）一个理想的社会应该是，“五亩之宅树之以桑，五十者可以衣帛矣；鸡豚狗彘之畜无失其时，七十者可以食肉矣；百亩之田勿夺其时，八口之家可以无饥矣”。（《孟子·梁惠王上》）民众安居乐业，国家就有凝聚力、吸引力，四方的百姓都会向往来这样的国家生活。民心所向，国家就会自然强盛，让天下诚服。可见，在我国儒家政治思想中，对于百姓利益的关切占有非常重要的地位。人文关怀被视为国家成功的关键因素。这种情怀一直在我国政治长河中流淌，一代一代地得到继承与发展。人文关怀在政治生活中举足轻重的地位也一次次地得到验证和巩固。于是有唐太宗李世民“水能载舟，亦能覆舟”的感叹，有宋代范仲淹“先天下之忧而忧，后天下之乐而乐”的承担。

（4）中国传统政治文化强调和谐价值。“和”是我国传统政治文化的主要价值之一，是重要的政治理想。所谓“礼之用，和为贵”（《论语·学而》）。“礼”是政治制度的总称，“和”既是政治制度施行的尺度，也是其目的。“和”始终与“中”紧密地联系在一起。“喜怒哀乐之未发，谓之中；发而皆中节，谓之和。中也者，天下之大本也；和也者，天下之达道也。”（《中庸》）可见，“和”是以“中”为基础和前提的。“中”就是行为都能够遵循政治和社会制度，达到孔子所言“从心所欲不逾矩”的状态。无论在政治生活，还是社会行为中，所言所行都能够符合政治制度的要求，便是达到了和谐的境界。之后便“天地位焉，万物育焉”（《中庸》）。因此，我国传统政治文化中，对于制度的尊重和服从是和谐价值的要义所在。在这一层面上，和谐意味着政治行为与政治制度之间的和谐，其实质是对于政治合理性的强调。

和谐的另一要义在于对政治秩序的规范。我国的政治生活与道德生活高度融合，浸入了人伦的要素。血缘是我国传统社会最重要的纽带，而我国的政治结构又凸显出家国同构的特点。所以，我国的政治秩序也表现出浓厚的血缘秩序色彩。在家庭之中，每一个人都天然地扮演着依据血缘关系所分有的角色。这种有序的家庭结构逐渐延伸至家族乃至社会之中。齐景公向孔子求执政的道理，孔子告诫他说：“君君，臣臣，父父，子子。”（《论语·颜渊》）社会或者国家如同放大的家庭，维系家庭的是父子之间的血缘秩序，维系社会、国家的则是这种秩序的外化，所以君臣之间不仅存在政治身份的差别，更存在自上而下的伦理秩序。儒家学者普遍认为人在政治秩序中处于不同的位置、具有不同的特点，也分担着不同的责任、扮演着不同的角色。想要社会和谐，就必须每一个人各安其职、各尽其能，恪守自己的道德边界，否则就是对于秩序的僭越，会带来社会的动荡。我们的先贤们很早就看到了人群居的特点，洞悉社会对于人的意义。荀子看到人在体力等方面难以与动物匹敌，但那些凶猛的动物却都被人所驾驭、驱驰。是什么赋予了人超越动物的能力呢？答案就是人社会性的存在。“（人）力不若牛，走不若马，而牛马为用，何也？曰：人能群，彼不能群也。”（《荀子·王制篇》）以荀子为代表的儒家学者看到了社会成员之间的差异。既然人都是有差别的，每一个人又都会力争满足自己的欲望，那么社会生活何以可能？人们的欲望之间是存在张力的，很容易引发矛盾和冲突，如若人们都为了欲望的满足而争斗，社会就会失序，社会生活也就混乱不堪。避免这一困境唯有进行社会分工，各人在自己的社会场域中生活。礼就是社会分工的基础，礼的存在形成了社会秩序。“乐者，天地之和也；礼者，天地之序也。和，故百物皆化；礼，故群物皆别。”（《礼记·乐记》）所以荀子说：“先王恶其乱也，故制礼义以分之。”（《荀子·礼论》）“礼岂不至矣哉！立隆以为极，而天下莫之能损益也。本末相顺，终始相应，至文以有别，至察以有说。天下从之者治，不从者乱；从之者安，不从者危；从之者存，不从者亡。”（《荀子·礼论》）在他看来，正是因为通过礼制对社会群体进行了划分，为每一位社会成员划定了社会职能，我们的社会才能形成并且健康地运转。

和谐还意味着共识与宽容。如上文所述，人们在社会生活中的差异性早已被我国古代的思想家所洞察。因此，他们所倡导的和谐不是对于差异的抹杀，而是以差异为前提的共识。孔子说：“君子和而不同，小人同而不和。”（《论语·子路》）他认为，作为君子，在处理人与人的关系时，要注意以和谐的方式去达成普遍的认同。但这种共识的达成必须经过自己的思考，必须符合基本的道德原则。与此相反，小人总是试图消除人与人之间的异质性，不能容忍人际的合理差别，在求同的过程中甚至违背基本的道德规范。所以，我国传统政治文化所提倡的和谐不是盲目的从众、不是没有原则的妥协，而是在主流道德语境下的共识。寻求共识以宽容为前提。宽容是对异质性的承认，更是一种对待他人的道德姿态。所以儒家提出了“忠恕”之道，即“己欲立而立人，己欲达而达人；己所不欲，勿施于人”。前者是“忠”道，被孔子称为“仁之方”，所谓“夫仁者，己欲立而立人，己欲达而达人”（《论语·雍也》）；后者是“恕”道，所谓“其恕乎！己所不欲，勿施于人”（《论语·卫灵公》）。“忠”道表现出积极的道德态度，澄明了人与人之间的道德责任。朱熹解释“忠恕”之道时曾言道“尽己之心为忠，推己及人为恕”。[①]“尽己”就是完整地展现自己所承担的“天命”，履行自己所担负的道德义务。这种道德义务一是指向自己，即自我道德的完善，二是指向他人，即成就他人的道德理想。所以“忠”也有两个维度，一是忠于自己的道德良知，忠于自己的善端，即“一以贯之”；二是把“尽己之心”推己及人，兼济天下。《中庸》所言“诚者非自成己而已也，所以成物也”

① （宋）朱熹：《四书章句集注》，中华书局1983年版，第23页。

就是此理。“恕”则体现了道德宽容，是人对于他人的尊重。“恕”道意味着人不能把自己的思想观念和行为模式强加于人。宽容是基于道德认知的理解，而不是混淆是非的纵容。所以“忠恕”之道作为“仁”之方，是相互补充、相辅相成的。“忠恕”之道实质上就是为了让人们在相互差异的前提下能够进行道德沟通，最终实现“合外内之道”。共识与宽容并立不悖，在宽容的态度下实现共识是我国传统政治和谐文化的重要内涵。

传统政治文化对我国社会治理产生着潜移默化又极为深刻的影响。这种影响主要表现为以下几个方面。

（1）传统政治文化深度影响着人们的政治生活态度。任何制度体系的建立都离不开所在文化体系的土壤。马克斯·韦伯在其名著《新教伦理与资本主义精神》中就指出，文化是一种强大的力量，它在某种程度上刻画着人们的行为模式。马克斯·韦伯在观察了欧洲近代社会生活后发现，人们的生活方式受到其文化归属、价值取向的深刻影响，不同文化群体在就业倾向、职业选择等方面表现出很大的差异性。他指出：“在近代的企业里，资本家与企业经营者、连同上层的熟练劳动阶层，特别是在技术上或商业上受过较高教育训练者，全都带有非常浓重的基督新教的色彩。”① 对于我国而言，传统政治文化深度决定着人们的政治态度和价值观念。如果说近代西方政治思想对于政治之恶有了更多的警觉，那么我国传统政治文化则让人们更多关注于政治的“善”。在我国传统政治文化中，政治对于社会生活是必要的、是必需的，更是道德的。政治的过程就是道德价值实现的过程，是人们的利益诉求得以满足的过程，更是道德秩序建立的过程。正因此，我们对政治总是抱有积极乐观的态度，我们没有像西方人一样总是对于政治权力表现出某种恐惧。相反，我们期待政治权力的行使者能够凭借其道德能力驾驭这种权力，并且将之引入善的道路。我国传统政治文化也让政治始终处于人们关注的焦点。在商品经济日益发达的今天，经济生活虽然占据了主导地位，但人们对于社会生活的热忱依然强烈。

① 〔德〕马克斯·韦伯：《新教伦理与资本主义精神》，康乐、简惠美译，广西师范大学出版社 2007 年版，第 9～10 页。

（2）传统政治文化陶染着人们的社会生活价值。受到传统政治文化的影响，人们在社会生活中表现出某些明显的道德化特点。其一，对于“仁”“廉”等道德价值的认同。正由于我们所理解的政治具有浓厚的道德色彩，因此，我们对于行政者的道德有着更高的要求，其中“仁”“廉”等价值被认为是获得行政资格的道德基础。这种道德要求被推及所有接触公共权力的主体之上，成为人们共同的道德期待。其二，我们对社会生活的理解具有更多的道德元素。在我们的社会生活中，我们并不认同个体之间如个人主义所描述的原子式的存在，我们也往往把包括自己在内的社会主体都纳入道德体系内进行评价。甚至在某种情境下，道德评价会深刻影响人们社会生活的能力。这种现象表现出我们对于道德共同体的意识和关切。这也为我们当代的社会生活注入了强烈的道德意味。人们总是希望社会生活的结果不仅能够满足利益的要求，而且能够满足人们的道德诉求。其三，传统政治文化让人们在社会生活中注重道德自觉和道德自律。我国的传统社会在某种意义上是德治社会。德治一方面表现在道德具有更高的权威，甚至发挥着统摄作用；另一方面，道德也被视为最根本的社会规制方式。这一点在前文已有论述。在这种文化的熏陶下，人们更注重自我道德的规范，注重个体的道德修养。

受我国传统政治文化影响所形成的人们对于社会生活的态度和价值观念构成现代社会治理的文化背景。任何社会治理模式选择都离不开其所植根的土壤，离不开管理的对象，只有找到与文化背景相契合的途径，才能取得理想的社会效果。

（3）传统政治文化为社会治理提供思想与观念。虽然我们现代的社会生活范式与传统社会相比，有了根本性的改变。对于政治制度和结构的传统理解也许不再适用于当代，但这并不妨碍我们从传统政治文化中汲取营养。事实上，我们现代社会管理观念中也少不了传统政治文化的身影，因为文明本身是无法割裂的。我国传统政治文化作为中华文明的结晶，融入了我们民族的智慧，也折射出我们民族对于社会生活的向往与追求。这些都构成我们社会治理的基础。

我国传统社会君臣权力的划分特别是君所代表的皇权和宰相所代表的政府权力之间的分责与制衡，为我们提供了分权的理念。与西方三权分立不同，传统分权依然遵循着严密的政治秩序，皇权处于权力的顶端。

因此，权力之间并不是西方理解的“以恶制恶”，倾向于权力之间的对抗。相反，传统分权更强调权力之间的协调和统一。这种分权的认识有助于我们在现代社会治理中避免陷入多元参与导致的权力矛盾，力求共治的整体性和统一性。

我国传统社会虽然没有出现明显的公共领域与私人领域的划分，但皇权并没有完全占据社会发展的空间。事实上，我国乡村一级的基层地区有着悠久的自治传统，也形成了诸如乡老、乡绅、家训等有效的治理机制。乡村社会的治理经验和不断成熟的自我治理体系为今天的治理提供了丰富的思想和路径借鉴。长期的治理经验在培育地方治理能力的同时也深层刻画着人们的行为方式，为我们对治理的理解以及治理价值的选择、认同烙上了民族独特的印记。

我国传统政治文化本身具有旺盛的生命力。我国传统政治文化不是一个封闭的体系，而是在历史长河中不断地发展、丰富。它的每一步前进都代表着人们对于人性更深的理解，代表着人们对于社会关系的进一步思考。传统政治文化的发展既体现为理论载体的丰富，如在先秦时期，我国的传统政治文化以诸子百家学说为载体，汉代以经学为载体，宋明以心学、理学为载体①；又体现为政治手段的演化，如对于权力运行机制以及社会制度的改革。我们的传统政治文化也富含着批判精神，比如商代对“天命”的重新审视、孔子对礼乐崩坏社会的批评、孟子对于“王道”“霸道”的比较以及清末对于王权的质疑，莫不彰显出文化的反思精神。这种传统的反思精神也是推动社会治理的重要动力。

三　现代民主政治文化

社会治理根植于中国肥沃的传统文化土壤，也是现代政治文明发展的必然结果。就本质而言，中国传统政治文化虽然有着丰富的优秀要素，也透露出强烈的人本气息，但与现代政治文明的距离显而易见，特别是在权力来源和社会形态方面，其文化内容已经成了历史的一部分——无

① 邓剑秋、张艳国：《中国传统政治文化发展的历程及其特点》，《武汉大学学报》（哲学社会科学版）1998 年第 4 期，第 116 页。

论其如何绚丽。因此，社会治理的推动必然还依赖其他的文化力量。作为一种现代社会生活的方式，其所表达的对社会的理解、对社会关系的认识都必然处于现代政治语境之中。因此，现代政治文明，特别是民主政治文化是支撑社会治理的主要文化体系。

人类民主的历史由来已久，普遍认为古希腊是民主制度形成的源头。但当时人们民主的理由和方式与现代民主有着很大的差异。首先，古希腊的民主是一种公民权力，这种权力依附于公民身份而存在。但古希腊时期并不是所有社会成员都具有公民资格，很多城邦成员（实际上是大多数）被排除在外。其次，古希腊认为城邦优先于个人，民主是个人对城邦的义务，人的价值观在城邦中得以实现。最后，古希腊由于其规模较小，大的城邦也不过三万公民，其民主实行的方式主要是直接民主。城邦事务无论大小，都由定期举行或临时召开的公民大会投票表决。古希腊的政治实践无疑为人类政治文明留下了民主的火种，但现代民主政治文化的形成还是在启蒙运动之后。

著名政治哲学家施特劳斯认为政治哲学的现代性转向始肇于马基雅维利。在马基雅维利之前，政治以道德为基础。无论是柏拉图对于《理想国》的谋划，还是亚里士多德对于城邦善的追求，作为社会的善是确定无疑的。先前的政治哲学家们所期待的只是在世俗生活中实现先验的道德秩序。在西方古典政治文化中，政治的使命就是要在世俗世界复制代表着道德善的“上帝之城”。政治本身被赋予了积极的道德价值——这一点与我国的政治文化传统不谋而合。所以，政治就是实现某种自然秩序的过程。无论是柏拉图还是亚里士多德都强调要根据人的质料安排社会位置，而且人们只有被赋予好的质料，才能获得好的社会结果。而马基雅维利对此怀有深刻的质疑。他认为我们不应该去关注那种应然的生活——那种生活从未被人们进入过。在他看来，政治哲学所要关注的是世俗生活中的现实生活。古典主义的政治哲学都持有这样的观点：政治生活本身是完满的，这是由其自然本质所决定的。人们在自然秩序之中占有属于自己的位置，正义就是遵循这种秩序而生活。同时，古典主义政治文化倾向于在政治生活中实现美德。施特劳斯发现，虽然亚里士多德与柏拉图在政治观点上有着很大的分歧，但有一点是一致的，即他们均认为最好的政体是美德实践的秩序，而且最好政体的实现是可遇不可求的。马基雅维利拒斥这种理解。他认为政治的基础不是道德，恰恰政治是道德的基础。[①] 从此，政治哲学出现了现代性的转向，这也是现代政治文化孕育的开端。

这种现代性的转向意味着，首先，人从先定的道德秩序中解脱出来。无论是柏拉图还是亚里士多德，他们都认为人们根据对于理性的分有而占据着不同的社会地位，负有不同的社会责任。所以柏拉图提出了“哲学王”的概念，即分有最多理性的人应该管理国家。柏拉图在理解社会正义时指出，社会成员可分为三个群体：手工业者、武士和分有最高理性的人。手工业者的理性最少，他们是铜铁所打造的，所以只能从事社会底层的工作，而且必须具备节制这一德性。武士则是由白银所制作的，他们较手工业者具有更多的理性，因此承担着保家卫国的重任，与之相匹配的美德就是勇敢。拥有最多理性的人被称为“哲学王”，他们的质料是黄金，在社会中处于统治地位。在柏拉图看来，由三种质料所组成的不同群体各安其位、各尽其责，社会便达到了正义的状态。任何对于道德秩序的违反都是不可接受的。所谓“铜铁当道”[②]，必然会导致社会的混乱。显然，这种社会的安排并不是人为的产物，社会生活被置入了先定的正义框架之中。这种秩序便是古典学者所言的自然秩序。而现代政治对于道德秩序的质疑让人从秩序中解脱出来，成为生活在现实社会的主体。在古典政治文化中，人的主体地位是有限的，被某种自然力量或者秩序指派、安排。现代性的政治文化则认为没有任何命运是不能被征服的，正义并不只是存在于天使国度之中。相反，对于本质上不那么完满的民族或者城邦，正义依然是可以实现的。

其次，秩序不是先定的，而源自人的“创造”。在现代性转向中，自然科学的兴起有着举足轻重的作用。自然科学带来了人们对于“自然”的态度转变。先不论这种转变是否产生了负面的后果，但“自然”不再被认为是先验完美的存在。相反，人与自然开始站在对立的位置，自然成了需要改造的对象。人们认为，一切满足人需求之物都必须通过

① 参见 Hilail Gildin, ed., *An Introduction to Political Philosophy: Ten Essays by Leo Strauss*, pp. 84 – 85。

② 〔古希腊〕柏拉图：《理想国》，郭斌和、张竹明译，商务印书馆 2002 年版，第 128 ~ 129 页。

人为所得，只有在与自然的博弈中才能体现人的价值。自然的善价值开始被否定，而让位于人的价值。政治也是如此。契约论从社会缘起的层面表明，政治不是自然的结果，而是人们根据自身的社会性需求创造的产物。权力也不是自然秩序所赋予的，而是人们相互让渡的结果。政治的人为性理解也导致了政治目标的转变。人们对于政治的实践不再是为了追寻美德，也不是完成自然安排的任务，而是要回归到人的福祉。促进人的幸福成为政治现代性的重要使命。

再次，人们对于自然权利的理解也发生了重大变化。在传统自然权利中，普遍认为人们的目的是有层次区分的，因而自然权利也据此分为不同的层级。在各级权利之中，自利、自保被认为处于最低的位置。在政治哲学的现代性转向中，自利与自保恰恰成为最基本的个体权利。在自利与自保之下，人们产生了社会生活的需求，满足人的需求成为社会生活合法性的重要依据。

最后，政治被技术化地理解。马基雅维利、霍布斯等人认为，让政治与美德相融合是非常困难的，政治难以承受这样的使命。他们认为政治不应该以可遇而不可求的机运为基础。政治是人为的产物，是对人意志的表达。在政治哲学的第一次浪潮中，自然不再是独立于人的存在，而被理解为人的自保倾向。命运也不再是政治的主宰，相反，人的努力可以克服所有的困难——命运可以被征服。政治的视野也从追寻美德转向了现实的政治操作。马基雅维利和霍布斯都把政治纳入了技术的范畴，并且认为国家的统治者要对国家的命运负有完全责任。施特劳斯援引霍布斯的话说，如果国家出现解体或者面临重大灾难，不能归咎于人的质料等古典主义所言的自然因素，而应归咎于操作政治权力的人。“当国家因为内部失序而消逝，国家中的人不因他们作为自然秩序的一部分为此承担责任，而是作为国家秩序的构建者要对国家负责。”① 这种对政治的理解无疑让政治完全地回到了人间。但这种理解也产生了另一个问题，就是政治与道德的分离。这种分离让政治权力的操作者不再为实现道德目的而奔忙，而转向对现实利益的关切。这一现象也引发了政治哲学的第二次浪潮。

卢梭就认为马基雅维利与霍布斯走得太远，让道德完全脱离了政治

① Hilail Gildin, ed., *An Introduction to Political Philosophy: Ten Essays by Leo Strauss*, p. 87.

的视线。当然，卢梭也否认外在于人的古典主义自然秩序，更否认建立于其上的社会不平等。他继承了霍布斯关于社会起源的观点，认同社会是人类自为的产物。霍布斯把前社会阶段描述为人对人就像狼对狼一样的状态，卢梭则指出，前社会的人是不完满的人。前社会的人所拥有的是理性，但只能称之为次人（sub-human）。[①] 作为单个人的历史是无目的的，人朝着实现完满理性的可能性发展。但社会的形成又是必然的——这一点与霍布斯也极为相似。人们在前社会中无法保全自己，只能通过形成社会而过上安宁富足的生活。卢梭看到，在社会之中，任何人都必须遵守法律和社会规则，否则社会生活就不可能。这就涉及现代政治文明中的重大问题——人的自由如何可能。既然社会是人们为了自保自觉组成的，那么所有社会成员都拥有进入社会之前的自由权。但是进入社会之后，如果相互之间没有行为规范，彼此皆不受到某种约束，社会生活就难以为继。但如果大家必须遵守外在的法律或者规则，那么自由就无法保障。为了解决这一难题，卢梭提出了他创建性的观点。其一，社会成员必须能够参与法律的制定；其二，在人们共同制定的法律之上必定没有其他更高的法；其三，法律的善性来自人们的公意。值得注意的是，卢梭的公意不是如罗尔斯所指的“重叠共识”，而是蕴含于每个人心底的正确意念——这一学说在康德处得到了最系统化的发扬。[②] 在他眼中，公意是永远正确的，因为它是合理并且具有普遍性的。在这一点上，公意和个别意志相区分，后者是不稳定的，也是难保正确的。把理性归于人自身，并以之取代古典政治文化中的自然，卢梭无疑为现代政治文明开辟了一条新的道路。在这条道路上，政治生活也向德性复归。我们不难得出这样的推论：人是有公意的，公意本身是符合理性的（善的），因此社会法是善的。人们对于社会法的遵守让社会生活得以可能，从而人们能够实现自保。于是，恰恰是有德性的政治让人们实现自由。

如果说卢梭眼中的社会是基于公意的一种自觉的产物，那么第三次政治哲学的浪潮则凸显出更明确的方向性。站在第三次浪潮风口浪尖的人物是尼采。他发出了卢梭曾经对于先前政治哲学家的批判——历史感

① Hilail Gildin, ed. , *An Introduction to Political Philosophy*: *Ten Essays by Leo Strauss*, p. 90.

② Hilail Gildin, ed. , *An Introduction to Political Philosophy*: *Ten Essays by Leo Strauss*, pp. 90 - 91.

的缺乏。尼采的历史是奔向完满的历史——他认为人的过去和现在都是不完满的，但人的自由选择决定着“超人”的出现。“超人”是完满的个体，而且属于未来。与卢梭相比，尼采所勾勒的个体更为残酷，他们从超越中得到快乐和满足。也是在这种超越中，人们的主体性得到了极大的肯定和张扬。尼采通向“超人”的道路本质上是人的主体性不断强化的道路。在这份张扬之中，尼采也遇到了卢梭曾面对的困境。既然“超人”才是未来的目标，当代人又都是不完满的，那么是否意味着我们都必须服从外在的等级，在外在力量的鞭策中前行呢？若如此，岂不又回到了古典主义政治的语境之中？更为重要的是，如果人是由外在秩序所规定的，人的主体性又何在呢？难道我们失去自由是为了最完整的自由，或者只有失去自由才能实现自由？这显然是自相矛盾的结果。为了回答这个问题，尼采诉诸基于强力意志的永恒轮回。原来我们的过去都是我们所意愿的。在强力意志的轮回之中，人们的主体性持久不衰。①

施特劳斯从三次浪潮中发现了现代政治哲学危机的根源。但这三次浪潮并不是一个逻辑的序列，而是在西方现代政治文明中所掀起的波浪。三次浪潮与不同的政治思想和理论建立起内在的联系，存在本质的关联，对现代政治文化产生着深刻影响。

以三次浪潮为标志的现代政治表达了与古典主义完全不同的价值诉求，更表现出其显著的特点。这些特点构成我们现代政治文化的主要因素。与古典主义政治文化相比，现代性政治文化的主要转向表现在以下几个方面。

其一，权力来源合法性的依据源自社会契约。在古典主义政治文化中，权力的根源指向了外在于人的神秘存在——神或者某种先定的秩序。这客观上导致了权力与人的分离。谁拥有权力、谁行使权力是建立在先验基础上的偶然结果。更为重要的是，这种对于权力的理解催生了不平等的社会结构。而现代性政治文化则把权力交还给社会成员自己，在人与权力之间构建必然性的联系。社会契约论承担了这一使命。社会契约论认为，在人类社会形成之前存在一个前社会阶段。霍布斯把这一阶段

① Hilail Gildin, ed., *An Introduction to Political Philosophy*: *Ten Essays by Leo Strauss*, pp. 95 – 97.

形容为文明未开、危机四伏的时期。由于每一个人对所有社会资源都具有无限的权力，任何人对于任何资源的所有也都是不确定的。所以人们必须为得到、保护自己的资源而与他人争夺，人与人就像狼对狼一样，所遵循的是物竞天择、适者生存的丛林原则。[1] 显然，在这一阶段，人们的生活充斥着残酷的争斗，没有人能够享受平静与安宁。于是，人们为了获得安宁的生活而相互之间签订契约，自愿地让渡部分权力。让渡出去的权力形成了公共权力，保留的是私人权力。依据社会契约论，权力的唯一来源就是社会成员。权力来源的改变赋予其全新的内涵：在权力归属层面，社会成员是权力的所有者；在权力使用层面，社会成员也必然拥有行使权力的资格；在权力目的层面，公共权力的唯一指向就是全体社会成员的利益。

社会契约论意味着，首先，公共权力必须得到所有社会成员的遵守，对任何人都普遍有效。其次，公共权力不可收回，因而具有延续性。人们让渡权力就像把钱存在银行，但银行的钱可以随时取出，公共权力却难以收回。虽然公共权力归全体社会成员所有，但不可分割，也不属于任何具体的个体。公共权力在社会契约达成之初便形成，而且永久性地存在于公共空间之中。最后，公共权力对于任何社会成员而言都具有平等的效力。人们在社会契约的达成中都处于平等的地位，让渡出同等的权力，任何人所让渡的权力和保留的权力与其他人都是相同的。社会契约是一份平等的契约，这决定了任何人都不能获取比其他社会成员更多的公共权力。换言之，人们面对公共权力处于平等的地位。对于社会权力的契约论理解，以及蕴含其中的契约精神从根本上否定了等级制社会的合理性，并且开始期待平等的社会权力结构。

其二，对于私人领域的肯定与尊重。在古典主义政治文化中，私人领域没有引起足够的重视。比如在古希腊的政治思想中，公民个体的存在是以城邦为基础的。公民的价值体现在对于城邦整体善的追逐与实现之中。因此，如何促进城邦的善成为政治文化所考虑的主要问题。对于公民私人领域的解读，如个人利益的理解也被置于城邦的视域之下。因此对于私人领域特别是个体欲望，古典政治学者总是表露出消极的情绪。

---

① 〔英〕霍布斯：《利维坦》，黎思复、李廷弼译，商务印书馆 1986 年版，第 94 ~95 页。

在古希腊四主德中，“节制”占有重要的位置。古典主义政治文化认为，对于个体利益的关注，对于私欲的追寻会阻碍人们追求美德，阻碍人们实现城邦的整体利益。亚里士多德就力主沉思的生活，并且指出，如果人们沉溺于个体的欲望，就会产生对于外部物质的依赖而不能达到理想的道德境界。亚里士多德认为幸福的生活就是自足的生活，“自足是指一事物自身便使得生活值得欲求而且无所缺乏”。[①] 显然私欲会阻碍人们达到自足的状态。在城邦与个体的关系上，城邦具有不可辩驳的优先性。现代政治文化则肯定了个体的主体实在性。随着政治从古典主义的天国落至现代性的人间，私人领域和个人利益得到了充分的认识和肯定。个人欲望不再是被压抑的对象，恰恰相反，自利被认为是合理的人性倾向。更为重要的是，个人权利得到了明确的划分与尊重。在等级社会之中，个人权利与社会权力之间总是处于含混状态，因而经常难以得到有效的保证。而且，私人权利也往往取决于外在的力量和秩序。无论在柏拉图的理想国中，还是在亚里士多德的共同体中，私人权利与其主体的质料息息相关。那些在自然秩序中占据更高地位或者分有更多灵魂的人拥有更大的权利。而且，个人对于社会整体的依赖让私人权利缺乏坚实的基础。一旦私人利益与社会整体利益之间出现矛盾，前者必须做出退让甚至牺牲。但在现代政治语境中，个体的实在性为私人权利提供了有力的支撑。天赋人权的观念逐渐形成，并且把基本的权利以自然法的形式进行了确定。人们清晰地划定了个人权利与公共权力的边界。在美国的《独立宣言》和法国的《人权宣言》中，个人权利的不可让渡性得到了强调，并且以宪法的形式予以保护。

其三，对于社会成员主体性的宣扬。在经历了中世纪政教合一的时代之后，西方政治学者认为人性被神性的光环所掩盖，人只能匍匐在全知全能的神面前，从而失去了主体性。人的主体性的削弱带来了根本性的问题——社会生活的意义何在？人主体选择的意义何在？即便在宗教体系内部，这也是一个必须直面的难题。所以在路德宗教改革中，最重要的一项就是重新树立人的主体性。路德之前，基督教认为人负有原罪，只能等待神的救赎。人不能直接和神沟通，必须通过专门的神职人员才

① 〔古希腊〕亚里士多德：《尼各马可伦理学》，第19页。

能接触神。路德宗教改革则给予了所有人接触神的机会，同时把人们从对教会的依附关系中解脱出来，打破了天主教对人们思想的垄断和禁锢，肯定人的自主性。路德宗教改革在很大程度上对现代政治文化产生了影响。恩格斯曾指出："只有能够自由地支配自身、行动和财产并且彼此处于平等地位的人们才能缔结契约。创造这种'自由'而'平等'的人们，正是资本主义生产的最主要的任务之一。虽然这在最初不过是半自觉地发生的，并且穿上了宗教的外衣，但是自路德和加尔文的宗教改革以来，就牢固地确立了一个原则，即一个人只有在他握有意志的完全自由去行动时，他才能对他的这些行为负完全的责任，而对于任何强迫人从事不道德行为的做法进行反抗，乃是道德上的义务。"① 路德宗教改革强调人的自由、平等，让人们承担责任，极大提升了人的主体地位。从此，对人性复归的呼声日益高涨。巩固人的主体地位、弘扬人的主体性是现代政治生活的基本主题。从古典自由主义者到康德，虽然他们的观念有着显而易见的差异，但都表达了对人主体性的尊重。以霍布斯、洛克、斯密、穆勒为代表的古典自由主义者确信公民个体对社会的实在性。在古典自由主义之前，社会具有超越个体的优先性。如前文所述，柏拉图提出了"各安其位、各尽其责"的正义构想。这种自然秩序在中世纪则表达为上帝。古典自由主义者则重新理解了社会运转的机制。他们的理解最深刻地表现在市场逻辑之中。亚当·斯密以有限理性的"经济人"为假设，描绘出社会在"看不见的手"的指挥下实现资源优化配置的图景。斯密认为，任何人的理性都是有限的，面对复杂的社会生活，任何人都只能熟悉自己所生活的领域。人们在自我有限理性的照耀下去追求自我利益的最大化，并通过市场价格杠杆，促进社会利益的最大化。市场不是任何自然力量或者某一特定群体设计安排的结果，相反，市场是在人们的自觉行为中所形成的机制。每一位公民个体都是市场的主人。自由、平等是市场的原始善，更是保障人们主体性的基本价值。康德则把柏拉图所理解的外在于人们的理性拉入人自身之中。在柏拉图的眼中，理性就像太阳和篝火，人们在其照耀下认识自我、认识周围的世界。但是理性不为人们所拥有。康德则认为，恰恰因为理性蕴含在人们心中，

① 《马克思恩格斯全集》第21卷，人民出版社1965年版，第93页。

所以我们可以具备先验的道德认知能力，从而能够遵守道德法则。恰如其所言，世界上最令之感到震撼的，一是头顶上灿烂的星空，二是隐含在每个人心中的道德准则。康德看到了道德的约束性与人主体性之间的张力——如果人们要受到道德的制约，那么人的自由在何种意义上得到了保障？正是因为人们具有理性，因此可以为自己立法，对于道德原则的遵循并非来自外在的强力或他人的意志，而毋宁是遵守着自己内心的道德良知。人的主体性不但没有在道德中消减，反而通过道德得到了最充分的彰显。

现代政治文化的转向，赋予了当代社会生活新的内涵，并推动着社会生活方式的改变。

首先，如何维护、实现社会成员个体利益成为社会生活的重要主题。在传统社会生活中，社会利益优先于个人利益，当两者发生张力时，往往主张牺牲个体利益以维护、实现社会利益。社会生活对个人利益的态度也持某种消极的态度。现代政治文明对于个体实在性的关注则让个体利益在社会生活中占有越来越重要的地位。维护和增进个体利益不但获得了道德合理性，而且成为社会发展的主要目标。古典自由主义者提出了“为最大多数人带来最大幸福”的正义原则。这一原则在很大范围内成为衡量社会生活的标杆。同时，人们也日益清晰地厘清个体利益与社会利益之间的界限，赋予某些个体利益以至上性。罗尔斯看到了最大幸福原则依然隐含着社会整体利益侵犯个体利益的危险，指出个体拥有即便以“社会整体利益之名”也不能侵犯的权益。[①] 对于目前的社会生活而言，让更多的社会成员分享社会发展所带来的利益已经成为政治权力正当性的存在基础。如何实现社会利益与个体利益的统一，实现两者的共同发展，是现代社会生活的基本主题，也是社会治理的基本维度。

其次，民主参与成为社会生活的基本方式。承认社会成员个体相对于社会的实在性，意味着社会的建设与发展必须建立在尊重公民主体性的基础之上。社会契约论对于社会结构和机制的解释，意味着社会的运转不再系于行政权威，而应该遵循每一位社会成员的意志。所有的社会成员都有权力参与社会生活，在其中表达自己的意见和利益诉求。唯有

① 〔美〕罗尔斯：《正义论》，何怀宏等译，中国社会科学出版社1988年版，第3页。

让社会生活顺沿着全体社会成员的意志展开，人们的主体性、独立性和自由才能得到充分的保障。民主参与成为现代社会生活开展的主要形式。在现代政治语境中，关于采取何种形式的民主参与方式引发了广泛的争论，也衍生出了多元的政治制度，形成了不同的社会生活框架。但无论人们在具体操作上持有怎样大相径庭的观点，民主参与的重要性与正当性却毋庸置疑。特别在我们进入民族国家形态之后，如古希腊城邦那样的直接民主方式已不可行——现代社会成员众多，直接民主将带来不可承受的成本和代价。社会成员选举政府、委托政府行使公共权力成为常态。这种权力所有与权力行使的分离，也开始让社会生活面临着新的风险。政府与民众之间所建立的是被委托与委托的契约关系。但政府体系的建立也必然形成部门利益、群体利益。如何让政府意志顺从民众意志、忠于民众意志，是维护政府合法性的基本问题。答案在于扩大民主参与。在新的权力结构下，民主参与显得更为必要和迫切。深化民主参与也成为社会发展的重要标杆。民主参与文化是推动社会从管理走向治理的内在动力。

最后，多元成为社会生活的基本特征。现代政治文明所倡导的自由、平等价值，以及对于社会成员个体的尊重，为人们的社会选择提供了广阔的空间。当人们从趋同的传统政治权威中摆脱出来，个体之间的差异性充分表达在社会生活之中。现代社会的多元主要体现在：（1）社会主体的多元。政府、社会组织和社会成员个体都被赋予了参与公共生活的权力，相互之间既存在管理与被管理的关系，又保持着各自的边界。（2）社会权力的多元。与主体多元相适，每一社会参与者都拥有各自权力。这些权力是人们进入社会领域、开展社会生活的根本保障。权力的多元互动成为当代社会运转的支柱力量。（3）社会生活内容的多元。现代政治文化赋予了人们自由选择生活方式、形成自我意识、观念的权力。就社会成员资格而言，所有成员都站在平等的地位，任何人都不能对其他成员强加意志。这就让我们的社会文化、思想和行为表现出丰富的多样性。参与主体、权力结构的多元成为社会治理的基本图式。

现代民主文化体系所带来的社会生活变化赋予了治理价值追求的时代使命。政治文化的改变深刻地改变了社会的基本理念、权力结构和生活内容。这些深刻的变化内在吁求着新的社会运行机制与模式，成为社会治理形成的文化起点。

四　马克思主义政治文化

马克思主义在中国政治生活中发挥着引领作用，处于中国政治文化的核心地位。马克思主义是动态开放的理论体系，在持续的政治实践中不断丰富、完善，保持着蓬勃的生命力。正因此，马克思主义能够顺应时代的发展，始终处于我国意识形态的核心地位。马克思主义建立在对人类历史的科学探究之上，揭示出人类发展的本质规律，是我国社会不断前进的内驱动力。

首先，马克思主义兼顾人的自由与自我实现。西方自由主义强调人的独立与自由，并将之作为社会存在的基础。社会契约论从根本上改变了个人与社会的结构，在契约论中，个人是社会的基础，社会生活只有当其关照每一位社会成员的个体权益时才具有政治的合法性。公权与私权的分野让自由主义学者非常注重对于后者的保护。他们认为必须明晰公、私的界限，警惕公权对于私权的侵犯。这在某种程度上具有政治的合理性，但他们走得太远，把私权置于至高无上的地位。自由主义学者在关切个人自由的同时却在另一层面削弱了人的社会意义，这也构成当代自由主义的内在矛盾。这一矛盾表现为，对个体自由的重视是为了巩固人作为社会主体的地位，但这一主体经常寓于私人狭小的空间而表现出消极的态度。贡斯当、柏林都看到了这一问题，他们批评自由主义所提倡的是消极的自由，即免于履行某种义务、承担某种责任的自由。这种自由在现实政治生活中的反映就是政治冷漠。政治冷漠在西方政治实践中屡见不鲜，人们过多关注个体权益是否受到伤害，但对公共生活漠不关心。这种冷漠直接导致个人与社会生活的分离。贡斯当指出，古代人的自由恰恰是积极的自由。如上文所述，在古希腊城邦时代，人们所追求的是对公共生活的参与，关心城邦生活、积极行使作为城邦公民的政治权。亚里士多德在谈论德性的时候指出，德性与人的本质有着不可分割的联系。或者说，当人们实现自我的时候便呈现出德性。因此，他不认同柏拉图善自体的观念，而认为善就在道德行为之中。这种善与人的社会身份息息相关，并隐含在其技艺的对象之中。他举例说：“就像一个将军以最好的方式调动他的军队，一个鞋匠以最好的方式运用他手中的皮革。”① 能够拥有德性的前提在于人们有过高尚生活的能力——这也是为什么牛、马等动物无德性可言。高尚或者高贵的生活就是政治生活——“政治学的目的是最高善，它致力于使公民成为有德性的人，能做出高尚［高贵］行为的人”。② 因此，消极自由是原子式独立个体的自由，而基于公民身份的自由却被弱化了。

马克思主义对于个人的理解则冲破了狭隘的私人视野，从人类历史发展的宏大视角来理解人的本质。马克思认为人不可脱离社会而存在，社会属性是人最重要的本质。在马克思的眼中，人不是一个抽象的概念，而是对于其社会关系的描述——“人的本质不是单个人所固有的抽象物，在其现实性上，它是一切社会关系的总和”。③ 显然，离开社会生活来谈论人的本质是没有意义的，准确理解其本质唯一的方式就是把人放在社会中进行认识。就社会属性而言，人的本质最基本的表达方式就是劳动，这种劳动是抽象概念的劳动，更是社会劳动。所以人不再是脱离于社会、时代的原子存在，相反，人本质上具有历史的维度。社会劳动显然不能由个人独立完成，而必然牵涉劳动的对象。正是在劳动中，个人与其他社会成员发生各种各样的关系，并且在关系中成就自己。一定的历史社会条件决定了社会劳动的工具、能力和方式，这就决定了人的本质是历史的。马克思看到，抽象的、从历史中剥离出来的个体并不能得到应有的自由。他所处时代的资本主义生产方式侵犯了人们的自由，使消极的自由成为虚幻的自由。在资本主义生产方式中，传统社会人际的隶属关系被资本的隶属关系所取代。虽然资本主义革命打破了欧洲封建体制，改变了社会层级结构，宣扬人人平等，似乎把人从不平等社会的压迫中解救出来。但是以资本运转为基础的生产方式在人们之间开始缔结新的从属关系——雇佣关系。掌握资本的人具有购买劳动的自由，而无产者则只有出卖劳动的自由。在这一关系之中，人与人之间又形成了新的不平等。劳动与劳动者开始分离，即劳动的异化。劳动者不再享有劳动产品，反过来却受到其产品的制约。其中隐含的悖论在于无产者生产的产

① ［古希腊］亚里士多德：《尼各马可伦理学》，第 29 页。
② ［古希腊］亚里士多德：《尼各马可伦理学》，第 26 页。
③ 《马克思恩格斯选集》第 1 卷，人民出版社 2012 年版，第 135 页。

品越丰富，其对于产品的依赖程度越高，而劳动本身的价值越少。马克思在《1844年经济学哲学手稿》中论述道："劳动对工人来说是外在的东西，也就是说，不属于他的本质；因此，他在自己的劳动中不是肯定自己，而是否定自己，不是感到幸福，而是感到不幸，不是自由地发挥自己的体力和智力，而是使自己的肉体受折磨、精神遭摧残。"[①] 人逐渐成为生产的工具，其主体性在劳动的过程中不断被消解。自由也就成为无产者的奢望，他们刚从等级社会制度的束缚中摆脱出来，又陷入资本划分的阶层陷阱之中。更为严重的是，劳动不再以人自我实现方式的面貌出现，而沦为谋生的手段。作为自我实现方式，劳动本应是人的自主活动，反映了人最本质的需求。但现实是，人们开始躲避和厌恶劳动，劳动已经异化为人的对立力量。

基于对资本主义宣扬的消极自由之深刻认识，马克思提出向人的本质回归，倡导积极意义上的自由——这种自由与人的自我实现密切相连。与西方自然法传统对于"自由"的理解不同，如果说在自然法传统中，自由是人生而具有的权利，在马克思的视野中，自由则是人的本质。要获得这种自由，就需要让劳动成为人的创造性活动——根本方式在于摆脱异化的力量。马克思对于人的理解是社会性的：人的本质——自由也在社会历史之中。所以人的自由不是抽象的无边界的自由，而是伴随人类社会发展逐渐实现的自由。马克思认为，人的自由是一个历史过程。最初，由于生产力低下，个人不能独自生存，只能依据血缘连接形成共同生活群体，以满足自己的初始的生存需求为目的，从而产生对物的依赖；然后，人进入了更高的生存力发展阶段，并且打破了基于出身的不平等，但依然处于不自由的状态（上文所述的劳动异化在这一阶段产生）；最后，进入共产主义阶段，人的自由才真正实现。从这一过程也可以看出，人的本质不能独立于社会得到体现。相反，只有伴随社会的历史发展，人才能逐渐获得属于本质的自由。我们的自由通过劳动与实践表达在政治、经济、文化生活之中。

其次，马克思主义从人的解放看待社会发展。近代自由主义在区分私人领域与公共领域的同时，也割裂了个人与社会，并且产生两者难以

---

① 《马克思恩格斯选集》第1卷，第53页。

化解的张力。自由主义学者极力主张私人领域神圣不可侵犯，并且在法律层面通过规定私人财产的神圣性划定清晰的个人与社会边界。这种社会显然是具有局限的。原子式的个人是人抽象的存在方式，而现实生活中的人都是具体的。人际交往不是偶然的事件，而是存在的基本方式，是生活的必然。每一个人都具有基本的生活需求，离开社会，这些需求是无法满足的。换言之，个人的利益只有通过社会生活才能实现。如果人们仅仅关心自我利益，将社会作为追逐利益的舞台，那么相互之间必将充满矛盾与冲突。个人追求私利，并在社会中满足私利构成黑格尔所言市民社会的两个原则。他将市民社会的两个原则表述为“具体的人作为特殊的人本身就是目的；作为各种需要的整体以及自然必然性与任性的混合体来说，他是市民社会的一个原则”；“但是特殊的人在本质上是同另一些这种特殊性相关的，所以每一个特殊的人都是通过他人的中介，同时也无条件地通过普遍性的形式的中介，而肯定自己并得到满足”。[①]他同时指出了市民社会的三个环节，即通过个体与所有社会成员的劳动满足需求，依据司法保护所有权，最终将特殊利益作为共同利益予以关怀。[②] 市民社会充斥着不同个体利益的博弈，特殊利益与共同利益之间处于持续的紧张关系中。马克思指出，黑格尔市民社会的矛盾在其体系内是无法得到解决的。自由主义为此做出了各种尝试，比如提出“最大多数人最大幸福”的功利主义原则，包括之后新自由主义的努力。这些努力都没有从根本上给出问题的答案。比如功利主义原则虽然寄希望通过顾及绝大多数人的利益化解私利与公利的冲突（包括市场机制的谋划也有从自利走向他利的考量），但少数群体利益如何保障的问题一直困扰着西方社会。就社会运转的结果来看，社会财富甚至都没有掌握在大多数群体手中，相反，处于社会最有利地位的少数群体往往掌握了多数财富。市场的竞争机制在发掘个体潜力、创造巨额财富的同时也造成了社会分群，让社会出现裂痕。这些问题的根源在于自由主义对个人、社会的理解本身所具有的内在矛盾性。

马克思主义则从人自我解放的角度来看待个人与社会的关系。黑格

---

① 〔德〕黑格尔：《法哲学原理》，范扬、张企泰译，商务印书馆2013年版，第197页。

② 〔德〕黑格尔：《法哲学原理》，第203页。

尔也看到了市民社会中人的异化，但他最终诉诸立法、司法和行政权来解决异化矛盾。黑格尔把家庭、市民社会与国家视为伦理的三个阶段。要消弭市民社会的矛盾与分歧，只有依赖国家。因为国家具有最完满的理性。黑格尔认为，“国家是绝对自在自为的理性东西，因为它是实体性意志的现实，它在被提升到普遍性的特殊自我意识中具有这种现实性”。① 在国家与个人的关系中，黑格尔认为国家是基础，个人在国家中才获得了其真正的自由。“单个人的自我意识由于它具有政治情绪而在国家中，即在他自己的实质中，在它自己活动的目的和成果中，获得了自己实体性的自由。”② 根据黑格尔的理论，国家高于市民社会并决定市民社会。马克思认同黑格尔关于市民社会缺陷与异化的论断，但在国家与市民社会关系方面提出了截然相反的观点。马克思提出不是国家决定市民社会，而是市民社会决定国家。在他的视域中，市民社会的个人是具体的、实在的人，市民社会是人在满足物质需求的过程中形成的。因此，市民社会中的人是国家公民的基础。正因此，马克思没有把调和市民社会矛盾的主体归结为国家——在他看来，国家依然是阶级统治的工具（他所指的当然是资本主义国家，从他对国家的理解中不难看出）。解决市民社会矛盾的根本路径在于让人民掌握国家权力，而不是如黑格尔所言的服从由官僚代表的国家权力。如果说从市民社会到国家形态在黑格尔眼中是理念的升华，是伦理原则的改变，马克思则是从历史现实的角度对此予以解读。他据此论证了从市民社会走向国家的历史必然性，认为这是生产方式与生产关系演进的必然结果。资本主义国家也不是历史的终点。马克思认为，由于资本主义国家积累了大量的财富，为实现人的最终解放做了充分的物质准备，当资本主义既有的生产关系不能满足生产力发展的需要时，人类社会就会冲破资本主义生产方式的桎梏，形成新的共同体——进入共产主义社会。马克思从人类自我解放的视角看待社会的变革，凸显了其历史唯物主义立场，更清晰地表达出以下结论。其一，人类的历史不是偶然的事件，而是在社会基本规律之中向前发展，这种发展有着明确的方向；其二，人类的历史是人类不断突破自然与社

① 〔德〕黑格尔：《法哲学原理》，第253页。

② 〔德〕黑格尔：《法哲学原理》，第253页。

会限制、实现自我解放的过程；其三，超越资本主义国家的共同体是人类社会的最高形态，也是人类社会的必然走向。

最后，马克思强调政治生活向人的自由全面发展价值的复归。马克思的这一政治态度与其对人的理解、对社会、国家的理解是一脉相承的。上文中已备述，马克思将自由作为人的本质，认为人类社会的进步都是围绕这一主题展开的。确立人在政治生活中的主体地位，无疑是这一思想的内在政治要求。巩固人的政治主体性，就必须在现实的政治生活中建立能够让人们自由全面发展的共同体——马克思称之为自由人的联合体。值得指出的是，西方自由主义学者也提倡人作为政治生活的主体性，并衍生出细致的民主价值体系。但马克思理论与之根本性的区别在于：后者是基于自然主义传统的逻辑推演，是建立在思辨之上的应然；前者则关注政治生活现实，关注人作为政治主体的实然状态。民主的核心是人民操作公共权力，从而在社会生活中实现其主体意志。资本主义所宣扬的民主最终演化为一种社会权力。但在其制度安排中，这种权力是缺乏保障的。在马克思看来，脱离了社会现实的民主本身就是值得怀疑的。他所处时代的资本主义社会正好证明了他的怀疑，基于财富积累的不平等所导致的人们在政治话语中的差异很大程度上削弱了民主的力量。在资本主义制度中，不平等不断被复制，即便工业化的进程试图以技术的方式掩盖不平等的现象，但奴役与被奴役的实质并未改变，恰如马尔库塞所言，“因为事实上，利用行政的控制而不利用身体的控制（如饥饿、人身依附、强力），改变重体力劳动的特点，使不同的职业阶层同化，在消费领域中实现平均化，这一切都无补于如下事实：个人无力控制有关生死、个人安全和国家安全的各种决策的作出。发达工业文明的奴隶是受到抬举的奴隶，但他们毕竟还是奴隶”。[①] 马克思认为资本主义经济结构导致了部分人对另一部分人的压制。解除这种压力的唯一路径在于消除阶级，让公共权力回到人民手中。我国学者郁建兴在论及马克思的政治哲学遗产时就阐述了这一问题。他指出，马克思看到了他所处时代民主作为国家制度所显露的狭隘阶级性质，从而找寻“超越资产阶级自由

① 〔美〕赫伯特·马尔库塞：《单向度的人》，刘继译，上海译文出版社 2008 年版，第 28 页。

民主概念的新民主概念”。[①]

有学者指出，马克思的民主观念受到斯宾诺莎的影响。斯宾诺莎之所以倡导民主制度，就是因为这一制度与人的自由保持一致，因而他倡导的是基于平等的民主——这种平等缘于每个人都是社会的一分子。马克思在批判黑格尔国家理论时强调，国家不是自在自为的圣物，国家应该不断地向其形成基础回归，这一基础就是人。[②] 马克思指出，人是一切社会组织形式和法律体系的本质基础。他强调无论是国家、社会组织还是法律，都应成为人存在的目的。民主的真正含义在于，人在社会生活中充分地实现其存在本质。“在民主制中，不是人为法律而存在，而是法律为人而存在；在这里法律是人的存在，而在其他国家形式中，人是法定的存在。民主制的基本特点就是这样。”[③] 马克思强调人民主权的至上性。在对黑格尔法哲学的批判中，马克思认为他颠倒了国家与社会、家庭的关系。前者认为国家依据概念而产生权力、决定自身的活动和结构。马克思指出，黑格尔所言的概念存在于社会之外，是由理念自身的生存过程发展而来的，使社会反而变成了被制约和规定的对象。因此，基于国家理念所产生的权力（黑格尔认为国家理念根据其自身差别而产生不同的政治领域，进而形成各种权力）是虚幻的权力。政治国家产生了三种具有实质差别的权力——立法权、行政权和王权。马克思对黑格尔把王权视为国家意志最后的决断权力表达了质疑，认为这种理解让某一个人的意志取代了国家意志，成为“任性”，所以王权造成了一种假象。[④] 马克思认为，与国家职能密切相关的是社会性的个人，国家职能与活动中所表现出的人格就是人的社会特质。所以，是人而不是具有特殊性的君主，才应该成为国家的主人、代表国家意志。他指出，王权不是人民主权派生的来源，相反，前者以后者为基础。“人民主权不是凭借君王产生的，君主倒是凭借人民主权产生的。”基于这一认识，马克思倡导民主制。他认为只有民主制才能维护国家制度与人之间的正确关系，让国家制度成为人自身的规定性。用他的话说，“在民主制中，国家制度

---

① 郁建兴：《马克思的政治哲学遗产》，《中国社会科学》2006 年第 6 期，第 21 页。

② 吴敏燕：《吕贝尔的马克思民主观评析》，《江汉论坛》2010 年第 2 期，第 57 页。

③ 《马克思恩格斯全集》第 3 卷，人民出版社 2002 年版，第 40 页。

④ 《马克思恩格斯全集》第 3 卷，第 27 ~ 28 页。

本身只表现为一种规定，即人民的自我规定”。[①] 民主制的本质在于让国家利益与人们的真实利益相一致。马克思认为人民应该掌握立法权，并且通过管理社会事务的方式打破黑格尔希望建立的官僚体系。

马克思主义深刻洞见了资本主义生产方式及政治生活中的根本问题，指出了其所宣扬的政治价值的陷阱，准确指出了人类社会生活的历史方向。近一百年来，马克思主义从一支理论流派发展为我国政治生活的主导思想，经过了不断发展和完善的过程，也是其不断与我国民族文化、时代价值融合的结晶。马克思主义理论的开放性也是其能够顺应时代发展、保持旺盛生命力的根本保障。作为我国指导思想的马克思主义理论体系是马克思主义的最新成果，并且充分表达了在我国当前历史社会环境中最本质的政治诉求，构建出我国政治生活的基本框架。在我国的社会生活中，马克思主义发挥着坚实的牵引作用。

在社会意识方面，马克思主义成为我国社会共识的纽带与基石。自辛亥革命之后，我国的社会就处于思想文化的十字路口。早在鸦片战争以暴力的方式打开我国文化的大门的时候，我们就对自己的文化产生了深刻的怀疑。西方的现代文明伴随着战争的硝烟涌入我国，让中华儿女在沉重的伤痛中敞开了向外国文化瞻望的视野，并逐渐认识到旧有文化体系的局限，意识到与西方近代文明的差距。以儒家为主导的传统文化体系在近代的硝烟中摇摇欲坠。这种反思在清王朝终结之后达到了高潮，反思逐渐走向批判。在价值观、道德原则甚至语言结构等方面，我国一度倾向于西方，并且欲求自身文化体系的重构。辛亥革命之后的中国社会无疑是纷繁复杂的，多种政治力量交织，思想文化的主张也莫衷一是。在这一背景下，我国开始不断地试错，这种试错不仅体现在政治层面，更体现在文化层面。历史证明，无论是“德”先生还是“赛”先生，都难以回答中国的根本问题。传统文化体系在意识形态领域的退位留下了政治文化真空，亟待新文化体系的建立。直到马克思主义的传播，中国在当时通向未来的道路才逐渐清晰明朗，也正是马克思主义，让近百年支离破碎的社会思想得到了再次统一。

马克思主义与我国政治生活的契合已被证明是历史的必然。马克思

① 《马克思恩格斯全集》第3卷，第37~39页。

主义所提倡的政治价值集中反映了近代以来我国的内在要求。在20世纪初的中国，社会处于严重的分化之中，绝大多数人处于贫困的边缘。这就决定了远离中国社会现实的西方观念（特指资本主义文化理念）难以为民众所接受。数千年传统社会遗留的等级文化，以及民族资本主义所产生的阶层分化，让广大民众充满对自由、解放的渴望。以“人的自由全面发展”为主旨的马克思主义满足、反映了这一迫切需求。更为重要的是，马克思主义理论根植于社会现实之中，内含着中国化的动力，并让其理论的中国化成为可能。正是马克思主义的社会现实维度，让其能够不断地与国情和民族文化相结合。中华人民共和国成立以来，马克思主义更上升到国家意识形态的高度，决定着我国的社会理想与价值判断。在近百年的实践运用中，马克思主义已经深入人心，对社会生活的方方面面都产生了深远的影响。这种影响让马克思主义被广泛接受、认同，潜移默化地引导人们形成人生观、价值观，成为社会成员之间寻找文化共识的坚实基础。这对于我们这样一个拥有五十六个民族的多民族国家而言尤为重要。每一个民族都有自己的文化传统与成长历史，都有自己独特的宗教与信仰，这就客观要求依托具有民族共性、具有差异包容性的文化体系为大家的相互认同提供平台。随着我国经济的发展，社会分群也日益显著，不同的社会群体之间也需要相互通达、获得共识。马克思主义理论体系扮演了文化纽带的角色，而且是主导性的角色。它让社会成员能够围绕共同的生活理想、依据共同的价值标准开展社会生活。同时，马克思主义系统理论也在塑造着人们的文化人格，成为身份认同的重要标志。在经济全球化的浪潮中，这种认同发挥着越来越重要的作用，是我国社会在多元文化交织、多元价值交锋的时代维持健康稳定发展的基本保障。20世纪90年代以来，东欧发生了剧烈的动荡，苏联、南斯拉夫、捷克斯洛伐克等国家在动荡中分崩离析。它们主流意识形态的动摇无疑是社会决堤的主要原因。随之而来的，则是国家认同、社会认同的衰弱。有学者通过调查研究指出，现代的东欧国家中广泛出现了民族认同问题。2011年的调查报告显示，捷克的民族认同度多年来持续下降。[①] 东欧的危

① 赵司空：《论文化认同与中国化的马克思主义》，《马克思主义研究》2012年第11期，第121页。

机从根本上说就是信仰危机。2013年爆发的乌克兰危机再次说明了这一点。由于缺乏明确的文化指向，乌克兰政府和民众在东、西之间摇摆不定，最终导致了社会的分裂，并且已经产生了严重的社会后果。我国正处于社会转型的历史时刻，之所以能够在动荡的外部局势和变化的社会结构中依然保持稳定、繁荣，马克思主义系统理论扮演了文化擎天柱石的作用。恰如汤普森在论述意识形态的社会“黏合剂”功能时所描述的：“它通过把社会成员联合到一起并提供集体共有的价值观与规范，成功地稳定社会。”①

在社会制度层面，马克思主义是我国社会制度安排的合法性依据。马克思主义强调人的主体价值，这就决定了我国社会制度安排都是围绕维护人的主体性而设计的。马克思主义促进人全面自由发展的理论在我国社会生活现实中也持续地具体化。马克思主义是我国社会制度变迁的价值导向。

马克思主义是我国当代社会制度变迁的方法论来源。马克思主义认为生产力的发展在社会变革中发挥着决定性作用，生产力决定生产关系，生产关系的改变则会促进社会制度的变化；社会制度对生产力又会产生反作用。陈旧的社会制度将制约生产力的发展，并激化生产力与生产关系的矛盾；先进的制度则会促进生产力的发展，化解生产力与生产关系之间的矛盾。马克思主义关于社会制度变迁的唯物主义理论是我国社会制度设计的根本方法。我国社会制度的演进都是依据不同时期的经济生活状况进行调整的结果。比如在新中国成立初期，百废待兴，国家生产力水平极度落后，需要集中社会资源以点带面推动社会发展。在那种形势下，我国采用了计划经济模式，最大限度地发挥国家权力和行政权力的效率，并一度取得了良好的效果。而当经济发展到一定阶段，计划经济模式已经不能凭一己之力驾驭复杂社会生活的时候，我国开启了社会主义市场经济模式，实现了社会的跨越式发展。我国的社会生活实践表明，只有根据马克思主义社会制度理论方法，社会才能健康地向前迈进，一旦背离这种方法，社会就会停滞不前，甚至倒退。马克思主义这一社

① 〔英〕约翰·B. 汤普森：《意识形态与现代文化》，高铦等译，译林出版社2005年版，第8页。

会制度变迁理论方法也说明，任何社会制度的安排都不会是完满的，都具有时代的局限性。突破局限，就必须进行制度的创新，社会治理模式的产生就是马克思主义方法论指导社会建设的结果。

马克思主义为社会制度安排确立了价值目标。马克思主义理论的最终目标在于实现人的自由全面发展，在于确立人民在社会中的主体地位。这也是我们社会制度安排的价值目标，决定了我们的社会制度不是为某一个人或者某一群体服务，而是为人民服务。是否代表和促进了人民的根本利益也成为判断制度优劣的合法性标准。对于任何制度而言，如果其伤害了人民的主体性、违背了人民的意愿、损害了人民的利益，那它就失去了存在的合理性。巩固人民的主体地位、为人民创造更多的社会生活空间、促进人民利益增长是我国制度建设的主旋律。我国社会制度日益强调社会权力与公民权力，维护人民作为社会主人的地位是社会治理的重要内容。简政放权是我国政治改革的基本内容，其实质在于防止政府权力过分集中而导致的对社会权力、公民权力的侵犯。放权的空间则必须由社会组织和公民来填补。我国的社会制度安排旨在为人们提供越来越丰富的参与社会事务的渠道和平台。其根本目的在于让人民能够在社会生活中拥有平等的话语权，让人民能够充分表达自己的意愿，并让这种意愿决定社会制度的安排与走向。在自由度层面，社会制度越来越尊重人们的个体选择，尊重人们之间的差异。我们的社会制度越来越强调私人与公共的界限，注重保护人们的私人空间，为人们提供更广阔的自由空间。正是在这种社会环境中，我们才感受到多元时代的多姿多彩。

我国社会制度对于人们自由的关切是在两个维度中进行的。

第一个维度是免责的自由。从现代立法而言，我国在 2007 年颁布了《物权法》，在法律层面保护了人们的私人财产。保护私人财产就是保护私人空间。因为每一位社会成员的自由（社会生活的自由）都需要私人财产的支撑。最近的法律修改取消了一些含混的罪名，比如取消了流氓罪、政治犯等罪名，这些修订都表明了开放和宽容的社会态度，从根本上保障了人们的思想自由、言论自由。就政府行为而言，我国政府不断提出要为社会成员提供便捷的公共服务，减少政府行为对人们社会生活的干扰。近年来，我国极大缩减公共服务的政府程序，拉低公共服务门槛，各级政府都设立了服务大厅，尽量满足人们的需求。在商业领域，政府逐步简化商务登记制度，为人们进入经济生活敞开大门；在文化领域，政府注重维护人们享受文化生活的权利，致力于平衡文化资源、提高人们文化生活质量，如北京于2015年出台的“1+3”政策文件，旨在推动“基本公共文化服务实现标准化、均等化、社会化和数字化，保障人民群众基本文化权益”；[①] 在生活领域，政府非常注重对个人隐私的保护，积极拓展私人空间、降低私人事务办理成本。在社会领域各个方面，制度建设都在努力促进人们权益，而且免除人们承担额外的社会责任。

第二个维度是担责的自由。我国的社会制度所提倡的不是不受限制的放纵的自由，而是作为人民基于公共责任的自由。因此，相应于对私人空间的保护，我国社会制度非常重视对社会生活的引导，重视人们对公共生活的参与。这两者是并行不悖的。我国社会流动性日益增大，社会生活的广度和深度都在不断扩大，个体差异与社会协同之间的矛盾日渐凸显。由于我国特殊的文化，特别是熟人社会模式的影响，人们从家族社会走向陌生人社会后，社会身份的转换往往要经历长期的过程。熟人社会那种依据血缘关系而形成的显见责任不复存在，如何帮助人们找寻他我之间的边界、认识现代社会对于成员的规则要求，是我国社会制度亟待解决的问题。例如，北京市颁布了被称为史上最为严格的禁烟条令——《北京市控制吸烟条例》，就是在规范社会秩序背景下形成的社会制度。我国此方面的政策具有明显的细致化、全面化趋势。这充分表明，我国社会所倡导的是有序的自由，是社会与个人共同发展的自由。改革开放以来，我们希望通过制度安排鼓励人们积极地参与社会生活，以此培养社会自我治理的能力。从管理走向治理是我国社会制度改革的主要方向。这意味着我国社会治理从政府一元模式走向多元共治模式，政府与社会组织、社会成员之间不再是单向的管理与被管理的关系，而是平等协作、共同参与的关系，为民众的公共参与提供了更为广阔的舞台。马克思主义是社会治理的价值引领。

马克思主义决定了我国社会制度的基本原则。社会制度原则为社会生活提供了框架。马克思主义作为我国的意识形态，规定了社会制度必须遵循的基本原则。马克思主义认为人民是社会制度变革的主导力量，

① 《北京出台“1+3”公共文化政策》，《中国文化报》2015年6月5日。

也是社会制度的服务对象，决定了人民民主是我国社会制度安排的基本原则。我国建立了各级人民代表大会制度，在经济、文化、司法等领域都建立了民主参与、民主监督机制，确保能够充分表达人民的诉求。当前，我国正积极推进基层民主，确保人民群众享有参与政治生活、参与管理社会事务的权利。在社会变迁的主导层面，马克思认为，社会变革虽然是人民自觉的结果，但需要属于人民政党的组织。在进入共产主义社会之前，由于生产方式的混杂，社会必然存在阶层的差别、社群的差别，特别是资产阶级与无产阶级的对立会长期存在。根据他的观点，虽然生产力发展是推动社会改变的根本力量，但在阶层社会中，首先发生在经济领域的变革会以政权斗争的形式表现出来。政党作为阶层的代表，在政党政治中处于权力斗争的中心。各阶层民众之间的博弈是分散的、自发的，如果缺乏政党的组织，特定阶层的利益就无法得到明确而充分的表达，阶层的力量就无法聚集起来。形成政治合力是先进阶层获取社会主导权的前提条件。马克思高度重视政党的社会引领作用，他高度评价了雅各宾派对法国革命的推动作用，认为其树立了民主革命的榜样。[①]代表先进阶层的政党背负着通过政治斗争实现所代表阶层利益的历史使命。[②] 政党是维持社会秩序、维护社会基本道德的坚强保障。离开政党主导，社会生活必然出现无序混乱的局面。我国近代的社会进程证明，离开中国共产党的引导，社会就会偏离正确的发展方向，造成动荡与不安。弱化政党领导，社会制度就有可能沦为少数群体实现自身利益的工具，或者成为社会妥协的结果，其政治合法性将被极大削弱。因此，我国的社会变迁一定是在中国共产党的领导下开展和进行的，这也是我国社会制度建设的基本原则。

在社会道德方面，马克思主义是我们社会道德建设的价值标杆。社会生活的开展不仅需要共同的利益目标牵引，更需要道德共识。将个人与社会割裂开来的自由主义理论将面对严峻的挑战——如果我们都认为个人的道德偏好和价值判断具有合理性，那社会道德共识如何达成？虽

---

① 宋小敏：《论马克思主义关于制度变迁原因和条件的理论》，《江汉论坛》2002 年第 5 期，第 34 页。

② 林立公：《马克思主义经典作家关于政党学说的基本思想》，《政治学研究》2011 年第 6 期，第 3 ~ 6 页。

然我们可以借助辩谈与协商达成共识，但我们也必然会看到，这种共识总存在与个体自由之间的张力。共识的达成有赖于特定的文化语境，试想如果参与辩谈的个体来自完全不同的文化背景，那么共识的内容就会受到极大的限制。而我们正处于文化多元的时代，来自不同地区、不同文化语境的人们越来越频繁地接触。这意味着在人们之间达成共识的可能性正在接受挑战，而且共识最终所反映的还是主流群体的意识和观念，依然不能从根本上解决个人与群体、社会的矛盾。西方自由主义的价值观强调个人价值和利益的绝对优先，导致在个人利益与群体利益、社会利益发生冲突时缺乏有效的调节机制。因此，如何调节个人与社会的价值矛盾也一直是困扰西方的伦理问题。此外，过分强调个体意志容易滑向道德相对主义。西方自由主义总是过分谨慎地防止社会意志对个人意志的侵犯。这固然有合理成分，但个人价值观念的差异性在社会生活中往往造成道德权威的消解。

马克思主义则以集体主义道德超越了自由主义个体与社会的二元对立，以宏大的人类社会视野看待自我与他人的关系。马克思之所以对资本主义制度进行深刻的批判，探寻社会发展的基本规律，就是要论证人的自由全面发展是社会生活的最终目的。他所指的人既包含个体的人，更指向整个人类社会。个体的自由包含在人类整体的自由之中，两者是相辅相成的。在他对于人、社会的认识基础上形成了集体主义道德体系。集体主义强调我们时刻都处在家庭、团体、社会等各种集体之中。因此，个人必须在集体中才能实现自己的利益与价值，而集体则是由实在的个体所组成。离开集体，个体无所依归；离开个体，集体不复存在。所以集体主义道德的要义在于：(1) 集体主义承认个人的价值与利益诉求，并以之为集体存在的依据。肯定个体利益的集体才是真实的集体，否则就是虚假的集体。(2) 个人利益是在与集体利益的统一中实现的，个体既有分享集体利益的权利，也担负着服务集体的义务。(3) 集体不以伤害个体的方式实现自身利益，个体利益也不具有对于集体利益的优先性。(4) 集体主义的最终目标指向促进人的自由全面发展。

我国以集体主义道德规范、引导社会生活。集体主义作为我国社会道德体系，一方面为社会生活提供了判断是非曲直的标准，避免了道德相对主义困境；另一方面有效调解了个人与他人、社会的矛盾。毫无疑问，我们仍然处于社会主义建设的初级阶段，社会的物质财富不能保证同等程度满足社会所有成员的需求。个人与他人、社会利益之间的矛盾是客观存在的。集体主义让我们突破了狭隘私人利益的局限，为解决矛盾提供了基本原则。此外，在集体主义的指导下，我们社会成员抱有更为开阔的社会视野和积极的生活态度，并且更加坚定了马克思主义的信念，能够在纷繁复杂的文化生活中形成统一的认识。

中国优秀传统政治文化、现代民主政治文化以及马克思主义政治文化构成我国社会治理的文化源流。但这三种文化在推动我国社会治理中的地位是不同的。马克思主义政治文化扮演着中流砥柱的角色，是促进我国社会治理观念创新、模式创新和机制创新的文化基石。中国优秀传统政治文化与现代民主政治文化是我国社会治理的基本语境，它们刻画出我国社会治理的民族特质，丰富着治理的时代理念。

第三章　社会治理的价值内核

自由、平等、民主、法治是支撑现代政治文明的基本价值，也是我国社会主义核心价值观的重要内容，诠释了社会治理的价值内核。首先，社会治理旨在为人们提供更广阔的自由发展空间，鼓励人们自由发挥主观能动性和创造性，从而激发社会活力。党的十八届三中全会公报在论及创新社会治理时明确指出“必须着眼于维护最广大人民根本利益，最大限度增加和谐因素，增强社会发展活力”[①]。社会活力的激发与保持必须以肯定和维护公民自由权利为前提。其次，让社会发展成果惠及全体人民、实现共同富裕是社会治理的重要目标。党的十九大报告将“让改革发展成果更多更公平惠及全体人民，朝着实现全体人民共同富裕不断迈进”[②] 作为全面深化改革、加强和创新社会治理的出发点和落脚点，其实质在于实现社会平等。再次，当世界银行首次使用“治理”概念时，其原始意义就在于通过在第三世界建立民主制度保障市场经济的自由运行。[③] 自“治理”概念被提出开始，民主就成为其价值特质。增进民主参与、强化民主决策也是我国社会治理的关键内容。最后，从“人治”走向“法治”是社会治理区别于传统管理的本质特征。划定社会主体的权力边界、实现公共权力的规范化、制度化，是社会治理开展的根本方式。作为社会主义核心价值观的有机组成部分，自由、平等、民主、法治是对我国传统优秀政治文化的高度凝练、对现代民主政治文化的精炼概括，是对马克思主义政治文化的集中表达，为我国社会治理提供了价值框架。它们既是社会治理的价值依据，又为社会治理确立了价值标准和目标。

---

① 《习近平总书记系列重要讲话读本》，学习出版社、人民出版社 2014 年版，第 116 页。

② 《中国共产党第十九次全国代表大会文件汇编》，人民出版社 2017 年版，第 36 页。

③ Patricial L. McCarney, “Thinking about Governance in Global and Local Perspective,” *Urban Forun* 11：1（2000）：2－3.

一 社会治理中的自由价值

在人类历史长河中，自由宛如屹立在大海中的灯塔，指引着社会前进的方向。古今中外，无论人们以何种形式追求自由，以何种方式彰显自由，自由精神都意味着挣脱束缚、尊重自我。无论从庄子对于逍遥境界的神往，莎士比亚对于“自由价更高”的颂扬，还是塞万提斯对于自由这一“世界最大幸福”的热望，我们都能强烈感受到自由精神的蓬勃活力。在“Freedom”意义上的自由，总是在人们的心中激荡，显示出挣脱一切的力量。对于现实的超越性是自由精神的本质特征。但是当我们进入社会生活，将自由精神转化为一种社会生活的期待时，自由则表现出另一层面的意义，即“Liberty”含义中的自由。在不同的历史时期、不同的社会形态和结构之中，人们追求自由的路径和方式都必然受到社会、历史环境的影响与限制。虽然自由精神在古今中外都呈现出一种张扬的共性，但是人们对于自由生活的理解和自由社会制度的安排则具有差别。就我国而言，中华民族具有独特的文化传统，有着适合本国国情的意识形态，有着塑造民族个性的历史背景。厘清作为社会治理核心价值的自由内涵是我国社会主义建设的重大问题。

首先，对于我国社会治理，自由意味着对公民主体性的尊重。回顾人类的历史，人类获得自由的过程就是不断凸显主体性的历程。自启蒙运动以来，对于人类主体性的呼唤成为自由价值的重要内涵。启蒙运动之所以把自由作为最基本的价值目标，就是要把人的主体性从中世纪的束缚中解救出来。中世纪，人们在全知全能的上帝面前只能保持卑微的姿态。人的理性是如此渺小，以至于人类一思考，上帝就会发笑。上帝作为造物主具有不可辩驳的权威。在上帝面前，人类失去了自由精神和自由的权利。启蒙运动恰恰是人类主体性的回归。尼采高呼让当时的欧洲人回归古希腊英雄时代，就是期待人们能够重新拾回英雄般的主体姿态，从上帝面前的弱势中振作起来。启蒙运动之后，特别是工业革命的到来，让人类的主体性得到了极大的彰显。但是，早期资本主义雇佣关系缔结的人身依附，以及科技主义的迅猛发展导致的人类对于技术的依赖，再次对人的主体性构成威胁。在这种背景下，马克思试图去除人们新的束缚。如在分析社会治理的马克思主义政治文化源流时所论及的，他认为在当时的资本主义生产方式中，处于受雇方的劳动者对于自己的劳动逐步丧失了所有权，生产资料的所有者攫取着生产者的劳动成果。此外，市场经济在为人们提供丰富消费品的同时，也让人们对于劳动产品的依赖日益增强，直接导致了人们主体地位的下降。鉴于此，马克思提出将人的自由全面发展作为社会发展的最终目标。其本质就是要树立、维护人们的主体地位。

就我国社会治理而言，在传统管理模式中，人们总是处于客体地位。社会成员往往被视为被管理的对象，被动地接受社会管理的方式和程序。在这一过程中，社会管理显现出自上而下的单向结构，人们的独立性和主体性都难以充分体现。在单一的计划经济时代，虽然我国政府将“为人民服务”作为社会管理的最高宗旨，并且试图通过良好的社会安排使人们获得最优的社会生活结果。但完全的计划体制内含人们对于社会管理绝对服从的根本要求。政府、行政权力牢牢占据了社会管理的中心位置，反而挤压了人们的主体空间。在社会生活中尊重、凸显人民群众的主体性，是实现社会治理自由价值的重要诉求。

其次，社会治理的自由意味着对公民社会生活选择的拓展。社会生活中的自由总是受到某种限制，但是限制绝不是社会生活的目的。根据现代政治哲学理论，人们在社会前阶段处于完全的自然状态，对于任何资源和物质都具有不受限制的所有权。换言之，人们拥有不受限制的自由。但这种自由所带来的结果是生活的动荡和不安。缺乏保障的自由看似没有边界，但实际上如空中楼阁般虚无缥缈。正因此，人们才相互让渡一部分个人权利，形成社会。看似没有边界的自由消失了，人们反而获得了不受侵犯的自由空间。人类历史告诉人们，社会作为人类生活的基本方式，为人们带来的自由空间超过任何个体单打独斗的结果。显然，让渡部分自由权利只是人类生活的策略，获取更广泛的自由才是社会发展的目标。这也是社会治理的真谛。之所以我们需要社会治理，是因为通过这种方式，任何社会成员都能够享有社会选择的空间，而且可以不断拓展这种空间。在社会生活中，自由的限度与社会生活选择总是存在内在的关联。通常，社会成员的生活选择越多，他的自由度也就越大。社会治理就是要以合理的组织方式帮助人们不断丰富其生活选择场域。

在很长一段时间内，对于社会管理存在认识的误区，认为管理与限制之间似乎可以粗略地画上等号。这种观念导致社会管理与公民自由之间的张力。更为严重的是，这种误解为自由化等不良观念的滋生提供了温床。消解社会管理与公民自由间的矛盾，最重要的就是实现两者之间的统一。这正是社会从管理走向治理所追寻的价值目标。

在社会治理中拓展公民的选择空间，就必须培育社会宽容。社会治理与传统社会管理的根本区别之一在于，社会治理是一种包容性的管理模式。任何公民在不伤害其他社会公民、不侵犯公共利益的前提下都有选择自己生活道路和生活方式的自由。公民具有各自的家庭背景、成长经历、文化程度和价值倾向，这就决定了人们开展社会生活的方式必定是多样的。尊重社会生活的多样化、为公民的自由选择扫除障碍是现代社会治理的重要职责。我国是拥有 14 亿公民的多民族国家，通过社会机制建立宽容的社会显得尤为必要。多元化、多样化是现代社会的基本趋势。特别在经济全球化的进程中，以商品为载体，各种思想、文化跨越地域、时间的限制，相互交织、融合、碰撞，为人们的价值选择提供了更多的方向。另外，随着改革开放脚步的迈进，特别是经济改革的深入，社会群体间的差异较以往社会更加明显。这就要求在社会生活中，必须为人们表达自己的价值观念、利益诉求提供畅通的渠道，必须让分属不同群体、具有相异文化属性的人们在社会中共存合作提供充分的空间。建立宽容的社会无疑是自由价值的应有之义。

最后，社会治理中的自由意味着对公民社会生活能力的提升。自由不仅意味着生活选择的机会，更强调生活选择的能力。效率总是社会建设的重要主题，关键在于追求何种效率。在一段时间内，我国过于追求行政效率而降低了社会整体效率。在完全计划经济时代，社会管理更重视如何保持政令的畅通，而对公民生活附加了更多的限制，比如依附户籍制度之上的对于公民流动的严格限制。这些措施限制了公民的自由程度，降低了公民社会生活的能力。近年来，赋予公民更多的社会权力成为社会管理改革的基本方向。作为世界第二大经济体，我国的综合国力在迅速提升，短缺经济已渐成为遥远的记忆，每年超过 10 万亿的国家财政收入极大提高了政府部门的行政能力。在这一背景下，我国为社会管理的优化奠定了雄厚的经济基础。因此，社会治理的主要问题是，如何在社会发展中增强公民自由生活的能力。著名经济学家和政治哲学家阿马蒂亚·森（Amartya Sen，又译阿玛蒂亚·森）在其著作《以自由看待发展》中清晰地表达了这一观点。

以什么定义发展深度影响社会治理的路径和方向。由于受到技术理性过分膨胀的影响，管理学也一度具有价值中立的倾向，人们在社会管理中往往忽视了管理的本质，而仅仅醉心于指标的增长。官僚体系中评价指标的设置更加刺激行政人员刻意追求所谓“绩效”。这些现象都让社会管理走上了一条狭隘的道路。恰如阿马蒂亚·森所指出的，狭隘的发展观念只关注经济指标或者社会指数的增长，比如GDP、GNP、国民收入、工业化水平等数据的变动，而忘记了社会发展的真谛。自由才是社会发展的目标——“发展要求消除那些限制人们自由的主要因素。”[①]自由意味着社会成员有能力去追求他们认为值得拥有的生活。在这一层面上，自由体现为一种生活的能力。建立在生活能力基础上的自由被森称为“实质自由”。社会中生活的人们，其自由是由各种政治权益所保障的。人们需要物质基础，需要社会交往，需要人身安全，需要基本的教育和社会福利。只有满足基本的权益需求，人们才能具备实际能力去选择和追求自己想得到的生活。贫困、社会机会的缺乏以及制度安排的不公平都会损害人们的自由能力。社会发展的目的就是要帮助人们避免受到这些因素的干扰，增强人们选择生活、追求生活的实际能力。因此，社会治理担负着维护公民政治权益、提升人们自由能力的历史使命。

社会治理所追寻的自由价值内含尊重公民主体性、拓展公民选择空间、提升公民生活能力的本质诉求。自由价值在社会治理中具有内在规定性。自由价值既牵引着社会治理开展的方向，也规定了社会治理的基本图式。

首先，自由价值内在规定社会治理的多元参与格局。传统社会管理更多地强调政府职能，强调政府的主导地位。因此，社会管理通常是由上至下单向展开的。这种社会管理方式可能在某些情况下有利于行政权力的发挥，表现出更高的行政效率，比如在抵御自然灾害、处理突发事

① 〔印〕阿马蒂亚·森：《以自由看待发展》，任赜、于真译，中国人民大学出版社2002年版，第1~2页。

件等情况下。但是，单向度的社会管理存在其自身难以规避的难题，即公众的声音往往被淹没在行政意志之中。任何公共部门都是依据自己所掌握的信息，凭借自己的分析和预测制定、实施政策。由于信息不对称是社会生活的客观现实，公共部门对于社会信息的采集和判断都是不完全并且受到局限的。因此，公共部门单方面做出的决策难以充分反映民众的客观需求。另外，没有任何社会主体能够具备完全理性对社会生活进行安排。现代政治哲学理论普遍认为，人们的理性都是有限的，大家都只能在自己理性所照见的视域中做出合理的选择和判断。正是源于这种有限性，如果某人，或某一个集体代替其他社会成员进行社会生活安排，就存在越俎代庖之嫌，其实质就是以自我的理性取代他人理性，从而对其他社会成员的自由构成限制。历史证明由政府部门单方参与的社会管理中，人们的意愿难以得到完全有效的表达，人们的自由权利也容易遭受侵犯，无论这种侵犯是有意还是无意的。

改变社会管理的单一结构，让社会成员广泛参与公共事务是自由价值引导下社会治理的必然选择。每一个社会主体对于社会生活都有各自的观念、期待和诉求。只有在更广泛的范围鼓励社会主体参与公共生活，才能使他们的意愿得到充分的表达。社会治理中的多元参与，其本质在于改变社会主体在旧有社会管理中的被动地位，由单纯的管理受众转变为社会的管理主体。我国经济高速发展，社会流动性不断增强，社会分群日渐细密。因此在社会治理中，必须保证社会群体的参与度，保障社会参与的覆盖面。唯有如此，社会治理的方式和内容才具有普遍性和代表性。在自由价值的牵引下，社会主体参与社会事务的意愿也在不断增强。自由作为我国的社会主义核心价值观，既表达了人们的价值愿望，也客观反映了价值认同。在自由价值的推动下，人们的权利意识日渐浓厚，对于自我空间的关切程度也日益提高。市场经济体制孕育形成的商品文化在这一过程中发挥了重要的助推作用。市场经济是以个体自由和经济理性为前提的，市场经济的发展一方面促进了个人对于自我利益的关切，另一方面则从机制层面产生了多元参与社会生活的深层需要。就此而言，社会治理中多元参与格局的出现毋宁是自由价值引领社会生活的必然结果。

其次，自由价值内在规定着社会治理的认同机制。政治认同在社会生活中发挥着举足轻重的作用，也是社会治理的合理性来源。社会政策、制度的政治认同度越高，其政治合理性也就越强，在执行和实施过程中的阻力也就越小。政治认同主要分为两条进路。第一条可以称为构建型进路，或者权威型进路。在这条进路中，认同一般是通过政治权威予以建立的。政治权威凭借强大的社会影响力、对于资源的控制力和政治强力对其他社会主体进行思想、意识、观念的输出，从而形成政治认同。在这一方式中，主客体的划分是非常明显的。政治权威处于绝对强势和主动的地位，其他社会主体则处于弱势的一方。构建型的认同机制对于在短期内达成政治认同有效率上的优势，但也容易遗留大量的社会问题。完全依仗政府强力形成政治认同的过程通常会引发社会不满、加剧社会矛盾，形成社会裂痕。此外，这种认同机制具有强烈的排他性，与自由价值的诉求相距甚远。

第二条则可以称为引导型进路。如何让社会治理的方式和内容得到公众的普遍认同，是社会治理必须面对的问题。要回答这个问题，就必须沿着与自由价值相容的进路。既然我们承认当前的社会具有多样性的特点，自由价值赋予了人们各自追求理想生活的权利。那么，我们就必须在尊重社会成员的基础上达成对社会生活的共同理解。但是我们又会遇到另一个问题，即如何既尊重个体自由权利，又不倒向价值相对主义。因为社会多元必然也存在与公认的善的价值体系相违背的思想、与主流意识形态相矛盾的价值观念，如果我们纵容那些陈腐价值观的蔓延，最终将造成社会的失序，也将伤害自由价值本身。社会成员都拥有很多共同的对于善的观念。重叠共识无疑为人们在自由权利基础上达成政治认同提供了有效方式。关键在于，社会治理必须为人们的协商、辩谈提供善引导下的公共场域。政府或者权威在这一过程中应当扮演引导性角色，促进社会成员在公共善的范畴中建立价值共识。以这种方式所形成的政治认同是对社会成员普遍政治观念的客观反映和表达，同时又确保了认同结果的合理性。

最后，自由价值内在决定了社会治理的权力结构。传统社会管理的一大症候就是社会权力与国家权力、公民权力的纠结与混乱。在计划经济体制时期的社会管理中，国家权力支配着社会生活。国家权力无限扩张，社会权力和公民权力备受挤压，不断退让。在国家权力的浪潮中，公共领域和私人领域都只能让位于国家权力场域。从经济、政治到文化、家庭，国家权力几乎触及社会生活的方方面面。国家权力的泛化催生了无限政府、全能型政府，也对政府能力提出了几乎不可能达到的要求。国家权力是从公共权力中分化并凌驾于公共权力之上的强制性权力。这种强制力量如果缺乏有效的约束，将对自由价值构成直接威胁。因此，近代政治哲学家普遍认为应对国家权力予以合理的限制。“三权分立”的思想正是基于此种考量的谋划。但单纯从政治权力的角度对国家权力进行约束并不能完全消除国家权力越界的现象。即便把国家权力一分为三，也存在权力之间合谋的可能性。三权分立本质上依然是政治权力体系内的一种制约机制。行政人员间的共同利益容易让他们跨越权力的分野，达成内部一致性。公民权力和社会权力成为新的限制国家权力的方式。通过社会制度安排赋予公民权力和社会权力应有的空间也成为现代社会管理的显著趋势，也是社会管理在追求自由价值中的必然选择。

自由价值借助市场经济刻画出现代社会的权力图景。市场经济把经济生活从政治中独立出来，也把社会从国家中分离出来，从根本上改变了社会与国家一体的模式。这种分离意味着诸多原本由国家所支配的领域必须交还给社会。国家权力对社会领域的退让也就不可避免。然而，市场经济却不能独自弥补国家权力退让留下的空缺。一些激进的自由主义学者曾经理想化地认为，市场经济可以单凭一己之力让社会达到最佳状态。但频发的市场失灵让人们意识到，市场本身具有局限性，更不能期待让市场机制独自承担社会管理的重任。无论是政府，还是市场，都不能成为唯一的权力中心。权力的多元主体是现代社会生活的明显特征。公民权力、社会权力、国家权力都在各自的界限之内发挥作用，共同对社会生活产生影响。在一定限度内，三种权力显现出平行的关系，但国家权力依然占有突出的地位。这种地位不是因为其对于社会领域的权威性作用，而是转化为社会的规范和推进力量。政府角色从社会的控制者转变为引导者、服务者。社会治理的主要任务之一，便是为三种权力的范围划定明晰的框架和界限，保证国家、社会与个人之间的和谐关系。

自由除了是社会治理的内在规定性价值，还是社会治理的伦理秩序。西方政治哲学普遍把社会层面的自由价值区分为积极的自由与消极的自由。积极的自由被贡斯当称为古代人的自由，实质是人们自由承担社会责任的美德。在古希腊社会中，自由是作为一种美德而存在的，而且并不是所有在城邦中生活的人都能享有自由的福祉。自由只赋予那些能够参与政治生活的公民。因此，自由毋宁是与公民身份相伴的一种基本的政治权。享有自由的公民充满自豪，他们主动地参与社会事务，在社会生活中共同致力于社会“善”价值的实现。从古希腊到中世纪，城邦、国家都带有浓厚的道德色彩。城邦、国家具有一种超越性的“善”性。所有公民只有寻求这种善，并且在实现城邦、国家善的过程中，才具备道德价值。公民并没有从城邦或者国家中分离为独立的个体，而是城邦、国家的一部分。公民的自由是追寻国家价值的自由。

这种自由所产生的直接后果就是贡斯当所描述的——成为公共领域的主人和私人领域的奴隶。贡斯当指出，古希腊人的自由更多地表现在“在广场协商战争与和平问题，与外国政府缔结联盟，投票表决法律并作出判决，审查执政官的政务、法案及管理，宣召执政官出席人民的集会，对他们进有批评、谴责或豁免”。[①] 在公共领域，积极的自由凸显了公民身份，公民可以决定国家政治的走向、决定国家的重大决策。但是公民在享受这种自由的同时也必须付出作为公民个体的代价。在私人领域，人们往往受到诸多限制，经常陷入严密的监视与压制之中。“作为集体组织的成员，他可以对执政官或上司进行审问、解职、谴责、剥夺财产、施放或处以死刑，作为集体组织的臣民，他也可能被自己所属的整体的专断意志剥夺身份、剥夺特权、放逐乃至处死。”[②] 在积极的自由中，人们对于共同体、对于公共事务投入了极大的热忱。积极的自由也把人们联结起来捍卫社会的基本价值。这对于政治生活无疑具有促进作用。但是积极自由所产生的问题也被近代政治哲学家所关切。

在古代社会之中，特定的城邦结构为人们直接参与政治生活提供了可能。比如在古希腊城邦中，人口稀少，领土狭小，而且时刻受到来自外部的威胁。这就促使城邦以一种紧密的方式组织在一起。而现代国家的规模、结构和环境都发生了巨大的变化。社会的组织方式也与古代大相径庭。政治生活逐渐淡出人们的视野，大家都更关心与自身利益息息

① 〔法〕邦雅曼·贡斯当：《古代人的自由与现代人的自由》，阎克文、刘满贵译，上海人民出版社2005年版，第34页。

② 〔法〕邦雅曼·贡斯当：《古代人的自由与现代人的自由》，第35页。

相关的经济生活。在经济生活中，人们需要在私人领域获得足够的空间。市场经济的前提就是个人的独立。人们在自身理性可以照见的范围之内寻求个人利益的最大化，最后通过每位公民的自觉行为达到社会资源的最优化配置。实现社会利益的最大化，是市场经济机制的内在机理。人们不再甘当私人领域的奴隶，恰恰相反，人们对于自由的诉求更多是对于私人领域的维护。如果说积极自由是主动追求公共善的自由，那么消极自由则是确保私人领域避免受到不合理侵犯的自由。消极自由也就是免于某种行为、某种生活方式的自由，即“free from”的意义。哈耶克认为，人类的历史不是一种构建的历史，而是自然发生的历史。现历史阶段细致的社会分工更加拓宽了人们的无知领域。对于个体或者某一群体而言，已知的范围相比无知领域是如此之狭小，以至于可以忽略不计。因此，没有任何个人或者群体能够先验地判断社会发展的态势、描述未来生活的情景。历史就是在自由个人自发的生活选择中延续的，而且无数历史事件也证明历史的发展会超过任何个人或者群体的预期。因此，在消极自由中，社会的秩序是在无数个体的自发行为中形成并得以保持的。

消极自由作为一种社会秩序，在当代公共生活中也充分暴露了其问题，特别是引发政治冷漠的症候。人们对私人领域的过分关注导致了对于政治，或者说是公共生活的冷漠。自由的社会鼓励人们充分表达自己的利益诉求和对于社会的期待，在公民共识中维持社会的稳定与发展。当代政治也表现出认同政治的特点。但是人们对于政治的冷漠却使人们失去参与公共事务的热情，在社会生活中不能充分地表达各群体的利益诉求，直接动摇了社会管理的合理性。在西方主要发达国家，近年的政治实践都凸显了这一问题。在奥巴马担任美国总统之前，很长一段时间，美国民众参与总统竞选的比例都刚刚超过50%，其中1996年的总统选举参选民众人数只占美国人口的49.1%。这导致美国总统获得的全民支持率只有35%左右（由于美国特殊的选举制度，布什总统两次赢得大选获得的支持率在参选民众中甚至低于半数，其全民支持率大概只有25%）。[①] 民众对于政治的冷漠造成了美国政治危机，特别是引发了政治不服从问题。

① 国务院新闻办公室：《2000年美国的人权纪录》，新华社北京2001年2月27日电。

既然领袖的支持率如此之低，那就意味着大多数国民都不支持其执政。在选举制度下，国家领袖的政治合法性就饱受质疑。另外，很多民众实际上放弃了表达自己观点和政治态度的权利，在很大程度上降低了公共权力行使的代表性。除此之外，消极自由也产生了价值相对主义、虚无主义等负面现象。个体对于社会权威的解构也极容易造成对社会价值和基本善的解构。个性的过分张扬让达成社会共识变得越来越困难。

显然，无论是积极自由，还是消极自由，都不能单独作为社会的基本秩序。我们既需要保持公民对于社会事务的热情，也必须对人们的私人领域予以有力保障。任何一个国家，都有其历史所积淀的独特文化和价值。特别对于我们这样一个拥有5000年漫长历史的文明古国而言，以儒家为代表的传统文化已经融入社会成员的血液之中，深度影响我们现代的社会生活。在意识形态方面，马克思主义系统理论是我国的基本指导思想，实现共产主义是我国人民的共同理想。毋庸置疑，我国社会是一个具有深厚道德底蕴和公共善的共同体。这就要求我们社会生活的开展必然遵循公共善的指引。

我国社会治理所要建立和维护的是基于道德自觉的自由秩序。首先，社会成员都具有各自不可侵犯的私人空间。这是现代社会区别于传统社会的基本特征。公民都是独立的个体，每一位社会成员的合理权利都必须得到社会和他人的认可、尊重。个人权利保障了公民的自由空间，也限定了自由的边界。在这一空间内，个人可以凭借自己的偏好、意愿、思想、观念选择生活方式、规划人生道路、追求个人理想、实现私人利益。没有任何人或者社会权威能够侵入私人领域，将自己的观念和意志强加于人，对其他社会成员的自由进行限制。套用贡斯当的话来说，公民是私人领域的主人。

其次，公民自由地追求共同价值。社会生活是自然开展的，但不是无目的、无方向的。我们可以认同，任何社会成员的理性都是非常有限的以至于没有人可以替代别人规划其生活的蓝图。但是我们不能否认公共善价值的存在。虽然社会发展的结果会超出所有人的预期，但在某一社会体系中，人们总是会就一些最基本的道德观念和社会理想达成共识。而且，不可否认的是，虽然人类历史从整体来看是自然发生的，但就某一特定的时期和社会而言，历史也存在建构性。无论在任何政治体制下，任何执政者都会对未来国家建设进行规划，都会在执政过程中执行政治主张。历史同样告诉我们，离开公共善、离开共同价值和利益，社会生活就无从谈起，个人利益也将失去实现的基础。虽然自工业革命以来，现代政治哲学更多地强调个体的独立性，但人们之间的内在联系却越来越紧密。社会分工越来越精细，任何人对他人、对社会的依赖程度都日益加深。在文明社会中，没有任何人可以离开他人而生活。这就要求公民必须以积极的姿态参与公共领域、关注公共事务，在与其他公民的交往和合作中自由追求共同价值。这也是当代社会成员之间构建彼此联系的重要方式。

最后，公民依据道德自觉参与社会生活。国家权力在公共生活中的退让是现代社会管理的本质特征，政府不再对公共生活进行支配性的安排。公民在社会生活中不再处于从属的地位，而是以主体性姿态与其他社会成员进行交往、产生交集。在公共生活中，公民必须认识到自我和他人的权利，遵从公民道德的指引。自由必然以自律为前提，在社会生活中尤其如此。柏拉图曾经比喻道，如果马可以在道路上随便奔跑，人们就不可能正常行走。在现实生活中，人们对于生活的理解千差万别，对于利益的诉求也大相径庭。传统社会管理以一种强制力量规约人们的行为，使共同生活成为可能。而在开放的现代社会中，我们一方面必须维持健康的社会秩序，另一方面则要保持、张扬人们的主体性。道德自觉是这两者达成统一的基础。恰如康德所指出的，人的高贵之处就在于自己为自己立法。人们能够通过道德实现自律，从而走向自由王国。如果人们都只强调个人利益而忽视社会、忽视他人，那么相互间利益的矛盾与冲突必然导致社会秩序的混乱，公共生活也就无从谈起。只有当人们都自觉地遵守社会规则，保持个人权利的合理边界，才能在不受强力约束的条件下依然保证社会生活的有序开展。也唯有如此，公民的主体性才能得到最大限度的展现，公民也才能最大限度地享受自由。

二　社会治理中的平等价值

平等是现代社会最基本的政治价值。人类政治文明的历史在某种意义上是不断实现平等的历史。在数千年的历史中，不同形式的君权神授理论把人类社会拖入不平等的社会图景之中。无论是东方还是西方，不同阶层之间建立着牢固的主奴关系，处于低层的群体只能接受被奴役的命运。启蒙运动的觉醒始于对不平等社会的反思与声讨，也开启了现代文明社会的大门。可以说，现代社会就是在不断打破以往不平等的社会制度中建立起来的。平等既是当代社会建设的主要价值目标，也是社会文明的标杆。

建立在人类起源基础上的不平等理论已经逐渐消散在文明社会发展的脚步中，只留下历史的背影。在文明社会中，人们都普遍承认，所有的社会成员都享有平等的人格、尊严和维持社会生活的基本权利，而且人格、尊严与基本权利是不可侵犯的。但是，不平等的现象并没有与不平等理论一起离我们远去。恰恰相反，在社会生活中，不平等的现象时有出现，并越来越引起人们的关注。

目前，引发社会不平等现象的主要原因有以下几点。

其一，原生运气的差别。每位社会成员都无法选择自己的出身地点、家庭、肤色、民族等一系列由先天决定的因素。这些因素被柯亨称为“原生运气”（Original Luck）。[①] 原生运气的差别使社会成员从一开始就站在不同的起跑线上，在相当程度上给予了人们不同的人生轨迹。不能否认，那些出生在伊拉克、阿富汗、利比亚等战乱国家的儿童，他们生存和获得幸福生活的概率远远小于出生在和平环境和富宁社会的小孩。出生在富裕家庭的小孩往往能够受到更好的教育，并且一些昂贵的偏好可以得到满足。富有的家长能够支付更多的教育费用以挖掘小孩的潜力。我国的高尔夫神童关天朗成为美国大师赛最年轻的球手，创造了多项中国高尔夫“最小年龄”记录。当人们赞叹他的天赋异禀时，也惊叹于他的成长成本。回顾他的成长经历，他从六岁开始就定期飞往美国参赛。高尔夫作为一项精英运动，球场大部分是会员制的。在我国，成为一个终身会员每年要缴纳百万元以上的会费。一个中等收入家庭都很难说具备培养小孩高尔夫兴趣的经济实力，更不要说低收入家庭或者贫困家庭了。显然，如果关天朗出生在一个经济收入平平的家庭，他纵有再好的

① 〔英〕柯亨：《马克思与诺齐克之间》，应奇、刘训练译，江苏人民出版社 2007 年版，第 121 页。

高尔夫天赋，也难以得到挖掘和展现。可以想象，很多小孩的兴趣会由于出生的原因而遭到埋没。在学校教育层面，富有家庭有能力送小孩就读那些学费昂贵但集中了优秀老师的学校，可以聘请资历丰富的教师为小孩补课、授业。这部分小孩取得优秀成绩的可能性也势必超过其他小孩。美国梅洛教授在对美国教育状况进行分析时发现，居住在富人区的小孩成绩要优于贫民区的小孩。除了教育质量的因素，所在地区和家庭的环境也对小孩的成长产生重要影响。在富裕家庭成长起来的小孩，其家庭熏陶和丰富的社会体验都会帮助他们在未来的社会中取得成功。相反，那些成长于犯罪率高、文化低俗、物质贫乏区域的小孩则会遭遇种种障碍。原生运气的好坏造成了人们社会生活的初始不平等。

其二，市场经济的累积效应。市场经济是现代社会经济发展的主要模式。市场经济之中原本内含平等价值。在市场机制中，市场参与者都享有平等交易的权利，交易各方都处于平等的人格地位。交易的达成取决于各方的协商，任何人都不能强买强卖。也只有充分保证市场参与者的平等权利，才能最大限度地减小市场摩擦力，发挥市场机制的效率。但是，理想的市场状态只是理论的推演，现实生活中，市场机制在为人类创造前所未有的巨额财富的同时，也带来了诸多社会问题，不平等就是其中之一。那些拥有更强经济能力、更多市场运气的人们在市场中拥有更多的机会，创造更多的财富。而且，现实的市场是一个连续的过程。在连续的过程中，市场的累积效应表露无遗。在市场中赚取更多资本，获得更多经济资源的企业或个人对市场发挥着更大的影响力。虽然市场理论强调完全自由竞争，但是人们看到的更多是“胜者全取”（Winner takes all）的市场后果。企业之间的联合与并购在经济全球化浪潮中愈演愈烈，规模经济效果日渐凸显。以汽车行业为例，数十家企业就占据了全球汽车销量的大半江山。虽然垄断是为市场经济所不容的，但市场经济之中却暗含垄断的张力。那些占据更多市场份额的企业也掌握着更多的话语权。它们通过制定行业标准、主导行业制度等手段巩固、加大其领先优势，对其他市场主体进行挤压。市场累积效应就如滚雪球，越大的雪球滚的雪越多，越容易做大做强，直接后果就是产生经济的不平等并且加大人们在财富和经济状况方面的差距。

其三，商业价值的统合性。随着商品无孔不入地渗透到人们日常生活之中，商业价值也潜移默化地对人们的思想观念产生深刻影响。近代以来对于个体的关注使个人利益得到肯定、尊重与保障，但也导致了个人主义倾向。在这一倾向中，人们往往过分强调个体的独立性，而忽视与社会和他人的联系。个人主义在商品社会中表现为社会成员对私人利益最大化的热忱。个人利益的算计被冠以“理性之名”，“经济理性”被视为一种人的本能而具有某种合理性。“经济理性”原本是亚当·斯密推演市场机制运转的前提假设。斯密假定个人是自由、独立并且利己的，每一位社会成员都会在自己理性可以照见的范围内寻求自我利益最大化。在人们自觉寻求个人利益最大化的过程中，社会资源实现最优配置，从而达到个人利益与社会利益的统一。但是这一理论的人性假设在当今社会显然被泛化了。在亚当·斯密原初的经济设想中，为道德留下了充分的空间。在撰写《国民财富的性质和原因的研究》之前，斯密就出版了《道德情操论》，对于道德进行了细致的分析，并表现出对高尚道德的敬意。斯密眼中的人性是丰富复杂的，如阿马蒂亚·森所指出的，他所指的“精明”不仅包括对现实利益的计较，而且包含“审慎”之意。但后来的经济学显然走上了一条狭隘的道路，经济利益得失成为其唯一考虑的问题，这显然偏离斯密的本意太远。[①] 随着市场经济的强势，社会中的经济意识也越发浓厚。由于商品交易已经成为人们生活不可或缺的组成部分，成为人们获得生活必需品的主要来源，商业价值不仅成为商品的价值标杆，而且开始在社会生活中发挥统合性作用。从艺术、教育到文化，商品化成为一种普遍的潮流，似乎一切都可以用经济价值予以衡量。更为重要的是，经济利益的多少决定着社会生活的质量。不难理解，拥有更多财富的人总能交易得到更多的生活用品，满足更多的物质需求。

对于经济利益的盲目追逐产生了拜金主义等陈腐的思想，更引发了政治的经济化和经济的政治化。高度发达的商业文明让政治与经济的结合越来越紧密。这一点在当下西方的政治生活中表现得尤为明显。在西方竞选机制中，政治的角逐逐渐演变为经济的角力。竞选人和各政治团体为了赢得大选都得寻求企业等经济机构的支持。同时，经济发展正成

---

① 〔印〕阿马蒂亚·森：《伦理学与经济学》，王宇、王文玉译，商务印书馆2000年版，第27页。

为衡量执政成功的重要指标。这也进一步拉近了政治权力与经济力量的距离。另外，经济强大的影响力也使其不断渗透到政治领域。经济在国计民生中的突出位置加强了其在政治生活中的权重。一些经济主体更是试图通过谋求政治权力影响公共政策，利用与政治权力的联合实现利益增长。于是，正如我们从各种媒体报道中所了解的，金元政治已经成为当前西方政治面临的重要问题。政治与经济的合谋将不可避免地异化公共权力。公共权力源自人民，其最重要的合理性就是为人民谋求利益。一旦公共权力与经济走得太近，就难免受到经济团体的干扰甚至控制。公共权力的行使就可能会偏离公益的目标。在经济、政治的结合过程中，一些政府组织甚至以经济团体为载体实现自己的经济利益，权力寻租是公共权力异化的突出难题。政治经济化与经济政治化让经济的优势向政治领域延伸，转化为政治权力的优势。美国著名政治哲学家罗尔斯曾经举过一个例子：即便法律规定法律面前人人平等，但当当事人进入法庭时，这种不平等就被经济的不平等所侵犯了。有钱的人可以聘请优秀的律师团队，经济处于弱势的一方则只能聘请付费相对低廉的律师，或者寻求法律援助。显然，优秀的律师团队在法庭辩论之中将占有更大的优势，这种优势直接影响法律的判决。经济向政治的优势转化打破了人们在社会生活中的平等地位。

就我国而言，处于转型期的社会难以避免不平等现象的存在。我国经济的快速发展一方面大幅提升了综合国力和人民的整体生活水平，另一方面则造成了群体在经济层面的分化。根据国家统计局公布的数字，我国社会的基尼系数多年来均超过 0.45，2014 年基尼指数为 0.469，已是十二年来的最低值。[①] 我国人口众多，社会资源相对而言更为稀缺，使得社会的不平等现象更为明显。同时，社会转型中，各项规范和政策都在不断调整之中，尚未完善的社会制度体系放大了群体间的差异。

我国的城乡二元结构依然没有被打破。城市在经济、文化、医疗、教育资源方面的优势吸引越来越多的非城市人口向城市转移。这导致城市资源聚集程度升高，资源优势不但没有减弱，反而越来越明显。我国

① 孙启文：《居民收入保持较快增长——解读〈二〇一四年国民经济和社会发展统计公报〉》，中华人民共和国国家统计局网站，2015 年 3 月 11 日，http://www.stats.gov.cn/tjsj/sjjd/201503/t20150311_692389.html。

城市居民与非城市居民的收入比值从 1980 年的 1.35 上升到 2011 年的 2.22，差距在 30 年间扩大了 1.6 倍。[①] 收入比例只是城乡差别的一角。在教育层面，省重点中、小学多半集中于大、中型城市，特别是省会以上城市，县城的重点学校则屈指可数。更需令人警觉的是，绝大多数师范高校毕业生都选择在城市就业，愿意去农村执教的人数寥寥。虽然我国很多地区配套了相关政策，比如有的地区推荐成绩优秀的农村中学毕业生作为定向委培生入读师范高校，约定毕业后必须服务农村 5 年。但在实际操作过程中，有很多毕业生并未遵守承诺。人口流动性的增强让农村教育人才流失严重，很多地区出现教育人才的短缺。出生于城市的小孩所接受系统教育的机会和质量都显著高于农村人口。这种状况所产生的结果就是城市高考生进入大学的比率稳步提升。教育方面的这种现象在其他社会领域也存在。城市强大的吸纳能力加剧了城乡的不平衡。

为了打破平均主义的藩篱，激发社会活力，我国在改革开放之初就提出了“让一部分人先富起来的口号”。在 40 多年的市场经济运转中，人们之间的经济差距凸显。如上文指出的，表示社会差异程度的基尼指数居高不下，依据经济状况衍生出不同的收入群体。为了解决改革开放初期我国生产力低下、经济产品短缺、物质资料贫乏的状况，我国一度提出了以“经济建设为中心”的策略。这一策略在当时具有不可辩驳的合理性，产生了非常积极的历史效果，使我国在短期内实现了经济实力的迅速增强。但对于经济的过度关注，加之社会管理体系的相对滞后，未能完全制约经济生活对社会生活的干扰。在私利的诱惑下，占有经济优势的群体也试图在社会生活中享有额外的权利。这一度造成了群体间的紧张。近年来频频见诸报端、网络、新闻等媒体的弱势群体事件引起了人们的关注。前几年，当我国的房地产行业如火如荼之时，“强拆”成为与之紧密相关的关键词。“强拆”的背后，是不同社会群体生活权利的博弈。我国政府及时洞察这一现象的本质，严令禁止这种现象的再度发生。

特别值得关注的是，与社会差异扩大相伴的，是不平等文化的流传。我国数千年的文明史积淀了丰富的文化底蕴。其中既有优秀的传统文化，

① 李昕：《中国三大收入差距成因及改革探析》，《求实》2013 年第 8 期，第 35 页。

也包含有别于时代要求的成分。超过2000年的君主制度形成了不平等的社会文化，特别是官本位的思想，严重影响了我国社会平等价值的实现。时至今日，我们依然可以感受到官本位文化的强大影响力。官本位文化主要表现在对公共权力的膜拜以及试图将公权转化为特权的倾向。我国每年都有数百万人参加公务员考试，力争成为公共权力的行使者。公共精神是成为公务员的基本资格。公务员的唯一工作目的就是促进公益。但是否如此庞大的群体都具有公共精神，都是为了服务社会、服务他人而对公务员职位趋之若鹜，则值得深刻怀疑。究其原因，就是一些人在思想深处仍然把公务员与古代的官员概念相混淆，认为获得公共权力，就能在社会生活中占据优势。这种思想对于社会管理构成了严重侵扰。一方面，有些公职人员不能恪守公共领域与私人领域的界限，走上滥用公权、公权私用的腐败道路。另一方面，不平等思想的蔓延影响到公民的社会行为。一些掌握公共权力或者具有丰富经济资源的人在社会生活中把破坏社会规则、获取优先地位作为凸显身份的途径，无视规章制度，肆意忽视、侵害其他公民的权利，严重扰乱了社会秩序。

我国的社会治理旨在抑制、消弭社会不平等现象，充分保证社会成员享有平等的权利。首先，党的十八大报告明确指出，要推进城乡一体化，让“广大农民平等参与现代化进程、共同分享现代化成果”①。这正是改变我国城乡二元结构、消弭城乡群体差别的重要途径。对于社会治理而言，我们需要切实通过社会制度的安排让农村人口能够分享城市人口同等的社会服务和福利保障，使他们的权利能够得到有效的保证。

其次，对于社会而言，平等有着多样的内涵，比如经济平等、福利平等、机会平等、权利平等，等等。那么，我国的社会治理需要实现何种平等，这种平等又具有何种合理性？显然，我们不能通过社会制度安排实现经济的完全平等。这种平等最终将导向平均主义。社会成员怀有不同的理想和生活态度，通过不同的努力方式选择自己的人生道路。有的人在社会生活中更为积极主动，有的人则倾向于过更为闲散、安逸的生活。不同生活道路和态度的选择，必然带来生活的差异。这种由志向、

---

① 胡锦涛：《坚定不移沿着中国特色社会主义道路前进　为全面建成小康社会而奋斗——在中国共产党第十八次全国代表大会上的报告》，人民出版社2012年版，第23页。

态度、努力程度等因素造成的差异是合理的，也应该得到社会承认。对个人来说，只有通过努力获得他应该得到的利益，才是公正的。对于社会而言，只有让合理差别存在，社会才能保持活力。我国在计划经济时代曾试图完全消除人与人之间的差别，结果严重损害了个人积极性，降低了社会效率，使社会发展停滞不前。平均主义式的经济平等定然不是我国社会发展期待的结果。

福利平等对于社会经济文化水平的要求过于苛刻。福利本身是一个有着强烈主观意愿色彩的概念。庇古等福利主义经济学者早在一百多年前就看到了单纯追逐经济指标所带来的与人主体欲求的偏离。因此，他们选择与人的主观意愿相关的"效用"取代"效率"，试图让经济发展更贴切地表达人的主观欲求。但是，与个人欲求的结合让福利变得如此之复杂以至于完全的福利平等难以实现。如美国学者德沃金所指出的，如果我们追求福利平等，那就意味着，那些拥有更昂贵偏好和更多欲求的人将占有更多的社会资源。[①] 比如生活在偏远山区、家庭贫困的小孩，也许一个煎鸡蛋或者一片面包就可以让他感到满足。但出生在富裕家庭的人也许需要每天来一杯昂贵的葡萄酒，或者希望能拥有一台梅赛德斯－奔驰。显然，我们不能分配给前者一片面包而给后者一台奔驰以使他们达到相似的福利水平。同时，主观感受的嬗变也让福利充满不确定性。如果我们把福利理解为社会保障，那么社会保障的平等也不是一个简单的概念。有的社会成员不需要太多的社会保障就可以过上令其满意的生活，而有的成员则需要大量的社会保障资源以维持其生存。因此，福利平等似乎也难以成为社会治理的目标。

在现代社会中，权利平等与机会平等应是社会治理的价值目标。权利平等意味着社会治理必须维护公民的合法权益而不偏袒任何人。机会平等则意味着社会机会向所有人开放。如上文所分析的，原生运气、市场的累积效应和商业价值的统合性构成平等价值实现的三大障碍，因此，对于社会治理而言，平等有以下几方面意涵。

首先，在社会生活中要缩小人们在原生运气方面的差别。我们认为人生而平等，这种平等不仅是人格层面的，更应体现在其生活能力之中。

---

① 〔美〕德沃金：《至上的美德》，冯克利译，江苏人民出版社 2003 年版，第 9 页。

我们认为由个人可控因素造成的个体差异是可以接受的，而那些由不可控因素造成的生活障碍是应该被消除的。问题在于，原生运气作为一种现实现象，是客观存在的，也是不可回避的。因为我们不可能让所有人都出生在相同环境之中。关键在于，我们不能让出身的差别给人们的社会生活带来实质的影响。这种影响主要包括两个方面：一是不能让原生运气的差别侵犯公民的个人权利；二是要尽量减小原生运气影响人们把握社会机会的能力。无论是权利还是机会，在社会生活中都表现为具体的能力。这种能力是以个人所获得的社会资源为基础的。如阿马蒂亚·森所说的，如果人们缺乏相应的能力，权利和机会都不过是虚幻的概念。保障人们的权利、给予人们真实的机会，就必须为人们提供基本的社会服务和公共物品，而且社会政策的制定必须向弱势群体倾斜。罗尔斯在他的巨著《正义论》中提出了“差别原则”，目的是让所有社会成员能够从社会的不平等现象中获利，而不是受到这种不平等的伤害。他的“差别原则”就是针对社会资源的分配问题的。他把“差别原则”表述为：“社会和经济的不平等应这样安排：使它们①适合于最少受惠者的最大利益；②依系于在机会公平平等的条件下职务和地位向所有人开放。”[①] 任何社会制度和规范的建立都不可能对所有人群产生同等的效果，特别在资源分配方面，社会资源的稀缺性就决定了不可能做到完全的平等。因此，任何制度在社会资源分配中必有偏颇。问题在于，这种偏向性不应该进一步拉大社会差距，使处于社会不利地位的群体受到伤害。恰恰相反，这种偏颇应该缩小社会群体在经济和资源方面的差别，消弭原生运气的影响，使处于社会不利地位的人们尽可能地获得好处。在我国社会群体差距日益扩大的背景下，实现差别原则意义上的平等无疑是维护社会稳定、促进群体和谐的有效路径。

其次，要实现平等价值，就必须控制市场经济的累积效应。社会治理一方面必须维护市场经济产生的积极结果，维护个人的应得利益，并使这种“应得”获得社会的承认与尊重。但是，对于市场的累积效应，则必须予以有效的控制。就市场经济理论而言，市场强调完全自由竞争，任何经济主体都可以对市场信息做出敏感的反应，可以选择随时进入或

① 〔美〕罗尔斯：《正义论》，第 83 ~ 84 页。

者退出市场。现实市场运作中的信息不对称显然不是完全市场所要达到的理想状态。同时，滚雪球式的市场累积效应最终将导致大量的社会财富集中在少数人手中，从而引发垄断现象。如上文所述，在经济主导地位如此强势的今天，经济累积效应会延伸到社会生活领域，引发社会生活的不平等。虽然不能绝对地断定拥有更多财富就一定会获得更幸福的生活，但可以肯定的是，拥有更多市场资源的人也更容易得到维持高质量生活所需要的商品和社会服务。而在市场能力方面处于不利地位的人则难以获取更多的社会资源。如果任由累积效应发展，不难想象，最终的结果就是越处于有利地位的人越容易获得成功，而越处于不利地位的人越难改变自己的命运。要实现平等价值，就必须抑制累积效应的放大，最主要的途径就是通过社会资源的再分配为处于不利社会地位的群体提供基本的生活保障，并为他们获得平等的社会机会创造良好的社会环境。诚然，我们不能通过直接干预市场机制，或者侵犯经济主体利益的方式实现再分配。我们所需要建立的，是基于社会共同体共识的再分配机制。如罗尔斯所言，虽然个人总是被看作独立的社会个体，但任何个体的成功都在本质上不能脱离社会合作体系。人们在自觉的社会生活之中已经形成了内在的密切联系，特别在社会分工日益精细的时代，没有人可以如堂吉诃德一样独自实现自我价值。任何人从踏入社会生活的那一刻起，就需要与他人合作。正是在社会合作体系之中，人们彼此之间产生相互的责任与义务。正因此，在正义的社会中，必须保障人们能够有同等的机会选择自己的生活、实现自己的目标。否则，那些处于不利地位的人就会选择离开。基于这一共识，社会应该实现财富的合理转移，努力把社会成员拉到同一条起跑线上。

最后，平等意味着要划分社会领域的清晰界限。经济差异本身并不构成对社会生活的威胁，但是经济价值的平整化让经济的不平等衍生为社会生活的不平等，并且对人们的权利造成深层影响。美国哈佛大学沃尔泽教授曾敏锐地发觉了这一问题。他认为，社会不平等主要是由于社会领域之间没有保持相对独立性。人们在某一社会领域所取得的优势往往会帮助他在其他的社会领域也获得更多的利益。经济价值的泛化显然就是社会领域相互影响的结果。比如富人在就业、教育、医疗卫生甚至法律层面都能处于有利的地位。每一社会领域都有独特的属性、特质、标准。要实现平等价值，就要针对不同的社会领域制定相应的平等原则，合理控制该领域的结果。他提出，“每一个交换都表现了社会意义。因此，在定义上，X 不能仅仅因为某人拥有 Y、无视 X 对社会成员的意义而分配给 Y 拥有者”。[①] 比如基础教育领域，其主旨在于提高国民素质，培养公民基本的认知能力和社会生活能力。就此而言，所有社会成员都应该具有享受基础教育的权利。而这一平等的原则显然并不适用于高等教育。因此，社会生活的平等必然是复合式的平等。在平等价值的实现过程中，针对不同的领域要确定目标群体，有针对性地提供社会帮助和服务。

三　社会治理中的民主价值

民主一词的意义就是由古希腊语 demoskratia 派生而来，指人民治理、人民统治。这种观念最早体现在古希腊的神话中。与其他地域高高在上、唯圣唯贤的神不同，古希腊的诸神们似乎特别热衷于俗世生活。他们的身上散发出浓郁的人格化气息。他们不但光临尘世，而且与人们交流、交往，共同生活、并肩作战。在长达百年的伯罗奔尼撒战争中，神的身影几乎无处不在。神的人格化透露出强烈的人、神平等的精神。这种平等精神使得俗世可以从神域中独立出来。在古希腊神话中，诸神的确也没有支配俗世生活，而是为人们管理自己的事务留下了空间。民主也成为古希腊文化中的重要内容。在这种文化的侵染中，古希腊城邦经历了从贵族制向民主制的转变。早在公元前 11 世纪至公元前 9 世纪的荷马时代，古希腊城邦就广泛建有公民大会，城邦的成年男子参与国家重大事务的讨论、表决。古希腊城邦建立了 500 人议事会、十将军委员会、执政官制度，形成了涵括司法、行政、军事等领域的完善民主制度体系。

古希腊时代主要建立的是直接民主制度。古希腊的直接民主主要有以下几个特点。(1) 参与范围广泛。古希腊城邦中的成年男子都具有参与公共事务的资格。公民大会是由所有 20 岁以上的男子组成的城邦最高权力机构。古希腊法律规定，在理论上，公民大会通过的任何法令必须

① 〔美〕沃尔泽：《正义诸领域》，褚松燕译，译林出版社 2002 年版，第 24 页。

是全体希腊公民决定的结果。几乎每周都会召开规模高达6000人的公民大会商讨城邦事务。[①] 当时雅典的总人口也不过三四万人（公民更少），足见参与城邦事务的人数之多、覆盖面之广。这么广泛的参与人数保证了古希腊政治生活的普遍有效性。（2）参与次数频繁。在古希腊，政治构成人们日常生活的一部分，公民身份的政治属性不断得到强调。亚里士多德的著名论断“人是政治动物”凸显了古希腊人对政治的敏感。政治充斥着古希腊城邦的各个角落，是人们街头巷尾讨论的话题。讨论政治逐渐成为公民的一种生活方式。到公元前350年，古希腊每年都会召开大概40次公民大会，几乎每九天便有一次。集会基本上自日出开始，中午结束，地点则主要在普尼克斯（Pnyx）——这片山坡可以满足容纳6000名参会者的要求。[②] 这就意味着古希腊公民每年有40次机会直接参与最重要的政治活动并提出建议或议案。频繁参与政治生活是古希腊直接民主的一个显著特征。（3）参与领域广阔。一是古希腊政治议题广泛，古希腊人通过公民大会推选城邦管理者（500人议事会成员即由此而来）、决定战争与媾和、解决城邦食物供给问题、对城邦诉讼进行审判。由此可见，古希腊公民直接民主的范围包括司法、立法、行政等诸多方面，公民治理渗透到社会生活的各个领域。值得一提的是，古希腊已经建立了完善的官员轮换制度。任何管理机构的人员都有任期，并且对于任职次数做出了明确的限制，确保议事会的流动性，避免公共权力部门被某个人或某个群体把持。与此相配套，古希腊在公元前5世纪建立了陶片放逐法，由公民投票放逐那些具有独裁野心的人，从而捍卫城邦的民主。二是古希腊注重民主的代表性。克里斯提尼（Cleisthenes）扩大了议事会规模——从400人扩大为500人，议事会成员由十个部落选出，古希腊辖属的30个地区根据自己人口比例推选16位或17位成员进入议事会。在克里斯提尼时期，500位议事会成员中，130位来自城邦，174位来自内陆，196位来自沿海地区。议事会成员来源在族群和地

① A. Tangian, *Mathematical Theory of Democracy*, Springer-Verlag Berlin Heidelberg, 2014, p. 4.

② Larry Patriquin, *Economic Equality and Direct Democracy in Ancient Athens*, New York: Palgrave Macmillan, 2015, p. 25.

区层面的多样性保证了民主代表的普遍性。①

古希腊的民主制度为后世的民主树立了标杆，但随着历史的发展，人们对于民主的实现方式有了新的要求。古希腊式的民主显然受到城邦规模和人口数量的限制。可以想象，如果在一个人口稠密、土地广阔的国家实行古希腊的直接民主制度，那么整个社会都将陷入无休止的会议和争论之中。同时，古希腊的直接民主也暗藏危机。因为直接民主往往采取少数服从多数原则。在这一原则下，多数人暴政的问题就不能被忽视。苏格拉底之死充分暴露了这个问题。国家、社会形态的变化以及价值观念的演进，让人们对新的民主形式产生了期待。

近代以来，特别是社会契约理论的出现和发展，直接催生了新的民主制度。如果说在古希腊时代，人们认为城邦是最高善的存在，那么契约论则把权力归还给了人间。古希腊的民主建立在公民身份之上，参与政治生活不仅是人们社会生活的必需，更是公民美德的彰显。人们以能参与政治生活感到荣耀。从柏拉图到亚里士多德，古希腊的政治哲学家都把参与政治生活视为神圣的行为。柏拉图在论述社会的运行图式中指出，唯有那些灵魂由黄金铸造的人才具有参与政治生活的理性，他们才有参与城邦管理的资格。亚里士多德也认为只有那些分有最多理性的人才具备政治生活的能力。欧洲启蒙运动之后，城邦的善转换成公民的个人权力。契约论认为，权力不是来自某种先天的圣物，而是源自人们对美好生活的期待，对自我利益的关切。人们希望建立一个富足而安宁的社会。于是，人们相互制定契约，相互让渡完全的权力。人们保留最基本的权力，比如生命权、财产权，而把部分权力让渡形成公共权力。在让渡的过程中，公民与社会管理者之间建立权力委托关系。公民是社会的主人，大家委托部分人组织、管理社会生活。主权在民的观念成为现代政治文明的基本理念。只有让权力顺着人民的意愿开展，公共权力的行使才具有合法性。因此，依据契约理论建立的民主制度不是公民美德的追寻，而是共同生活的谋划。代议制民主成为近代以来最主要的民主制度。

在代议制民主中实现了立法权与行政权的分离。古希腊的直接民主

---

① Larry Patriquin, *Economic Equality and Direct Democracy in Ancient Athens*, pp. 23 - 24.

将立法权、行政权合二为一。公民既行使立法的权力，也直接参与城邦行政。在代议制民主中，人们通过选举委托政府行使行政权。近代政治哲学家普遍认为代议制民主弥补了古希腊直接民主的不足，适合人口和规模急剧增长的现代社会。同时，由于公共权力来源于人民，决定政府行为的最终权力也必须掌握在人民手中。代议制民主充分保障了人民的自由和主权，并且有利于社会的稳定与团结。密尔在《代议制政府》中论述道，在专制的体制中只有一人爱国，那就是君主。[①] 只有拥有主权，人民才能摆脱沦为奴隶的命运。密尔认为，“理想上最好的政府形式就是主权或作为最后手段的最高支配权力属于社会整个集体的那种政府；每个公民不仅对该最终的主权的行使有发言权，而且，至少是有时，被要求实际上参加政府，亲自担任某种地方的或一般的公共职务”。[②] 密尔从人民主权和现代国家的现实中得出结论——代议制民主是理想的民主方式。与古希腊的直接民主相比，代议制受到法律的限制，从而在很大程度上避免了多数人暴政的状况。代议制民主也成为近代最普遍的民主形式。

代议制民主经过数百年的政治实践，也暴露了一些难以规避的问题。首先，代议制民主设计的初衷在于保障人民之间的平等地位。近代政治哲学家，特别是自由主义学者认为古希腊的直接民主受到社会形态的严格限制。由于在古希腊时代，公民处于相似或者相近的环境，因而相互之间维持着平等的地位。但随着社会形态的改变，特别是工业革命之后，人们在经济方面出现了巨大的差异。公民之间的生活环境较古希腊产生了巨大的变化。自由主义学者试图通过政治权力消除公民在经济生活中过大的差别，保证公民间的平等地位。但是代议制民主的结果却使公民成为选民。立法权与行政权的分离在推动行政职业化的同时也减少了公民参与行政的机会。在选举制度中，社会精英更容易得到民众的青睐。在西方政治生活中，虽然代议制把公共权力以选举权的形式给了人民，但能够参与社会决策的只占少数，甚至极少数。代议制民主往往最终成了精英民主。

其次，权力委托本身存在风险。人们相互让渡权力形成公共权力，

---

① 〔英〕密尔：《代议制政府》，汪瑄译，商务印书馆1984年版，第39页。

② 〔英〕密尔：《代议制政府》，第43页。

就如把钱存在银行。存在银行的钱可以取出，让渡在公共领域的权力却难以退回。卢梭曾经指出，人的意志是不能被代表的，因此权力也不能转让。当人们选举他人代表自己行政时，被选举者能否如之前约定那般遵从政治承诺，按照人们的意愿行政是值得怀疑的。在政治生活中，由于行政的职业化，公共权力者掌握着丰富的社会资源和行政信息。他们之间容易形成官僚集体，实现权力合谋，并且隐瞒相关信息，让权力进一步扩张。

最后，人们对政治生活的影响力受到削弱。在直接民主中，人们随时都能涉足政治领域，让自己的观点得以完全表达并且对公共生活产生影响。但是在选举制度中，人们等待数年的时间往往只在投票的那一刻真正履行政治权利。更多的时候，选民不过是公共事务的旁观者。旁观者的地位也极大降低了民众参与政治的热情。民众的政治冷漠已经充分说明了这一点。更为重要的是，民众参与度的降低直接威胁到人民的主权。

民主作为一项制度，既有普遍性的一面，也不能脱离具体社会的环境与发展历史。对于我国而言，从三民主义到马克思主义系统理论，我国的民主观念也在不断深化、发展之中。在不同的历史时期，民主有不同的表达方式，也承载不同的内容。在旧民主主义革命时期，民主意味着中华民族摆脱外族的侵占与欺辱，获得民族的独立与富强。在新民主主义革命时期，民主意味着人民改变被奴役的命运，获得自由与解放。在我国数千年的专制历史中，人民总是处于被奴役、被统治的地位。由于没有形成系统的民主观念，在漫长的历史中，人们总是寄希望于开明的君主能够为民做主，希望那些统治者能够像圣人一样，对待人民如同对待自己的孩子。“青天老爷”希冀的背后是深刻的无奈。因此，新民主主义革命时期的民主就是把人民的权力归还给人民，打破沿袭千年的专制制度。在当前历史阶段，民主又具有新的意蕴。在政治层面，我国已经建立起了人民代表大会制度和政治协商制度。历史证明，人民代表大会制度是适合我国国情并能够充分代表人民意愿的制度安排。因此，我国目前关于民主的主要问题在于通过怎样的社会制度安排把民主价值贯彻到社会生活之中。这也是我国社会治理的基本方向。要解决这一问题就必须首先考量我国的社会生活需要何种民主。

（1）我国社会治理期待积极的民主姿态。作为一个拥有14亿庞大人口基数的国家，古希腊式的直接民主形式显然难以胜任我国的民主要求。代理民主是我国基本的社会管理方式。但是我国有着与西方大相径庭的政治文化和社会形态。这也就决定了我们不能完全照搬代议制民主形式。在意识形态方面，马克思主义是我国不可动摇的指导思想，是我国政治生活的基本框架。在文化方面，以儒家为主导的传统文化深入每位中华儿女的头脑、血液之中，潜移默化地影响着人们的行为和生活方式。西方轮流执政的制度造成了政治主题的变动不定。任何政党都有着独特的政治理念和政治主张。政党一旦获得执政地位，就会推行自己的政治主张。这在一定程度上造成了社会价值方向的摇摆，也造成了人们意识形态的迷茫。但我们国家的政治体制为公民之间的共识与团结提供了强韧的纽带。中国共产党在执政道路上的连续性和明确性为公民之间的政治认同奠定了坚实的基础。这为建立积极的民主模式创造了条件。古希腊的民主制度之所以表现出积极的姿态，很大程度上因为城邦就是一个政治共同体，公民们共享着相近的善观念和价值标准。此外，马克思主义系统理论提倡集体主义精神，鼓励人们从社会的角度来看待公民身份。这与占据现代西方政治思想主导地位的自由主义有着根本区别。

西方自由主义传统更多地从个体角度来看待社会，认为个人是构成社会的实体。同时，自由主义把社会的发展看作个人利益的实现路径，并且把个人看作独立的存在。自由主义始终难以超越个人的视野。美国政治哲学家巴伯（Benjamin R. Barber）认为，自由主义难以脱离安布罗斯·比尔斯（Ambrose Bierce）充满讽刺意味的对政治的定义——“政治不过是为了促成个人利益的公共事务规范”。而现代在西方政治中处于主导地位的代议制民主恰恰建立在自由主义理论之上。巴伯也因此把这种制度称为“薄弱”（Thin）的民主。他断言，在自由主义这种完全个人主义并以私人利益为唯一目的的理论中，很难期待产生关于公共善、公民、公民参与和公民美德的观念。巴伯援引温斯顿·丘吉尔（Winston Churchill）对自由主义民主的讽刺，认为这种民主理论无关乎政治共同体，因为它根本没有像赋予个人权利合法性一样为社会合法性提供足够的支持。他论述道：“它更倾向于增进个人自由，而不是维护社会正义；它更关注于利益，而不是善；它更强调让人们能够安全地独立存在，而不是把人们团结在一起。”[①] 以自由主义为基础的代议制民主容易催生无政府主义、限制主义和最小政府主义。这些主张都充满与社会生活的张力。社会生活更需要人们对公民身份的认同，需要个人与他人和社会整体的和谐与统一。

马克思主义正是洞悉了自由主义的内在矛盾，以及这一理论在历史实践过程中带来的严重后果（比如对私利过分追逐导致的社会群体、阶级的对立），提出了新的对人的理解。马克思主义系统理论倾向于从历史和相互联系的角度来看待事物，把人理解为社会性的存在，强调人的社会属性这一根本特质。就社会文化而言，我国传统社会就是以家庭而不是个人为社会的基本单位，并且通常把国家看作家的延伸，加之熟人社会是我国传统社会形态，因此非常注重良好的人际关系。在这种文化中，我们所期望的理想人格是能够造福于社会、造福于他人的君子。“修身、齐家、治国、平天下”是个人道德完善的阶段序列。从己及人，从自我逐步向外推至他人、社会、国家是中国传统文化理想人格的实现路径。中国的社会文化提倡社会成员融入社会生活之中，在追求社会价值的过程中实现个人价值。与中国意识形态与社会文化相匹配的，必然是超脱狭隘私人领域的民主价值。

在中国的社会治理中，民主不仅是实现个人利益的途径，更是建立健康、有序、公平社会的方式。目前，我国正处于社会转型期，经济结构、文化形态、价值观念都在发生着深刻变化，社会矛盾也更加突出。协调社会关系、完善社会制度、平衡社会利益是我国现阶段社会治理的重要任务。目前，市场经济模式是我国主要的经济制度。在市场机制中，经济理性得到了最大限度的发挥。与之相伴的，就是人们对于自我利益的关注。但是如果不能把经济理性限制在合理的范围之内，就会加深人与人之间、人与社会之间的张力。如果我们只是把民主当作促进个人利益的工具和方式，无疑会扩大社会的裂痕。因此，我们所需要的，是能够充分表达公共精神的民主。这一点类似巴伯所提出的“强势民主”（Strong Democracy）。巴伯认为“弱”意义上的民主不能为我们的政治生

① Benjamin R. Barber, *Strong Democracy: Participatory Politics for a New Age*, Berkeley: University of California Press, 2003, p. 4.

活提供充分的理由。围绕公民参与、公民身份、政治行动所形成的公民文化是民主的核心美德。[①] 在他看来，民主不应该扮演“动物园看守者”的角色，而是公民的生活方式。

（2）我国社会治理诉诸复合的民主方式。直接民主和间接民主是实现民主的两条进路，也是最主要的两种民主方式。如前文在分析古希腊直接民主和代议制民主时所论及的，无论是直接民主，还是间接民主，都在一定程度上体现了民主价值，也都面临难题与困境。不同的民主方式都有与之相适的条件与环境。关键在于，必须在合理的范围选择与之相应的民主制度。唯有如此，才能最大限度地体现民主精神。直接民主的优势在于，能够培育公民的公共精神，凸显公民在社会生活中的主体性。对于社会治理而言，直接民主能够强化人们参与社会生活的深度，增加参与频率，保持人们对公共事务的热忱和关注。在对公共生活的持续关注和参与中，公民能够突破狭小的私人领域，认识到公民身份的政治意义，努力寻求与其他社会成员建立稳定和谐的合作关系。但是，直接民主依然存在局限性。一是直接民主由于其简单的民主结构，适用范围较小。二是直接民主存在从众性的风险。现代社会大众化的趋势加剧了这种风险。三是直接民主容易导致社会管理的低效。间接民主能够适应社会管理的复杂性，确保人民对权力的最终所有，有效保障社会管理的效率。但是间接民主也容易导致精英民主的后果，并且让人们的主权流于形式。

我国的社会生活，既需要民众的直接参与，在社会决策中充分体现民意，让人民的权力落到实处；又需要以权力代理的方式有效处理繁杂的社会事务。因此，社会治理期待采取复合的民主方式，根据不同的管理主体、针对不同的社会领域，选择合宜的民主路径，在直接民主与间接民主之间达成互补。对于地方，或者基层单位、组织，要积极推动人民的政治参与，为直接民主创造条件。一要降低人们参与公共生活的社会成本，扩大参与范围；二要为公民协商搭建平台，充分表达民意；三要对民众参与进行有效引导，规范民主程序，确保民主结果的合理性。对于专业性强，涉及面广的社会领域，则要完善间接民主制度。一方面，

---

① Benjamin R. Barber, *Strong Democracy*: *Participatory Politics for a New Age*, p. 25.

要保证间接民主的代表性，确保权力在委托过程中的有效性，降低委托中的道德风险；另一方面，要在间接民主中增加民众的参与机会。间接民主最大的问题就是民众通常进行权力委托之后就在实质层面失去了政治参与的机会。所以间接民主不能只意味着选举权，人们对于社会生活的参与应该是一个连续、常态的过程。如果因间接民主的方式阻碍了人们的政治参与，那么就与民主的本意背道而驰。

（3）我国社会治理需要包容的民主文化。在特定的社会中，民主是一个有限的概念。其中的根本问题是谁享有民主的权利。依据现代政治理论，所有公民都有民主的权利。但在具体的社会管理中，我们不可能像古希腊城邦一样频繁地召开公民大会，让所有公民参与所有的管理活动（实际上，这一点古希腊城邦也难以做到）。这意味着我们必须面对这样的问题：对于某一个社会事件，或者对于某一项管理，究竟应该让哪些公民参与。社会治理的主旨在于让公民广泛参与社会生活，形成多元共治的格局，在提升社会治理水平的同时切实保证、促进人民权利。目前，我国社会行业日益增多、社会分工更加细致，人口流动性越来越大，社会群体也日渐丰富。人们之间的差异性也随之增加。从政府机构、事业单位、企业到各种社团、民间协会，不同的社会组织之间有着殊为不同的组织结构、组织方式和组织目标。民主意味着这些差别不能成为主体参与社会生活的障碍。其一，在社会规则面前，所有主体都享有同等的权利，不会因为主体的经济状况、所从事的职业而具有差别。其二，所有主体都要享有参与社会治理的渠道。当然，对于某一项社会事务，不可能让所有的社会成员都参与。因此，必须遵守“利益相关者参与”原则。任何一项社会政策的颁布、社会规则的实施，都必须听取利益相关者的意见，尊重他们的权利。其三，在社会舆论层面，不能歧视任何社会成员。恰如孟德斯鸠所言，我可以不赞同你的观点，但必须尊重你说话的权利。

四　社会治理中的法治价值

法治是当前政治生活中的核心价值，表达了对社会治理方式的构想和谋划。法治概念起源于古希腊和古罗马。著名西方政治学者弗里德里希·沃特金斯认为对于很多概念的法律意义都要追溯到古希腊与古罗马时代。他以自由概念为例，指出："就对于法律之下的自由这一概念的强调而言，现代世界直接继承自古代的希腊和罗马。这一概念，诚然是古代接触现代的重要一点，并且使得现代世界自称为古典绵延不绝传统的解说者。"① 利希特、古德斯密特和施瓦茨认为，法治文化可以追溯至2500年前的古希腊，苏格拉底放弃逃离监狱的机会而选择等待法律判决的结果被视为法治的标志性事件。② 他们还认为，与古希腊同时期的中国也出现了法治的身影——儒家强调基于社会角色责任而构筑正当、和谐的社会，他们关于社会构建的思想内含法治观念。③

从对法治源头的回溯中，我们可以发现法治价值的初始意义。首先，法治意味着法律拥有至高无上的地位。法律之所以能够凌驾其他权威之上在于它代表了国家或城邦的整体利益。对于古希腊人而言，城邦代表着最高的善。促进城邦的利益是公民生活的最高目标。如亚里士多德所言，"我们见到的每一个城邦、城市，都是某一种类的社会团体。一切社会团体的建立，其目的总是为完成某些善业。所有人类的每一种作为，从他们自己看来，其本意总是在求取某一善果。既然一切社会团体都以善业为目的，那么我们也可说社会团体中最高而且包含最广的一种。它所求的善业也必定是最高而最广的。这种至高而广涵的社会团体就是所谓的'城邦'"。④ 因为人生于城邦之中，进入城邦生活是人们实现自我价值的必经之路。公民身份之所以高贵，就是因为公民超越了狭隘的个人利益，而关注于城邦的大善。法律则是维护城邦秩序的基本保障。法律为城邦所有成员提供了行为规范，从而使城邦生活成为可能。古希腊语境中的法律有更宽泛的意味，指与城邦生活相关的一切规范，包括成

---

① 〔美〕弗里德里希·沃特金斯：《西方政治传统——现代自由主义发展研究》，黄辉、杨健译，吉林人民出版社2001年版，第1页。

② Amir N. Licht, Chanan Goldschmidt, and Shalom H. Schwartz, "Culture Rules: The Foundations of the Rule of Law and Other Norms of Governance," *Journal of Comparative Economics* 35 (2007): 660.

③ Amir N. Licht, Chanan Goldschmidt, and Shalom H. Schwartz, "Culture Rules: The Foundations of the Rule of Law and Other Norms of Governance," *Journal of Comparative Economics* 35 (2007): 660.

④ 〔古希腊〕亚里士多德：《政治学》，吴寿彭译，商务印书馆1983年版，第3页。

文法和不成文法。有学者指出，古希腊并没有单一的支撑法律的词语，法的概念涵盖于习俗、传统和社会规则之中。[①] 法律不但为城邦生活提供规范，而且规定城邦政治善的标准——法律告诉人们在政治共同体中什么是善与正义。[②] 正因为法律对城邦如此重要，法律在古希腊具有至高无上的地位。从梭伦时代开始，古希腊人就把法律作为保持城邦幸福的主要保障。对于古希腊人而言，法律是他们国家认同和公民身份认同的重要组成部分。[③] 古希腊三杰之一的柏拉图认为法律传达着神的声音，任何不遵循法律的行为都是不可接受的。在柏拉图看来，即便统治者也不过是法律的仆人，无论是谁都不能僭越法律。他的这一思想得到了亚里士多德的传承。亚里士多德认为已经颁布的法律得到了城邦的普遍认可，因而必须得到所有城邦公民的尊重。苏格拉底之死无疑是法律至上性的最好证明。苏格拉底明知自己受到了法律不公正的对待，但是他没有选择逃避法律的结果（实际上，当时古希腊的主政者有意让苏格拉底逃脱），而是留下来面对法律的判决。他之所以这么做，就是因为，也可能仅仅因为对于他的判决是来源于城邦的法律。法律权威的绝对性是其至上性的一大体现。法律之所以不可辩驳，就是因为它是城邦公民协议认同的结果。如果人们可以对法律产生怀疑，就必然动摇法律权威，削弱其普遍约束力。

法律的至上性表现在所有社会成员都要受到法律的约束和规制，法律拥有独立的权威，没有任何权力可以僭越法律。我国学者夏勇在梳理法治的历史源流时指出："西方的法治概念是以罗马法和诺曼法的历史文本为基础的。"罗马法在经历五个世纪的形成过程中表达了一个强烈的观念，"由法律而不是由专横的权力来提供私人纠纷解决方案的语境"。[④] 法律的权威在中世纪更是延伸至世俗世界之外，并成为教会与国家权力

① Fred D. Miller, Carrie-Ann Biondi, *A History of the Philosophy of Law from the Ancient Greeks to the Scholastics*, Springer Dordrecht Heidelberg New York London, 2015, p. 7.

② Liesbeth Huppes-Cluysenaer, Nuno M. M. S. Coelho, *Aristotle and the Philosophy of Law: Theory, Practice and Justice*, Springer Dordrecht Heidelberg New York London, 2013, p. 62.

③ Fred D. Miller, Carrie-Ann Biondi, *A History of the Philosophy of Law from the Ancient Greeks to the Scholastics*, p. 22.

④ 夏勇：《法治是什么——渊源、规诫与价值》，《中国社会科学》1999 年第 4 期，第 118 页。

相互制衡、和平共处的基础。①

其次，法治意味着法与道德的契合。在古希腊和古罗马时代，法治价值不仅仅局限于法律领域。守法一方面源自对法律权威的尊崇，另一方面则是顺应道德的呼声。遵守法律被认为是最重要的公民美德之一。亚里士多德在谈论正义问题时指出，正义的人必定是遵守法律的人。虽然以亚里士多德的睿智，他看到了法律的不完善性，但他依然认为法律具有制约所有社会成员的正当性。守法成为人们具备公正品质的前提。不仅如此，法律内含公正之德，如他所言，“既然违法的人是不公正的，守法的人是公正的，所有的合法行为就在某种意义上是公正的”。法律总是能鼓励那些对于城邦有利的行为，“所有法律规定都是促进有的人，或那些出身高贵，由于有德性而最能治理的人，或那些在其他某个方面最有能力的人的共同利益的”。② 值得一提的是，正义在古希腊的德性中占有特殊地位。亚里士多德将它称为“一切德性的总括”③，法律守护的恰恰是正义之德。因此，守法的德性还在所有德性之中发挥着基础性的作用，“守法的公正不是德性的一部分，而是德性的总体”。④ 只有具备守法的道德，才能谈及其他的德性。一个连法律都不遵从的人绝不能被视为具有德性的人。显然，对于古希腊人而言，法律与道德并不是全然独立的两个体系，法律也不仅仅被看作坚持底线道德的制度体系。相反，法律与道德之间存在相互融合的关系，或者说，城邦法律本身就富含道德意义。

最后，法治意味着法律的普遍有效。法律的普遍有效主要表现在两个方面。一是法律约束的普遍性。苏格拉底认为，法律权威直接来自人们与城邦所建立的契约关系。因此，法律对所有在城邦中生活的公民都普遍有效，对法律的遵从是作为城邦公民必须履行的义务。只要身在城邦之中，就必定要受到城邦法律的制约。这一点与法律的至上性是相辅相成的。二是法律内容的宽泛性。法律内容涵盖社会生活各个领域，表

① 夏勇：《法治是什么——渊源、规诫与价值》，《中国社会科学》1999年第4期，第119页。

② 〔古希腊〕亚里士多德：《尼各马可伦理学》，第129页。

③ 〔古希腊〕亚里士多德：《尼各马可伦理学》，第130页。

④ 〔古希腊〕亚里士多德：《尼各马可伦理学》，第131页。

现为社会规范的总和。一切社会性行为都被置于法律的管辖之内。

虽然法律程序、形式内容在人类文明的进程中不断得以细化、丰富、完善，但法治价值的原初意义依然得到了保留与传承。对于现代政治生活而言，法治显然不局限于法制建设，而毋宁是一种社会治理的理念，这种理念直接与人治相对。

人治的实现有赖于两个前提，一是毋庸置疑的绝对个人权威的出现，二是政治参与的不足。就个人权威而言，在特定的历史条件下也许会出现受到普遍推崇的政治家，他们因为所取得的丰功伟绩或者个人魅力赢得民众的信任——这种信任如此深刻以至于很少被质疑。但是他们成为绝对权威的理由并不牢固。因为任何人都不会因理性的完满而获得绝对权威——人无完人，凡人总有理性的缺陷。因此，依据个人权威的人治必然带来治理的随意，并产生由个体理性不足所带来的问题。就政治参与而言，在政治参与意识严重缺乏的情况下，人治格局的形成具有一定的理由。但在民主政治不断深化的今天，人们普遍具有了参与意识，人治已不能成为一个替代方案。所以在当前语境下，人治的两个前提都无法得到满足。[①] 人治的风险已经在历史的实践中暴露无遗。更重要的是，人治包含着与现代政治截然相反的逻辑。人治意味着某些社会主体具有宰制性的力量，他们具有将自我意志凌驾于他人的特权。人治也需要法律，但法律只是一种统治工具，表达着统治群体的意志。在这种背景下，法律失去了独立的权威，而沦为政治权威的附庸，法治的初始意义不复存在。

因此，法治是现代社会治理的必然选择。这也决定了社会治理必定以法治价值为内核。法治不是“以法治理”（Rule by Law），而是“法的治理”（Rule of Law）。如果说法律在前者只是治理的工具，那么对于后者而言则是治理的依据。在治理模式层面，法治有着独特的政治伦理要求。其一，法治内含对于民主的诉求。法治价值与民主价值相辅相成，法治是民主的主要支柱，法治的达成也势必通过民主的方式。图图拉努（Mircea Tutunarua）和莫雷加（Romulus Morega）指出，法治观

① B. Zhao, *Political Transition: From "the Rule of Man" to "the Rule of Law"*, Springer-Verlag Berlin Heidelberg, 2014, pp. 43 - 44.

念需要我们重新审视法律的角色和作用，法治表现为对于国家权力的限制——防止国家权力对公民基本权利的侵犯。[①] 只有以法律的形式肯定公民的基本权利，公民才有资格参与社会生活，民主方可实现。另外，对于公民基本权利的肯定又必须经历民主的过程。按照法治的逻辑，如何在社会成员间划定权利的边界，如果让法律代表社会的整体意志，显然不可能出自某一社会成员或某一群体的意愿，只可能来自社会成员的民主共识。在法律的实施层面，要确保法律维护公民的基本权利，则有赖于在公共部门与公民之间、在不同的政府部门之间合理分配权力。分权也是民主的显著特征。[②]

其二，法治诉诸理性。在霍布斯论及人类对于残忍的自然状态超越时，人与人的对立状态最终由理性而结束。对于康德而言，国家是法律发挥效用的场域，离开特定的国家，法律就会成为没有意义的空谈。国家中的公民生而具有权利，他们凭借理性维护自己的权利和国家。这种理性就是法治的基础。只有凭借公民理性，人们才能认识自我利益与社会利益，才能在个体与他者之间划定合理的权利边界，才能对他人的权利保持宽容。在国家权力与公民权利之间存在某种张力，后者也许构成前者的反对力量。如果缺乏理性的宽容，国家法律何以赋予人们这种权利。[③] 同时，构筑于理性基础之上的法律才富有道德的合理性，从而得到人们的尊重和遵循。理性也是保障法律成为公民权利的实现路径，而不是压制公民的异己手段。所以卡塔尔多（Cataldo）认为，在立法、解释法律和施行法律的过程中，参与者都必须提高自己的理性能力。[④]

其三，法治以公民的自由与平等为前提。公民自由是法治的道德合法性基础。法律之所以能够摆脱工具性的地位，就是因为法律改变了在

---

① Mircea Tutunarua, Romulus Morega, "Social and Economic Premises on the Rule of Law," *Procedia-Social and Behavioral Sciences* 149 (2014): 976.

② Mircea Tutunarua, Romulus Morega, "Social and Economic Premises on the Rule of Law," *Procedia-Social and Behavioral Sciences* 149 (2014): 976 -977.

③ Mircea Tutunarua, Romulus Morega, "Social and Economic Premises on the Rule of Law," *Procedia-Social and Behavioral Sciences* 149 (2014): 976.

④ Vincenzo Di Cataldo, *The Role of Law, the Role of Reason and Intellectual Property: The Passing of Time and the Sense of the Rules*, Published online: 27 May 2015, Max Planck Institute for Innovation and Competition, Munich, 2015, pp. 383 -384.

人治模式下的角色，不再是部分人奴役另一部分人的手段，而成为人们自由参与社会生活的保障。只有凭借法律所赋予的权利，人们才确知社会生活自由的限度，从而自由地选择生活方式。法治的另一可能性基础是公民的平等。在差序社会中，法律总是成为某些群体占据统治地位的工具。它只能表达社会优势群体的意志并为之服务。只有在平等的社会中，法律才能获得独立的权威，具备普遍约束性。同时，法律的平等是公民平等最集中的表达。作为最有力的公民权利认定方式，法律的平等确保了公民平等的人格以及在社会生活平等的话语权。

彰显法治价值的本源意义、满足其政治伦理诉求，是我国社会治理的重要内容。这也是法治价值引导我国社会治理的基本方向。另外，作为核心价值，法治对于社会治理又具有内在规定性。

其一，法治社会必须依良法而治。如上文所述，法治是对人治观念的颠覆。在传统社会中，依据天赋神权等神秘主义的权力理由，政治权力的操作者获得了理性、道德的优先地位，具备了对社会进行治理的资格，更被赋予了超越其他社会成员的特权。法律成为个体意志的外在规范。在人治模式下，法律站在民众的对立面，消解人民的主体性并且以强力逼迫人们服从统治者的意志。但是在现代社会中，权力来源已经发生了根本性的变化。主权在民是人们坚信不疑的政治共识。现代的法律和社会规则是人们主权的表达方式，也是捍卫人民主权的根本保障。法治是对于人民主权的弘扬，倡导对于人民主权的自觉。所以，社会治理的法制体系建设必须反映人民的意愿和权利诉求。立法和执法的过程都需要民众的广泛参与，确保法律成为人们实现个人权利的途径。从治理者的层面而言，任何社会权力的行使者都必须意识到法律和社会规范的最终指向是维护人民权利，在治理中自觉以人民意志为导向。随着社会的发展，人民的权利内容和表达形式也在不断完善和丰富。法律体系建设必须紧跟时代的步伐，及时拓展公民权利的范畴。我国改革开放的历史既是经济飞速发展的历史，更是公民权利日益受到承认和尊重的历史。回顾我国的立法历史，我国法律和社会规则的每一次改进都是为了保护和拓展人民权利。通过法律和社会规范回应人民的权利诉求，给予人民合理需求以有力保障，是社会治理的重要方面。

其二，法治社会必然排斥任何特权。人治社会的根本特征在于统治者凌驾于法律和社会规则之上，游离于由他们设计的制度约束之外。法治社会则要求任何公共权力的行使都必须在法律和社会规范的制约下进行。社会地位、政治权力和社会影响都不能成为使某人具有特权的理由。在我国目前的社会生活中，依然有极少数人试图凭借政治或者经济等方面的优势取得比其他社会成员更多的特权。其中一些人甚至把获得特权作为自己社会地位的证明，这也是造成社会不平等现象的重要原因之一。少数行政人员或者公权使用者在行使职责的过程中置法律程序、社会规范于不顾，完全按照个人意愿开展行政行为，依据个人意志对法律、社会规范施加影响，严重干扰了社会秩序。“法律面前人人平等”是法治社会的基本期待。它意味着我们的法律和社会规范对所有社会成员都具有同等的效力，而且在现实法律操作中能够让人民获得公平的结果。在现实生活中，人们之间在社会影响力、经济条件、文化程度等方面都存在差异。如何在法制的运转中排除这些因素的干扰，保持法律的独立性，既是平等价值的应有之义，也是法治价值对社会治理的内在要求。

其三，法治社会追求制度的规范化和稳定性。夏勇援引富勒关于法律之德的论述指出，具备法治品德的法律由八个要素构成：“一般性、公布或公开、可预期、明确、无内在矛盾、可遵循性、稳定性、同一性。”① 这也是法治中法律和社会规范应有的特征。在社会治理中，一方面，我们要保证社会制度的公开透明、维护制度的连贯性和稳定性。社会制度的朝令夕改、频繁变动将导致人们对社会生活无所适从。我国制度建设经历了一个逐步完善的过程，其中出现了制度随意变更的现象。特别在改革开放初期，一些行政制度和规范条例在短时间内不断发生变化，甚至前后矛盾，在一定程度上破坏了制度的连续性、损害了政府的公信力，也降低了人们对于社会生活的预期。

另一方面，无论面对何种社会问题，我们都必须以法律为准绳，以现有的制度和规范为基础，按章办事。之前，我国很多地方经常为了快速解决某些社会问题开展有违法制程序的活动，比如“严打”行动。虽然这些活动可能也取得了一定的效果，但在操作过程中通常忽略了法律

① 夏勇：《法治是什么——渊源、规诫与价值》，《中国社会科学》1999 年第 4 期，第 124 页。

和规范程序，显现出人治的端倪，破坏了法律和社会规范的严肃性。

其四，法治社会要求培育守法自觉。法律的权威不仅表现在所依靠的强制力量，更表现在人们对法律的尊重和自觉。社会成员在社会生活中，要树立法治观念，把法律和社会规范作为基本的权利保障手段。当在社会生活中遭遇问题和困难时，一些人不是选择通过合法途径予以解决，而是以非法手段鲁莽地发泄不满情绪，甚至试图以侵害他人和公共利益的方式达到个人目的，严重扰乱社会治安、威胁公共安全。培养人们的法治意识，就要建立人们对法律的信任，确立人们对法律的服从。主权在民是法治精神的重要组成部分，要促使人们相信法律，就必须做到法律程序的公开、公正，使人们能够依据法律了解公共权力的行使状况、形成对社会生活的正当期待，并以此作为自己行为的参考。要确立人们对于法律的服从，就必须维护法律和社会规范体系的尊严。法律和社会规范既是维护人们权利的保障，也是规制人们行为的约束。只有在法律和社会规则之内的社会行为才具有合理性，才能得到社会和其他社会成员的尊重与认可。

其五，法治社会需要为人民权利的实现提供通路。在社会治理中，必须为人民的合法诉求提供畅通的表达渠道，为人们维护自己的合法权利提供有效通路。

一是要不断完善法制体系。社会生活是一个丰富而复杂的庞大体系。随着社会结构的调整，社会生活的领域也在不断扩大。这就要求我们的法律和社会规范必须能够跟随社会变化的脚步，有效覆盖社会生活，做到有法可依。在法律程序方面，我国社会正处于转型期，社会生活的方式和内容也发生着显著的变化。法制建设需要对这些变化做出及时有效的回应，法律程序的设置与创新应该与社会权力结构和运行模式相契合。

二是要维护新兴社会群体的权利。社会结构和社会生活方式的改变产生了新的社会群体。这些群体拥有自身清晰的身份标识并且富有新的权利诉求。这些权利诉求在旧有的法制和社会规范体系内可能难以得到保障。这就需要针对他们的生活状况和权利需求制定新的社会规范体系。比如我国的城镇化进程，催生了“农民工”这一庞大的社会群体。他们之所以被冠以“农民工”的称谓，就是因为这些人虽然在城市从事生产、建筑、服务等工作，但依然保持着“农民”身份。由于户籍制度和其他方面原因，他们难以融入其工作的城市。根本原因在于他们并没有完全获得在所工作城市生活的权利资格，致使他们面临着子弟上学问题、医疗卫生问题、社会保障问题等诸多难题。在这一背景下，就产生了他们的权利诉求与旧有体制之间的巨大张力。解决这一难题，就需要我们对旧有的社会规范进行调整，或者制定新的社会制度体系，维护“农民工”群体的正当权利。

三是要降低法律成本。为人们提供有效的维权和利益申诉通路是实现法律自觉的重要环节。社会群体事件和极端事件的发生也与之相关。一旦法律维权成本太高，人们就会转而寻求其他的途径维护自己的权益。法律门槛偏高是我国社会法治建设亟待解决的问题之一。特别在民事纠纷中，人们如果寻求法律解决可能面临高昂的诉讼成本以及时间和精力的耗费。特别要顾及一些低收入群体，他们无力承担采取法律手段的相关费用，只能依靠法律援助。但后者的质量也是我们需要考虑的问题。只有降低法律成本，为人们构筑便捷的法律通道，才能让法律发挥调节社会矛盾的主导作用，同时促进社会平等。从供给侧的角度出发，社会治理需要提高法律服务的效率和质量，通过提供优质的法律援助让来自不同社会阶层的人能够处于平等的法律博弈地位。

第四章 社会治理的政治节点

社会治理倡导公共事务的多元参与。不同主体在价值目标、权利实现机制等方面都存在差异。同时，社会治理是一项系统工程，既要促进社会的整体发展，又要充分考虑社会成员的个体诉求。参与主体的多元与治理目标的多维为社会治理带来了内在张力，构成治理的政治节点。社会治理的政治节点主要包括多元主体与党委领导的节点、公共舆论与意识形态的节点、公众意志与个体权利的节点、治理效率与社会公平的节点。化解这些节点是社会治理顺利开展的前提，也是治理的关键环节。

一 多元主体与党委领导的节点

社会治理倡导参与主体的多元，公民个体、社会组织、政府部门都可参与其中，各方协同合作、优势互补，使社会发展能够跟随时代的脚步、满足人们的物质精神需求。多元参与要求不同主体之间保持独立、平等的人格，否则相互协作难以达成，合作关系又会重新沦为自上而下的权威统治。另外，社会治理是党提高执政能力的重要方式，是实现我国社会主义政治理想的基本途径。只有加强党对社会治理的领导，才能确保社会建设的社会主义根本方向。

首先，党的领导是确保社会治理有序进行的政治基石。历史证明，党的领导是社会稳定、人民安居乐业的必要前提。鸦片战争之后，我国社会就处于动荡状态。直到中国共产党的建立，我国社会才迎来了奔向繁荣的曙光。在党的领导下，中国社会呈现出欣欣向荣的态势。更难能可贵的是，即便在苏联解体、东欧剧变的恶劣国际环境下，我国社会不但没有走向衰落，反而开创了高速发展的新局面。我们看到，东欧各国在经济政治的更迭之后，社会并没有实现预期的繁荣，反而出现分离、瓦解。近年所爆发的乌克兰危机再次向人们证明，缺乏正确、有力的政治引领，社会是极为脆弱的。我国之所以能够保持社会持续发展，根本原因在于我们坚持了党的领导。党的领导为社会注入强大的凝聚力，并以社会主义系统思想为各族人民的团结合作提供了坚强的精神支持。这无疑为社会治理创造了有序的社会环境。

其次，党的领导是保持社会治理正确方向的政治支柱。任何社会管理都是围绕一定的政治理念和政治价值开展的。因为无论采取何种方式进行管理，我们都必须回答：采取这种方式的目的是什么？它将为哪些社会群体带来怎样的利益？这种管理方式将依赖怎样的权力运行机制实施和推进？这些问题都与政治理念和政治价值息息相关。社会管理的价值中立从绝对意义上而言是不存在的。社会主义道路是我国社会治理的根本方向。只有坚持这一方向，社会治理才能符合人民的根本意愿、维护人民的根本利益、顺应我国社会历史发展的规律。只有在党的领导下构建社会治理体系、制定社会政策、设计社会制度、培育社会道德，我们才能确保社会治理的结果与社会主义理想保持一致。我们社会生活表现出明显的多元特征。在文化层面，各种思潮、观念交聚会集，其中既有表达时代精神、代表先进价值理念的文化内容，也充斥着腐朽落后的文化元素。特别是西方思想观念依托于商品经济的大量涌入，对我国社会价值观产生了不可低估的影响。在经济层面，以社会主义市场经济为主导的多重经济机制并存，经济主体日趋多样。随着新型经济模式的出现，经济结构处在不断调整、转型之中。由此出现的经济群体也越来越复杂。文化和经济层面的多样化让人们面对更多的价值选择和利益诉求。部分社会成员对于党领导的认识开始出现偏差和动摇。某些群体试图在社会生活中表达、宣传与社会主义背道而驰的价值观，扰乱了人们的思想观念、不利于社会的安定团结。只有在社会治理中强化党的领导权威，通过制度、文化建设深化党对社会生活的引领和影响，才能抵御不良思想观念的侵蚀。

最后，党的领导是增强社会治理能力的政治保障。党在社会生活中发挥着把握方向、总揽全局、宏观协调的引领作用。党的领导是社会治理的源头活水。其一，党代表着广大人民群众的根本利益，代表着国家和民族的根本利益，指引着国家富强、民族复兴的根本道路。我们之所以选择治理模式，就是希望我们的社会建设体系能够及时、充分、有效地表达人民对社会生活的期待，维护、促进人民群众的根本利益，为国家的繁荣昌盛创造和谐健康的社会环境。党对社会道路的指引产生了社会治理的需求，也为社会治理设定了基本的政治原则和政治目标。其二，我们党有着9000多万名党员，是工人阶级先锋队，具有其他政治团体、社会组织无法比拟的先进性。作为执政党，我们党拥有独特的人才优势，形成了高效的组织体系，能够有效整合社会资源、聚集社会力量，为社会治理提供强有力的支持。其三，我们党永远站在人民的立场思考问题、解决问题，党所关注的是社会的长治久安、均衡发展。党的理论准确把握了社会历史发展规律、深入澄明了社会生活本质。其全局性、历史性视野有助于从社会长远发展的角度为社会治理提供整体思路，化解当下面临的困难。

综上所言，巩固党对社会治理的领导是我国社会建设的本质要求。接下来，我们必须思考，以什么样的方式加强党的领导，或者说，如何才能在党的领导与社会治理对多元参与的要求之间达到平衡。

社会治理呈现出非中心网络化的特征。只有保证参与主体间的独立性和作为参与者的平等人格，协同共治才是有效的。如果我们不能以适当的方式发挥党的领导作用，就有可能削弱其他参与者的主体地位。这种危险表现在以下几个方面。

第一，领导与被领导的关系一定是自上而下的。领导需要权威的树立，需要参与社会治理的其他主体的服从。这就与多元参与的非权威倾向产生了张力。多元参与是希望借助公民权力和社会权力对政府所代表的国家权力形成相互制衡，以平等对话的方式充分表达参与各方的意愿和诉求，让社会治理能够兼顾不同社会主体的利益。如果权威的力量过于强大，就会压制其他参与者的声音，违背多元参与的初衷。如果权威力量过于弱小，则无法有效地引领社会生活，难以保证社会治理的前行方向。

第二，党的领导意味着党与其他管理主体之间总会存在不对等的关系。党处于领导的主导方，其他主体处于接受方，双方容易形成单向的权力关系。一旦我们过分强调领导的优先地位和接受方的服从义务，社会治理所期待的权力互动就难以实现。传统管理模式的实践已经证明，单向管理无法全面准确地掌握社会信息，还会扩大管理者的认识缺陷，提高社会管理的风险。社会治理之所以倡导多元协同的模式，就是希望参与各方能够在意见的相互交流、信息的传递和共享中为社会决策提供更为科学的依据。权力互动是集思广益、优势互补，降低管理风险的重要机制。党在领导过程中如何维护这一机制的常态运转，是我们面对的又一问题。

第三，我们在论述公民权力、社会权力与国家权力时曾指出，三者既相互支撑、相辅相成，又具有内在矛盾。党的领导通常借助政府行为予以表达。如果党的领导过分依赖国家权力，就容易导致国家权力的扩张，对其他权力形成挤压。而借助国家权力却是党贯彻领导意志最简单，也往往是最高效的方式。我们各级政府、部门都建立有健全的党组织，相比于其他社会团体，与党的对接更为契合、更为紧密，对于党的领导意图有更深刻的理解，对党的领导方式也更为熟悉。这就产生了一个问题——党的领导在某种程度上需要强有力的国家权力作为支撑，但如果缺乏足够有力的公民权力和社会权力与之并存，就可能出现政府一家独大的局面——这正是社会治理期待改变的权力格局。

要规避这些风险，对于党的领导提出了新的要求。党需要以领导方式的创新回应社会建设模式的变化。首先，领导权威的来源主要有两种：一是依据强力所产生的权威；二是社会公信力所产生的权威。前者的基础是强制力量，在权威树立和行使过程中往往带来对于管理客体的强迫，从而削弱管理客体的主体性，以权威取代管理客体的自主意愿。后者则以社会认同为基础，权威的行使集中表达了参与主体的意志和愿望。对于这种权威的服从既不源自对政治权力的屈服，也不是对自我主体性的放弃，而是自愿选择的结果。党的领导权威显然属于后者。党的主导政治思想——马克思主义高扬人的自主价值，认为社会进步的根本目标在于实现人的自由全面发展。在社会主义制度下，社会的发展与人的发展是和谐统一的过程。社会作为真实的集体建立在每一个个体之上，肯定并且关照所有社会成员的利益。而人自我价值的实现则以社会发展为前提，两者互为因果、共同成长。党的领导之所以享有共识的权威，得到人民群众的拥护与爱戴，根本原因在于党的利益与人民利益高度一致。在社会治理中维持这种一致性，就要求保持党的先进性、纯洁性和代表性，让党的领导表达人民群众的心声。

其次，领导是把握方向，不是大包大揽。党所扮演的是领航员的角色，为社会建设指明方向，并且代表人民行使监督和制约的权力。党在领导过程中要避免计划经济时代全能政府所产生的后果。党必须充分发挥社会主义市场价值在经济领域的整合功能，发挥社会组织在调动社会资源方面的独特优势，促进社会主体各安其位、各司其职。把握关键问题、掌控全局方向是党领导的职责定位。“如果党委领导直接干预和介入社会治理中的细节，把社会治理事务都揽到自己身上，各种社会矛盾就会转化为党群矛盾、干群矛盾，不但会分散党委‘总揽全局、协调各方’的领导，而且会形成新的‘党政一体化、政经一体化和政社一体化’。”① 既要巩固党的领导地位，又要保证多元参与的切实有效，就必须明确区分党和其他参与主体的职能范围和权力界限，为多元协同留下充足的空间。领导并不只是通过权力－服从关系实现，领导的另一路径是通过社会成员对共同利益、共同目标的追求而达成的。在后一种领导关系中，领导者与被领导者并不只是单向的服从关系。要把握社会共同利益，以共同的目标团结所有社会成员，这恰恰需要领导者与被领导者之间的交往与协商。

再次，政府权力是党领导职能充分发挥的重要渠道，但并不是唯一路径。在现代社会生活中，随着社会组织的兴起，政府部门也只是社会主体之一，而且并不一定在任何情境之中都处于中心地位。某些情况下，社会团体开始发挥原本由政府所担负的责任。在特殊条件下，公民个体也开始发挥政府性的职能。比如当一条道路出现交通拥堵，由于某些原因交警在短时间内没有赶到现场，一些有经验的司机可能自发指挥交通并建立新的秩序。这一过程中，公民个体也发挥社会管理者的职责。因此，一方面，党的领导要制度化、规范化，划定党领导权力的合理边界；另一方面，党组织建设要扩展到社会团体与私人部门。在现代社会生活中，一些社会团体、私人部门并不是由党员组成的，其中甚至可能没有党员的参与。如何对这些组织进行党的引领和指导，是党建工作亟待思考的问题。随着国家权力的合理收缩，社会组织的不断壮大以及对公民权力的尊重和重视，党的领导需要构筑多维通道。社会权力、公民权力

① 孙涛：《论党委领导与社会治理体制创新》，《云南行政学院学报》2015 年第 1 期，第 48 页。

也是贯彻党领导的重要载体。当国家权力、社会权力和公民权力都在党的引导下参与社会事务，三种权力之间便更能够相互融合、相互协调，并且在合作中保持各自的界限。

最后，领导作为一种权力运行的方式，也是一个开放的过程体系。党的领导不是故步自封、一成不变的，而是一个动态的过程。领导要求服从，但更要求参与。随着时代变迁不断学习和完善，是我们党保持蓬勃生命力的根本保障。党的领导不是以党的意志取代其他社会主体的意志，而是引导其他社会主体以正确的方式表达自己的意愿和诉求，并在社会主义价值体系内引领社会主体达成思想共识。我国社会正处于转型期，人民的利益诉求在现实生活中呈现出新的表达方式，对于社会领域的关注也不断发生着变化，并产生新的矛盾。只有深入联系群众、推进党内民主建设，广泛听取不同社会主体的意见、积极协商，才能及时、准确把握社会发展状况，抓住社会建设的关键问题。在党的领导中提高其他社会主体的参与意识，让各民主党派、社会团体、公民个人建言献策、集思广益，既是保证党领导科学性、正确性的客观需要，也是维护其他社会主体政治参与资格的必要途径。

总而言之，参与社会治理的多元主体内含对党领导的期待——唯有在党领导下，多元参与才能达成对社会发展有益的建设性成果，而避免各自为一己私利相互博弈所导致的社会失效。但多元主体与党领导之间又存在内部张力——党领导的主体性对多元参与主体性的客体化要求。只有正确处理党与民主党派、政府、社会组织、公民个人之间的关系，在党的领导过程中尊重、维护其他社会主体的自主空间，才能化解张力，推动社会治理的有序开展。

二 公共舆论与意识形态的节点

公共舆论与意识形态在社会治理中都扮演着引导与规范角色。两者之间既有着普遍的相容性，又会在一定时期和一定的社会条件下显现差异。只有保持两者之间的一致性，才能牵引社会治理在正确的道路上开展。

关于何为公共舆论，学者们基于不同的视角产生了相似但又有差异的理解。有学者认为公共舆论是表达集体意识的群体性意见，也有学者认为公共舆论是就政治问题所形成的政治语言，并通过普遍的正当性原则予以展现。[①] 虽然学者们从不同的维度对公共舆论进行了定义，但他们的理解有着共通之处。

其一，他们都认为公共舆论是社会性的话语，由社会成员通过非制度化的渠道进行表达；其二，公共舆论的对象都是公共事务；其三，公共舆论具有群体代表性，只是在代表的范围和程度上具有差别。

面对公共舆论，我们也会遇到难题。我们希望公共舆论是人们理性意见交集的结果，强调理性资格，但对于这一资格的认定是非常困难的。我们不禁要问，这种能力资格的标准是什么？谁来判定这种标准？那些已经展现在我们面前的公共性意见，有哪些可以被承认是公共舆论，哪些则要被排除在公共舆论之外？随着网络技术的发展，公共舆论获得了更为便捷的表达渠道。每一位社会成员都可以成为公共舆论的主体，而且人们进入公共论坛不再受地域与时间的局限。公共舆论之所以成为重要的社会力量，就在于其是公民自由意志的表现形式，是基于公民的意志与言论自由所形成的。因此，公共舆论应该有着更为宽泛的意义：公共舆论是社会成员就公共事务所达成的集体意见。

公共舆论也因此表现出鲜明的特点：（1）公共舆论是群体性意见。虽然公共舆论是公民个体在公共领域辩谈的结果，但个体的意见只有形成了一定程度的集体共识之后才能转换为公共舆论。个体意见本身不是公共舆论。当然，既然是群体性意见，就存在群体类型和群体范畴的差异。它既可以是少数群体的意见，也可以是整个社会的意见。在某种意义上，公共舆论的普遍性越高，它所产生的公共力量也就越强。（2）公共舆论是自发形成的意见共识。公共舆论形成的前提是公共领域，即人们可以自由发表意见的场所的产生。所以公共舆论不是观念和思想强制灌输的产物，而是在公民对公共事务的充分讨论中自然形成的结果。（3）公共舆论的产生具有不确定性。从理论上而言，任何公共事件都能引发公共舆论。所以我们看到，有的公共事件一经报道就会产生强烈的社会反响，引发社会成员的广泛讨论，成为关注热点。而这种影响通常

---

① 刘伯高：《政府公共舆论管理研究》，博士学位论文，苏州大学，2007，第23～24页。

是出乎人们意料的。公共舆论的不确定性还表现在其内容的不可控性。当然，公共舆论也是可以被引导的，但是由于意见发表者来自社会的各个群体、代表复杂的价值立场，人们的关注程度和信息获取方式也存在很大的差异，所表达的意见也就大相径庭。

公共舆论的上述特点使之在社会治理中发挥着特殊的作用，也带来了新的问题。首先，公共舆论能够为社会治理提供及时的信息。社会治理的初衷在于能够让社会的制度更加贴近人们的内在需求，满足人们不断提高的物质与精神需求。因此，社会治理方式的创新一定要关注社会发展的趋势、关注社会需求的变化。在网络技术的助推下，公共舆论形成的时间更短、成本更低、参与度更高、所覆盖的群体范围更广，能够将社会信息及时有效地传达至社会治理主体之中，为治理提供了畅通的信息收集渠道。站在社会成员的立场，单个公民的声音是微弱的，个人意见所包含的信息容易被忽视。而当信息通过公共舆论以整体意见的面貌出现时，更容易引起社会的关注，产生更大的力量。

其次，公共舆论能够帮助社会治理寻找新的创新点。公共舆论能够暴露新的社会问题，帮助社会管理者发现社会体系和机制的漏洞，从而认识、把握关键问题。任何制度的设计都受到理性的局限。公共舆论无疑是弥补这种局限的重要方式。公共舆论源于人们的自主意见，其中也包含着社会理性。在公共舆论之中不乏具有建设性的意见、建议和思路，能够拓展社会治理的眼界、为治理创新提供有价值的参考。更为重要的是，在某些特殊时期，公共舆论能够成为社会治理方式变革的推动力量。公共舆论不仅反馈民意，而且带有强大的思想、观念传播功能。公共舆论中汇集了新的社会认识和价值观念，一旦这些观念为社会成员普遍认同和接受，就会促进社会治理的变革。有学者在对公共舆论的历史考察中发现，“以康有为为首的改良派积极组织学会、发行报刊来进行政治宣传活动。在戊戌维新时期，他们就创办了30多种报刊，以扩大变法维新思想的影响，推动改良运动的开展”，“公共舆论自下而上影响了晚清政治权力的运作，也因此改变了晚清的政治格局”。[①] 我国改革开放政策的实施也是以对真理标准问题的公共讨论为先导的。从公共舆论中汲取营

① 王银宏：《作为权力形态的晚清公共舆论》，《政法论坛》2010年第5期，第189页。

养，是社会治理长效创新的重要路径。

最后，公共舆论对社会治理发挥着监督和评价作用。社会治理的效果必须经受社会生活的检验。人民满意度是评价社会治理的基本标准。在以往的评价体系中，由管理部门组织的检验往往带有片面性：一是采集信息的有限性，二是在信息采集渠道和评价体系设计中的主观影响。公共舆论作为直观的公共意见形式，所反映的问题带有客观性和普遍性，在很大程度上排除了管理部门的主观因素干扰。公共舆论总是代表某种普遍性的诉求，在社会生活中也表现出权力的特征。因此，公共舆论也是构成社会治理监督的基本要素。管理是社会治理的重要层面，现代社会管理的复杂性让管理权力的所有与行使之间产生了分离。社会管理的权力属于所有公民，但管理权力的实施则主要依赖于行政体系和行政人员的操作。公共舆论多元的信息来源可以使公众对管理权力行使的过程与结果进行全面监督。一旦社会管理的结果与目标发生偏离，或者管理者出现权力寻租等腐败行为，公共舆论就会对管理体系产生压力，迫使社会政策、管理机制和人员安排做出相应调整。在前文探讨西方三权分立制度时已指出，以权力制约权力难以避免权力的合谋，权力的内部制约不足以杜绝公权的异化与滥用。以社会制约权力是公权监督的另一途径。公共舆论无疑是以社会制约权力的有力手段。公共舆论独立于政治权力、行政权力，它对社会治理的监督能够在很大程度上回避权力合谋的干扰，保证监督的公正性。

公共舆论在很多方面对社会治理发挥着积极的作用。但我们也必须看到公共舆论在社会治理中存在的问题。其一，虽然我们认同公共舆论必须建立在理性基础之上，但在现实社会生活中，我们难以区分哪些舆论是理性的，哪些是不理性的。我们也不能消除社会成员在理性能力方面的差异，更不能消除公共舆论中所表现的社会性心理、情绪和价值偏好。实际上，任何社会成员在发表意见时都不可能排除这些因素，而是作为兼有理性、情感、需求等要素的个体参与其中。正因此，公共舆论也必然夹杂着非理性的元素，甚至在某些时候表现出不理性的倾向——特别当某些事件触及诸如民族情绪等问题时，民众的情绪会超越甚至取代理性的思考。这就为社会治理带来了困难。公共舆论形成所依据的信息来源复杂，也难以保证这些信息的全面和真实。民众在某些时候无法自己判别信息的真假，容易受到虚假信息的误导，所形成的公共舆论的客观性将受到质疑。这一点在网络时代表现得尤为明显——有时候一则并没有完全反映客观事实的新闻会引发全社会的热议，或者挑起人们对于某项社会制度、政策的怀疑。

其二，公共舆论也受到群体的影响和群体性价值观念的引导。公共舆论不同于公意，所表达的并不一定是社会的普遍共识。一些群体利用自身在公共领域的话语优势为谋求自己的利益而有意识地散布信息，激发某种社会情绪，对社会生活施加影响。如果将这种诉求上升为社会共识并作为社会治理的依据，则背离了社会管理的公共性。

其三，公共舆论既是监督、约束社会治理的有效力量，又存在绑架社会公共权力的威胁。如上文所述，公共舆论已经成为重要的社会力量，而且这一力量伴随着社会权力的成长而在不断增强。这也就意味着公共舆论对于社会治理的约束能力正得以强化。这种力量也具有膨胀的性质，如果不能正确引导和规范，则会导致对于社会治理的越权。在某些引起人们广泛关注的案件审理中，人们基于正义感和对弱者的同情，往往会要求严惩凶手或者表露对于某种审判结果的期待。但这种期待并不一定是基于对司法程序合理推理所产生的。我们会认同人们在公共舆论中所表达的道德价值，但是要满足这种期待依然有赖于对司法程序和规则的遵守。如果案件的审判人员被公共舆论所左右，无疑将产生新的不正义。

如果说公共舆论是自发形成的社会治理规制力量，意识形态则是支撑社会治理的政治思想体系。法国学者特雷西首次提出了意识形态的概念，用以指称思想的科学，试图揭示思想与观念的来源。意识形态是一个行动导向的信念体系，用以指导和激励政治行动。① 社会治理作为公共权力的行使过程离不开意识形态的指引。无论持有怎样的社会目标，只要开始涉及社会治理体系，就会赋予其一定的政治价值。或者说，所有社会成员都是怀揣着某种政治信念进入公共生活、参与社会治理的。因为我们都是根据自己的意识来理解、构建身边的世界。阿尔都塞曾指出，意识形态根植于我们的行为方式与生活世界之中。② 也唯有在意识

① 〔英〕海伍德：《政治学》，第 45 页。

② 赵勇：《社会主义意识形态功能研究》，博士学位论文，华东师范大学，2007，第 69 页。

形态的引领下，社会治理才能以整体、连续的形态展开，各种社会制度和规范之间才能契合融通。社会领域如此庞大，如果不同社会领域之中的制度都追寻着不同的价值理念，那社会制度之间必然充满矛盾与冲突，社会势必走向无序和混乱。对于拥有14亿人口的多民族国家而言，意识形态对社会治理的主导作用更是关系到国家与民族的命运。马克思主义意识形态是我国社会的主流意识形态，它构筑了我国社会生活的价值底线，表达出我国社会生活的价值目标，确立了公民在社会关系中的位置以及处理社会关系的原则。它既为社会治理划定了政治思想体系的框架，又为之勾勒了清晰的社会生活远景。

首先，我国主流意识形态的发展内生对社会治理的要求。我国主流意识形态形成的过程是不断深化对马克思主义理论的理解、不断探索中国特色发展道路的过程。因此，我国主流意识形态既具有坚实的内核，又与时俱进、不断发展。从毛泽东思想、邓小平理论、“三个代表”重要思想和科学发展观到习近平新时代中国特色社会主义思想的提出，我国主流意识形态不断产生新的时代内容，保持着旺盛的生命力。主流意识形态的发展在每一历史阶段都指引着社会前行的脚步，赋予社会管理新的使命。这正是社会从管理走向治理的原动力。邓小平思想让我国敞开了改革开放的大门，建立有中国特色的社会主义市场机制；国家治理体系与治理能力现代化则让我国的社会建设进入了治理时代。正是在这一背景中，我国社会治理的结构、方式都产生了创新的需求和动力。

其次，我国主流意识形态为社会治理提供方法论的指导。我国主流意识形态是马克思主义中国化的结晶，凝聚了我国社会主义革命、建设的经验与智慧。我国主流意识形态指出我国处在社会主义初级阶段的事实，恪守“为人民服务”的基本理念，奉行“实践是检验真理的唯一标准”的准则，强调以辩证和发展的视角看待社会变化。社会治理面对的根本问题就是为何治理、如何治理。我国主流意识形态为解答这些问题给出了明确的答案。社会治理必须从我国基本国情出发，理解社会生活的本质、把握社会发展的基本规律，这样才能建立科学有效的治理体系，推进社会主义事业向前迈进。

最后，我国主流意识形态为社会治理提供价值依据。我国主流意识形态代表了人民的根本利益，其所包含的价值体系为社会治理提供了价值内核。我国社会主义核心价值体系与社会主义核心价值观所提炼的价值无疑在我国社会生活中处于优先地位，具有最根本性的意义。

公共舆论与意识形态都在思想领域对社会治理产生着重要影响。但两者相比，意识形态具有更强的普遍性、确定性和权威性。意识形态通常借助行政权力宣传、培育，对社会生活发挥着更强的引导和规范功能。公共舆论则更直接地表达出公民的个体偏好和主观意愿。随着社会的转型，近年来出现了公共舆论的强化与意识形态淡化的现象。

一是在社会主义市场经济推动下，特别是商业文明的发展，让人们的视线更多关注于个人。强调个体的自由独立性成为现代社会的特点。对于个体的尊重，对于个性的追求在社会文化中催生了弱化权威的倾向。人们希望能够自主安排自己的生活、享受更多的私人空间，避免任何形式的权威对私人生活的干扰。在宣扬自主性的现代社会中，人们都倾向于分享公共话语权，并在公共话语的表达中证明自己的独立自主。很多让大众参与投票的选秀节目之所以大行其道，就是公共话语权的大众化趋势使然。这就让意识形态所具有的统合性特质受到了挑战。

二是社会权力结构的改变让意识形态以往所依赖的行政权力范围开始退缩。特别是私人领域与公共领域的划分，进一步限定了行政权力行使的区域。相反，形成公共舆论的空间正逐步扩展。特别随着国家治理理念的提出，国家权力合理收缩，为公共领域的生长提供了广阔的空间。我们的政治生活以各种方式激励公民的社会参与，让公共意见的声音越来越强。

三是社会文化的开放改变了以往一元文化格局。人们开始接触多样化的文化信息，并且在社会转型所带来的社会分层中形成了各种亚文化群体。这就使得公共舆论的产生拥有多样的思想来源。这种多样性与意识形态的一致性之间存在张力。这种张力随着商业文明的发达以及人们对物质利益的高度关注而日渐明显。以商品为主要载体的商业文化无孔不入，具有强大的渗透能力。经济价值逐渐走向价值领域的中心。经济价值的整合性表现在，这种价值似乎成为衡量一切的标准——人们通常以货币数量作为评价艺术作品、文化创作、行业职业甚至各种社会活动的标杆。人们对于经济利益的推崇导致我们的舆论宣传出现严重的商业导向。追求高消费、追求奢侈品成为诸多影视作品和传媒节目的主题。

而这些理念与我国主流意识形态存在矛盾。这些文化观念在公共舆论领域的盛行对意识形态的传播构成障碍。

如何化解公共舆论与意识形态的矛盾成为社会治理亟待解决的问题。一方面，我们需要以意识形态引导公共舆论；另一方面，我们又不能以意识形态取代公共舆论。

公共舆论形成来源的混杂难以保证舆论客观传递公共意志、代表社会文化的发展趋势。相反，某些公共舆论背离了社会主流文化体系，表达出陈旧落后的思想观念和负面阴暗的社会心理。一些个人或群体在民众中散布虚假信息、有意识地误导舆论方向。这些公共意见非但不利于社会健康发展，反而会扰乱视听、破坏社会秩序。这就需要我们以主流意识形态引导公共舆论的形成、为公共领域注入积极正面的能量。让意识形态抢占社会文化的高地，是社会治理的重要使命。

意识形态与公共舆论又必须保持相互的独立性，否则就会出现意识形态对公共舆论的压制，有违于社会治理的内在要求。我国的未来社会发展一定会赋予公共舆论更大的空间。这就需要创新意识形态的引导方式。以往意识形态传播主要借助政治和行政权力，表现出自上而下的传播态势。在社会主体日益多元，公民权力、社会权力日益增长的今天，这种传播方式受到了越来越多的限制。只有借助多元渠道，特别是依靠公共传媒的力量，深入人们的日常生活，意识形态的培育才能双管齐下，既有国家权力的支撑又能够在公共生活中取得更广泛的共识。我们要产出符合主流意识形态的文化作品，以人民群众喜闻乐见的形式进行表达，在潜移默化中对人们进行意识形态的熏陶，使之根植于人民群众心底。只有让人们自觉地根据主流意识形态发表公共意见，才能从根本上保证公共舆论与意识形态的契合。

三　公众意志与个体权利的节点

社会治理兼顾公意与个体权利，旨在达成社会整体善的同时促进个人权利的实现。社会整体善的基础是公共意志，这也是社会治理政治伦理正当性的基本理由——只有公共权力受到公共意志支配时，其行使的过程和目的才是合理的。而公共意志在社会生活中通常以公众意志的形态予以表达。在现代政治文明中，我们不再认为有独立于公民的以先验形式存在的公意——如黑格尔所言的国家意志。公权是社会成员权力让渡的结果，因此公共意志只能是依据社会成员的共识所产生的，这也是民主政治的本质内容。在公众的参与中形成普遍性认同和意见，是公共意志形成的基本方式。这一过程也是将社会成员个体权利上升为具有普遍性权利的过程。现代政治理论都强调个体的自主实在性，个体既是产生社会生活的基础，也是社会生活的目的。如果说公众意志体现了普遍性，那么个体权利则具有特殊性。如何在普遍性的追求中尊重个体特殊性、在公众意志中完整表达个体权利，是需要社会治理着力解决的难题。

首先，公众意志不是所有个体意志的叠加，而是人们经过特定的意见表达程序所获得的结果。这就意味着公众意志在任何时候都不可能表达每一位社会成员的意见，也不可能同等程度地体现所有成员的期待和诉求。换言之，总有某些社会成员的意愿被排除在公众意志之外。公众意志相对于个体声音，在社会生活中拥有更大的话语权，是决定社会制度、政策方向的主要力量。当我们依据公众意志颁布政策、制定制度，我们也就具有不同程度的群体偏向性。在以选举和投票为采集公众意志主要手段的社会中，这种局限性是显而易见的。这也是公共意志与公众意志最根本的区别——前者所期待的是所有社会成员意志的集中代表，后者则是人们在现实社会生活中的交往结果；前者是后者的导向和目标，后者是前者的具体表达形式。一般情况下，公众意志所代表的是社会多数群体的声音。但多数群体也是含混的概念。因为人们的社会生活诉求是极为丰富的，人们的社会利益构成也是广泛而复杂的。就某一社会问题、在某一社会领域，我们可能站到了多数人的立场，但面对其他的问题、处于不同的境遇，我们又可能站在多数人的对立面。公众意志的形成因此具有某种偶然性。另一个问题在于，面对多数人，少数人的声音通常是微弱的。多数人虽然是一个含混的概念，但多数人的存在又是客观事实。在任何社会，都存在文化、经济、政治等方面的多数群体。这些群体要么分享着共同文化体系的思想观念，要么达成了集体性的政治认同，要么形成了相互依赖的经济关系。由于任何群体都具有扩张自身权力的倾向，这些多数群体更容易将自身的意愿以公众意志的方式呈现出来，从而在社会生活中谋求更为有利的地位。因此，公众意志与个体权利，特别是少数群体中个体权利的矛盾难以避免。对于我国社会而言，如在讨论意识形态问题时提到的，随着社会开放程度的增加，随着思想的活跃和利益诉求的丰富，我国社会也出现了更多的亚文化群体。大多数社会成员希望实现主流价值，并以此作为评价社会治理的文化依据。不可否认，通过社会治理传承和弘扬优秀的主流文化是必要且正当的。问题在于，我们如果过分强调社会治理的文化偏向性，就必然产生忽视、侵犯非主流文化群体个体权利的风险。平等是社会治理的核心价值之一，提倡所有社会成员不论家庭背景、价值倾向、文化程度等方面的差异，都享有同等的公民身份。但面对与主流文化相异甚至相抵触的话语，我们应该在何种程度上保持宽容，则是社会治理必须思考的问题。基于多数人意见形成的公众意志可能倾向于削弱这种异质话语权。如果我们在社会生活中不能容纳不同的声音，无疑会对少数群体造成伤害。这种情况在封闭的社会中体现得尤为明显。比如在主要由家族成员组成的村落中，公众意志将不可避免地带有家族色彩，甚至为家族意志所左右。任何在此部落生活的非家族成员都不得不面对家族话语的强势。在这种条件下，非家族成员的个人权利难以得到充分的表达。

其次，公众意志在社会生活中凸显对于个体权利的强势。当公众意志与个人意志出现紧张时，公众意志更容易占据优先地位。很多具体情境中，个体都感受到来自公众意志的压力。在某些条件下，公众意志的实现以个体权利的牺牲为代价。当我们探究这种优先性时，便会发现所存在的问题——公众意志的优先是依据何种伦理原则而被赋予的？这种优先性很大程度上建立在公众意志所代表的多数利益对个体权利所代表的私人利益的超越之上，但这理由并不充分。如果我们认为可以通过功利的计算，把简单的多数利益作为公众意志优先性的理由，那么个体权利存在被公众意志吞噬的危险。这一理由意味着我们可以借助社会整体之名随意剥夺某一个体的权利——而每一位公民都可能成为受害者。所以罗尔斯提出公民具有即便以社会整体之名都无法侵犯的权利。但是我们如何确认哪些属于基本权利？对于权利的确认，关怀伦理学为我们提供了寻找答案的路径。按照关怀伦理学理论，权利源自需要，但需要本身不是权利。如果要将某种需要转化为权利，就必须使这种需要得到其他社会成员的承认。唯有得到这种承认，才会产生满足这一需要的责任和义务。关怀伦理学者诺丁斯举例说明了需要走向权利的过程：有位女士在家被小孩吵得无计可施，于是她让孩子们注意听她讲话，她声称妈妈有权利得到一点安静。如果她的小孩年龄够大，那么这位母亲获得安静的需要上升为权利要经过以下过程："1. 存在一个情景，其中的一系列条件引发了一种需要；2. 这个需要以清晰的语言被加以交流；3. 听众中至少有一个人能准确并且有同情感地解读需要的命题；4. 听众承认这种需要的合理性，并检视自己在制造噪音方面的责任以及自己在减少噪音方面的能力；5. 这种需要被正式承认为一种权利。"① 可以看出，权利一方面源自需要，另一方面则源自对需要的确认。问题在于，现代多元社会存在不同的共同体。在某一共同体中确认的基本权利是否对来自其他共同体的成员依然有效？我们可以想象，来自倡导民主自由的群体的公民会将生命权、自由权、平等权视为基本权利，但来自有着强烈宗教背景群体的公民也许会把信仰、牺牲视为基本权利。如果前一共同体在社会中处于主导地位，当其所认可的权利与后一共同体成员的个人权利（比如宗教信仰所规定的行为）发生矛盾时，公众意志是否依然具有优先性是一个值得探讨的问题。当然，学者们为我们提供了另外的基本权利承认方式。一是诉诸先验的道德直觉，如对于自然法的信奉；二是如关怀伦理学所指出的从家庭的基本依赖关系和人的发展中推导基本权利。但即便我们形成对于个人基本权利的共识，在现实生活中依然会面对新的困境。当公众意志符合社会的整体要求，但又会限制公民的基本权利时，我们不得不面对道德的两难抉择。这种两难选择在社会危机管理中表现得尤为明显。

应对突发事件、防控传染疾病是社会管理的重要内容。无论是突发性事件还是流行病的传播，通常具有紧急性、不确定性、复杂性和广泛危害性等特点。由于这些事件通常超出常规社会管理方式的预期，所以需要采取特殊的应急措施和管理手段。在对社会危机的管理中，就会集中表现公共意志与个体权利之间的张力。为了防止恐怖事件的发生，我们一般都会加强对个人社会行为的控制，比如在车站、机场等公共场所

① 〔美〕内尔·诺丁斯：《始于家庭：关怀与社会政策》，侯晶晶译，教育科学出版社 2006 年版，第 53 页。

设立严密的安保系统。出于对社会安全的考虑，我们甚至会要求对具有嫌疑的潜在群体进行监控。公众出于对自我安全的考虑，都会赞同政府和相关组织采取严厉的管理手段。这些行动无疑都体现了公众意志。但在具体的情景中，某些措施也会对个体权利产生压力。2014 年震惊世界的斯诺登事件尖锐地暴露了这组矛盾。斯诺登事件的核心在于美国政府以反恐的名义对全世界的通信进行监听，即所谓“棱镜门”。“棱镜门”是对个人隐私的极大侵犯，对个体权利构成严重挑战。当然，“棱镜门”是否表达了公众意志值得深刻怀疑，但是此类行动在社会管理中却并非个案。更为极端的案例在于，在一条救生艇上挤上了 12 名乘客，但救生艇只允许乘坐 11 人，如果超载就可能导致救生艇的倾覆。可以想见，公众意志都会赞同一人离开救生艇，但谁也不想成为离开的那一个。如果把我们的社会看作救生艇，在特殊的时刻的确需要部分社会成员的牺牲。无论我们做出何种选择，都将背负道德的压力。在紧急情况下，公众对于类似行动的支持是合情合理的，但对于这些行动的对象却难言公正。这种激烈的矛盾也广泛体现在公共卫生管理之中。如果出现传染性极强的疾病，可以短时间内在社会群体中广泛传播，对整个社会健康都产生巨大威胁，我们势必采取强制性措施。面对肆意横行的病毒，绝大多数社会成员都会赞同对病毒感染者施行一定程度的人身限制——比如隔离。当我们在短时间内还没有找到治愈某种疾病的有效方法时，隔离病毒感染者是切断疾病传播、降低公共卫生风险的唯一选择。从公共健康的现实考量，限制性的行为不仅是必要的，也是必需的，更是合理的。但人身自由却是社会成员最基本的权利，如果社会成员因为感染某种疾病而可以被限制自由，那么自由权利的绝对意义就被削弱了。显然，公众意志与个体权利在此种状况下都是道德正当的，在两种善中做出选择对于社会治理是巨大的考验。

最后，公众意志与个体权利之间存在融通互动的关系。公众意志总是在一定时期内代表了为多数社会成员认可的权利。随着社会开放程度的加深和群体的丰富，公众意志对于个体权利的代表性也日益强化。公众意志也是维护个体权利的重要力量。形成公众意志，对社会治理进行监督并提出意见和建议，是将个体权利表现于社会生活的主要方式。此外，公众意志与个体权利都处在动态发展之中，两者相互影响、相互作用。一方面，公众意志向社会成员个体传递着主导性的价值信息，会强化个体对于主流文化、公共利益的认同和关注。另一方面，个体权利也丰富着公众意志的内容、改变着公众意志的表达方式。随着时代的变迁和社会思想观念的改变，一些在以往被公众意志忽视的个体权利开始进入人们的视野，并成为公众意志表达、维护的对象。

因此，化解公众意志与个体权利矛盾的关键在于确定公众意志与个体权利的界限，让公众意志具备社会包容性，防止公众意志成为多数人压制少数群体的异化力量。在社会治理中，一要推行法治民主，公众意志的形成与表达必须以宪法为依据。只有建立在尊重个体权利基础上的公众意志才能得到道德正当性的证明。也唯有如此，公众意志才能接近公共意志，反映社会全体成员的意愿。二要在所有社会成员之间建立共同利益关系。美国公共管理学者奥尔森将共融性的利益关系称为第二只看不见的手。他发现除了亚当·斯密所言的市场价格那只“看不见的手之外”，还有一种力量让人们自觉参与到公益性活动之中，并在相互之间达成互利关系。他举例说如果在胡同的两端只居住着两户居民，那么每一户都会从公共服务性行为中获利——比如一户修筑胡同的道路，那么修筑者和另一户居民都可以使用这条道路。如果这条胡同居住了五户居民，而其中一户只享受而不付出、想通过“搭便车”扩大私人利益，那么其余四户将对其施加压力。[①] 公众意志的背后代表着群体性的利益。防止公众意志沦为多数人保护自己利益工具的最佳方式是让所有社会成员都成为利益共同体，促使公众意志考虑每一位社会成员的利益。公众意志的优先性只能通过公众意志与个体权利的相容性得到证成——在公众意志完全表达了个体权利的条件下才是有效的。三要扩大社会的流动性和开放性。越开放的社会，其文化和利益的包容度越高。更多文化、利益共同体的出现有利于打破某一群体对于公众话语权的垄断、让来自不同群体的社会成员相互之间处于更平等的位置。社会影响、社会地位的均衡关系更有利于让社会成员发出自己的声音，让公共意志拥有更广泛的代表性。

---

① 〔美〕曼瑟·奥尔森：《权力与繁荣》，苏长和、嵇飞译，上海人民出版社 2014 年版，第 58 页。

四　治理效率与社会公平的节点

效率与公平都是社会治理所追求的目标。缺乏效率，社会治理就无法合理配置社会资源，无法对人们的物质文化需求做出回应。缺乏公平，社会治理就将丧失其道德合理性，而且将激化社会矛盾，造成社会动荡。效率是实现公平的基础，公平是提高效率的目的。对于我国而言，实现共同富裕是社会主义建设的最终目标，以先富带动后富只是手段。马克思主义理论指出，要让劳动从一种异化的力量回归人的本质，促进个人的自由全面发展，必须以高度发达的物质文明为基础。所以，效率与公平对于社会发展是缺一不可的。但在现实社会建设中，由于受到时代的限制，两者又表现出对立的紧张。

改革开放之前，我国实行单一的计划经济模式，将社会生活纳入国家权力的统筹安排之中。在分配领域，我国遵守类似于平均主义的分配原则，按照薪金级别统一工资标准。这种社会管理模式在相当长时期内压制了社会活力、固化了社会格局、抑制了社会成员从事政治、经济活动的主观能动性。一元主体的社会管理结构也导致管理部门臃肿、管理效率低下。因此，改革开放之后，我国社会治理的首要问题是如何改变国家统筹的一元格局，充分发挥社会因素的积极作用，提高社会效率。

对于社会管治而言，效率包括两方面的内容。一是治理体系运行的效率——管理体系在调配社会资源、保持政令通达、维护制度权威上的效率；二是社会发展效率——社会在政治、经济、文化建设步伐上的加速。20 世纪 80 年代，我国社会管理在这两方面都承受巨大压力。特别在社会生活层面，社会发展的主要矛盾集中表现在落后的生产力与人们不断提高的物质需求的矛盾。要解决这一矛盾，就必须发展社会经济，创造社会财富，提高人民的物质生活水平。因此，我国开始建设社会主义市场经济体制，并将经济发展作为社会建设的重中之重，制定了“以经济建设为中心”的战略方针。对于社会而言，只有首先把蛋糕做得足够大，才能使人们具有足够的份额满足自身需求。将经济发展置于社会建设的优先地位是由当时的历史条件所决定的，具有历史的合理性。市场意味着效率，市场旨在通过社会竞争让更具备市场能力、更具有市场天赋的参与者脱颖而出，在竞争中实现社会资源的最优化配置，获得更为高效的经济产出。历史证明，市场经济在财富创造和资源配置中拥有不可比拟的优势，在“看不见的手”的指挥下，生活财富得到迅速的聚集。但是市场的弊端在于，它尊重强者，却缺乏对于弱者的眷顾。市场并不能保证所有社会成员都能从中分享利益。相反，无论是市场机制本身的理念，还是市场机制实践的事实，都会让社会财富在群体之间出现差异，而且市场通常排斥任何非市场的分配结果。对于市场而言，任何对于市场分配结果的调整都会削弱其优化资源配置的功能，影响市场效率。正因此，在自由主义经济学者看来，任何对于市场效率的伤害都缺乏经济的正当性。弗里德曼就曾批评让企业承担社会责任的要求。在他看来，企业唯一的社会使命就是创造财富，对于额外社会责任的承担将妨碍企业获得利润，弱化企业最主要的社会角色。[①] 所以，为了充分保障市场的结果，我国一度提出“效率优先、兼顾公平”，在社会管理中尽量为市场机制的运作创造条件。显然，在目标的排序中，效率无疑处于更高的地位，公平则被客观地边缘化。毋庸置疑，效率只具有手段的合理性，公平才是目的。将手段价值凌驾于目的价值之上，社会生活必然承担着手段异化的风险。这种风险直接表达为两者的矛盾。

首先，在治理机制的设计上，为了纠正以往人治管理的缺陷，我国社会治理开始朝制度化、规范化迈进，强调管理机制的非人格化倾向。这种倾向与威尔逊、韦伯价值中立主义的传统公共管理观念不谋而合。在制度建设中的非人格化倾向不可否认取得了积极的效果，特别是降低了治理的随意性、减少了个人意志对公共权力的干扰。但过分注重治理体制的非人格化又导致了新的问题，即部门目标对于公共目标的偏离。更突出的问题则表现在社会治理优先服务经济效率所导致的不公平现象。一切为经济效率服务导致更多的社会资源集中于经济部门，经济发展让其他的公共价值和目标被不同程度地漠视。我国经济的发展得益于经济结构的调整、社会格局和经济制度的变革。在这一系列转型中，部分社会群体的利益受到了损害。为了优化产业结构，我国加速了企业改革的步伐，很多原来的国有企业、集体所有制企业走上了股份制道路、直接

① 〔美〕弗里德曼：《资本主义与自由》，张瑞玉译，商务印书馆1986年版，第128页。

面对市场竞争。在这一过程中，曾经出现了大规模的下岗浪潮，大量国企职工不得不重新寻找新的工作。下岗的深层内涵则是国有企业、集体所有制企业与其员工旧有契约关系的破裂。在计划经济条件下，国有企业与职工之间实际达成了低工资、高福利、终身制的劳动契约关系。国有企业在很大程度上扮演了社会性的角色，不但为职工提供医疗费用、培训费用，甚至还解决其子女的教育和就业问题。获得这一福利的代价是职工偏低的劳动收入。而当国有企业大规模进行调整时，社会保障、教育等机制并没有做好充分的准备。下岗职工不但无法享受原有的福利，而且要接受市场的挑战。当然，这种调整无论对国家作用的发挥还是对提高社会生产力，都是必要的。但让部分群体承担社会建设的代价，对于这些群体而言显失公平。当前，我国正积极推进城镇化进程。在城镇化过程中，拆迁成为人们讨论的热点话题。其中所出现的强拆现象更是引发了社会的广泛关注。城市建设和城镇化的发展既是我国经济发展的重要推动力量，又是改善城市面貌、创造良好城市环境的有效路径。但是被拆迁者的利益是否得到了足够的尊重和补偿？对于被拆迁者而言，他们的居所被迫成为商品——只有用于市场交换的物品才属于商品的范畴，用于居住的私人住所显然不在此列。那么我们必须思考，应该按照何种价格进行补偿才是合理的？我国政府对拆迁问题高度重视，不但禁止强拆，而且提高了补偿额度，凸显我国社会治理对平等价值的高度重视。

作为处于社会转型期的发展中国家，我国已有的社会利益关系必然还将发生改变，某些群体势必仍然要为社会效率的提升做出利益的退让。如何让这种退让具有道德合理性，是社会治理的一大难点。

其次，对治理效率的追求期待专业化的管理队伍和对具体治理问题的处理。在近代科学理性主义的推动下，社会治理也开始努力使自己更具有科学意味。但是这无疑让治理的视野变得更为狭隘。在科学主义公共管理的理论中，管理者基本放弃了自古希腊以来的哲学传统，管理不再追求哲学价值，而只关注手段与目的之间的关系。这种模式存在的最大问题在于没有思考“谁之效率、何种合理性”。这与现代经济学的发展有极强的相似性——阿马蒂亚·森批评现代经济学忽视了人的内在伦理诉求，走上了一条越来越狭窄的道路。在以经济利益为主导的价值驱动下，社会管理的结果是那些拥有更多财富创造力的群体掌握着越来越多的社会资源。这些掌握更多社会资源的群体有更强的力量应对社会变革带来的风险，也具有更强的创造社会财富的能力。而那些在市场处于弱势的群体则在社会转型中变得更为脆弱。

这样导致的结果，就是区域发展的不平衡、群体发展的不平衡和行业发展的不平衡。造成这种不平衡的后果部分是因为市场机制的选择，另一部分则是由社会制度安排所造成的。为了刺激经济的发展，树立顶端优势，我们曾通过政策的倾斜与优惠让某些地区拥有了更强的资本吸引能力，站在了经济发展的潮头。以点带面的发展是经济规律使然，也达到了预期的跨越式发展效果。但处于其他地区的人们不禁要问，为什么他们不在选择之列。更重要的是，这些优先发展的地区不但具备了更强的经济吸纳能力，而且在其他资源方面也开始显现得天独厚的优势。人才资源、文化资源、卫生资源都更多地聚集于中心城市，从而造成非中心城市在科技、教育、医疗卫生等诸多方面的资源匮乏。这种不平衡让发达地区的发展速度日益加快，让掌握更多社会资源群体的财富创造能力越来越强，必然逐步拉大与其他地区和群体的差距。处于社会有利地位的地区和群体与处于社会不利地位的群体似乎乘坐在高速运转的机车两端。如果车头不能拉着车尾以同样的速度行驶，就难免出现巨大的离心力。这就需要社会管理既考虑经济发展的速度，又关照发展的均衡。当然，现代社会管理开始对传统科学主义管理模式进行了深刻反思，并重拾社会管理的哲学价值传统。我国社会也开始实现从经济价值向公平价值的转向。近年来，我国社会治理开始聚焦于如何缩小贫富差距、如何有效地保障民生，如何让更多的社会成员从社会发展中获得利益。党的十八大报告明确提出维护社会公平正义、坚持走共同富裕道路、促进社会和谐的总体目标。但作为发展中国家，差速式发展模式依然会延续相当长的时间。在社会治理中，我们依然要面对社会资源如何分配的问题。将社会资源集中在已经具备完善市场机制、拥有雄厚经济能力的地区，无疑可能收获更显著的经济成就。同样的，富人收入的增长也许对于经济的拉动效应更为明显。我们究竟应该在何种程度上以效率的放缓换取社会公平，是留给社会治理的挑战。

最后，管理效率与社会公平都是人们对于社会生活的期待。作为社会成员都希望享受便捷、优质的公共服务，期待能够最大限度地降低社会参与成本，这无疑需要高效社会治理作为保障。我们也都希望自己的努力、天赋和能力得到社会的尊重与认同，并且通过合理的差异予以体现。社会治理必须建立相应的引导机制，充分调动社会成员的积极性。但这种引导隐含着对于社会公平的压力。以就业为例，如果我们希望那些投身于社会服务的人是最具有专业水平的从业者，我们当然会录取那些在专业能力方面最强的人。但是对于同样努力、由于原生运气的差别而没有达到相同专业能力的人似乎又是不公平的。比如有两个孩子，他们一个生活在富人区，从小接受良好的教育、身边都是事业成功者；另一个生活在贫民区，缺乏良好的教育资源、身边居住着没有稳定收入的人。他们都足够努力，是自己生活群体的佼佼者。由于成长环境的差别，居住在富人区的孩子也许能在考试中获得更好的成绩。成长在贫民区的孩子要面对更多的诱惑和生存挑战，他要付出更大的努力才能走上正常的人生轨道。如果完全依据成绩的优秀，而不考虑他们成长的环境因素，对于生活在贫民区的孩子是不公平的。这一问题在我国也有了现实的反映。罗尔斯提出了“作为公平的正义”概念，并提出检验社会制度的原则在于其不公平必须最大限度地有利于处于社会最不利地位者。但并不是任何以公平理由放弃效率的做法都是合理的。有的国家实行国家福利主义政策，以高税收、高福利的方式缩小社会差距，保障社会公平。这种方式一方面为国家带来了巨大的财政压力；另一方面则滋生了消极的社会情绪。那些拥有更强市场能力、具有积极生活态度的人需要将相当份额的劳动成果分享给其他社会成员（而且是强制性的）；而那些慵懒的公民也能获得体面的生活。这种情绪无疑导致社会创造力的下降。发生在南欧的经济危机在一定程度上受到了高福利政策的拖累。公平不是平均主义，但隐含着平均的倾向。一旦不能把握好公平的限度，就可能陷入平均主义的泥潭。

可以预见，在我国的社会现实中，管理效率与社会公平的张力还将持续存在。它们作为社会生活的要素，都具有正当性与合理性，也都能随着情景的改变而产生负面的结果。正确处理两者的关系，在效率和公平的平衡中支撑社会生活的健康有序开展，正是社会治理亟待创新之处。

第五章　治理节点的化解之道

社会治理政治节点的破解之道在于通过对权力机制、权力结构和道德秩序的调整完成管理向治理的转变。要满足社会治理多元共治的要求，政府角色需要重新定位，社会主体之间亟待建立新的权力关系和新的话语体系。说国家理性是管理模式下社会生活谋划的主要依据，那么社会治理则需要公共理性的支撑。与之相适应，公民美德将取代权威道德，成为构筑道德社会的伦理基础。

一　政府转型：社会治理的政府角色定位

政府在社会生活中扮演着主导性的角色，对社会生活产生决定性的影响。政府职能的设定、政府规模的大小和政府管理方式的选择都取决于政府的角色定位。要实现从传统社会管理向社会治理的转变，就必须在新的政治语境下对政府角色进行重新审视。

从管理走向治理是我国未来社会发展的根本方向。我国的社会制度、权力机制都必须围绕提高社会治理能力、完善社会治理体系进行优化和调整。毫无疑问，政府的改革也必须根据这一主题予以推进。对此，首先要回答的问题是，从管理走向治理需要怎样的政府与如何看待和理解政府在社会治理中的角色。

对于政府在社会生活中应该担负何种责任，通常存在两种观点。第一种源自西方自由主义传统，认为政府的角色是消极而危险的。在自由主义学者，特别是古典自由主义学者看来，政府只是为了维系社会生活的无奈选择。他们看到，社会需要组织与管理，成立政府是必要之举。在民族国家的时代，社会人口规模远远超出古希腊城邦的范畴，直接民主的方式难以适应现代的社会生活。以政府代理社会事务成为社会管理的主要方式。但权力的代理充满风险。一是政府可能违背民众的意愿；二是政府一旦形成权力集团，就容易以集团利益取代公共利益。自由主义者更为看重的是政府集中权力之后对社会和公民个体所造成的挑战与威胁，认为应该严格限制政府规模，限定政府权力的边界。这也是为什么西方通常沿用三权分立的架构，希望以权力制约权力。激进的自由主义者往往最终走向无政府主义。但时至今日，无政府主义的呼声即便在自由主义内部也日渐式微，以至于古典自由主义的代表人物诺齐克都对无政府主义的主张进行了批评。诺齐克指出了无政府主义的内在矛盾——既然个体主义者或者无政府主义者以强制权力垄断的理由攻击政府的存在合理性，那离开了政府的强制性权力由谁来支配？既然政府有存在的必要，但也存在难以规避的风险，那么最小政府就成为自由主义者心中的理想政府形态。诺齐克倾向于建立守夜人式的政府，其职责在于保护所有公民免于“暴力、盗窃、欺诈以及强制履行契约”等伤害。政府如同守夜人一样，只发挥维护基本秩序的功能，而把社会生活的内容视为人们自觉行为的结果，交由近似于市场机制的自觉程序决定。

第二种关于政府角色的观念则表现出乐观主义的色彩。这种观念认为政府作为社会生活的组织者，在社会生活中处于中心地位，政府所代表的国家权力应该充满各个领域，倡导全能型的政府形态。这种观念预设了三个前提。首先，政府所代表的权力是善的。对于政治权力的善、恶认识一直是政治哲学中的重要问题。关于政治权力的善性理解在中西方的政治传统中都具有悠久的历史。我国此方面的认识已经在探讨我国优秀政治文化传统中进行了深入论述，西方也是如此。在古希腊政治生活中，政治权力通常被认为是善的。无论是苏格拉底、柏拉图还是亚里士多德，都崇尚城邦生活，认为城邦的善至高无上，个人最引以为傲的身份就是城邦公民。显然，在他们看来，代表城邦利益的政治权力具有善的道德性质。对于政治权力的善理解期待政府权力的伸展与拓张。所以，最完满的政体被认为是贤人政体。因为如果能够在善的国家权力安排下生活，社会将井然有序而又富有崇高的道德价值。其次，政府具有完满的理性。之所以要赋予政府无限权力，就是因为政府有能力安排社会生活，它不但可以根据社会需要制定相关政策，而且可以预见社会的发展。这样，在完满理性政府的管理下，社会生活的各个环节都能有条不紊地相互衔接、向前发展。最后，政府权力与公民权力是高度一致的。除非恶的政权，所有理性政治的谋划都不会贬损国家和公民个体的价值。

在一个合法的政治语境中，对于全能政府的谋划必然意味着政府的权力不会损害个人利益，相反，政府权力的行使将最大限度地维护民众的利益。

但在现实政治操作中，这两种对待政府的观念都没有达到预期的效果。守夜人政府模式在极大限制政府权力的同时也导致权力效率的低下。市场机制难以独立担负支撑社会生活的重任。即便在经济领域，市场机制的效力也是值得怀疑的。亚当·斯密从个人有限理性出发演绎的市场机制有着严格的限定条件：市场信息必须是对称的以便人们可以根据市场变化准确及时地做出回应，采取最优的措施保护个人利益；人们对于市场的进入和退出是无摩擦力的，人们可以随时自由地决定是否参与市场竞争；市场的起点是公平的，人们可以完全凭借自身的能力相互竞争并取得优势——这也被视为市场应得。遗憾的是，这些条件在现实生活中都难以达成。我们的社会不是一个信息对称的社会，相反，信息不对称才是常态。而且，人们出于自利都会有意识地隐瞒对自己有利的信息，很多社会优势恰恰建立在信息优势之上。信息已经被商业化，逐渐成为市场核心竞争力，对于信息的获取和掠夺较以往任何时期都更为激烈。人们理性的有限与信息对称之间本来就构成矛盾。面对庞杂的信息，有限理性又从何把握？进入信息时代之后，信息的数量更是呈几何倍数增长。据统计，我们现在每秒在互联网交换的信息就高达超过 1 万 GB，超过 20 世纪之前人类历史信息的总和。如此海量的信息让信息对称成为不可能。同时，市场的摩擦力持久存在，社会生活的摩擦力也是不可消除的。人们无论进入或退出市场都要承受相应的代价，成本是任何市场主体都要面对的压力，社会生活也是如此。无论在市场还是社会生活中处于优势地位的群体都试图提高进入的门槛，以期保持自己的独特优势。与此同时，市场机制所强调的起点公平已成水中月、镜中花。由于市场的累积效应，人们从进入市场的那一刻起实质上就站在不同的起点。在经济领域，顶点优势日益明显，非但没有出现如斯密当初所期待的万舸争流，胜者全取倒是日渐成为一种普遍现象。无论在传统工业领域，还是在新兴产业领域，市场往往被少数巨头所垄断。这也是为何对于厂商而言，做大做强才是生存之道。在社会生活领域，由于原生运气的存在，人们生而有天赋、能力之别，更处于不同的生长环境之中。BBC 推出了一部名为《56UP》的纪录片，其中对 14 个不同阶层的孩子成长进行跟踪记录，所得出的结论是：雇佣阶层的孩子几乎过着和他们父辈同等质量的生活。正因市场机制在现实生活中面临诸多困境，市场本身根本无法应对市场失灵的难题。无论是 19 世纪初爆发的经济危机，还是 21 世纪所爆发的次贷危机，无一不说明市场失灵对人们生活产生的深重影响。周期性的经济危机更是难以走出的怪圈。而且，对于社会生活而言，公共服务、社会福利等需要大量社会投资又缺乏经济产出的领域在市场机制中常常被忽视、轻视，这些领域无疑需要政府的积极介入。

全能型政府则被证明容易导致政府的失效。首先，全能型政府将权力涵盖社会生活的各个领域，对政府能力提出了苛刻的要求。无论是人力还是财力，政府资源都是有限的，以有限能力行使无限权力，本身就是政府不可承受之重。而且全能型政府对人力的要求必然导致政府机构臃肿，政府运转成本增加。臃肿的政府不但不会提高行政能力，反而会极大降低行政效率。对于社会领域的统辖管理也让政府背负了过多的责任。一旦某方面出现问题，民众就会对政府产生不满，造成政府公信力的下降。其次，政府的理性是有限的。如在分析市场机制信息不对称时所论述的，政府也不可能收集所有社会信息，并对所有社会问题做出及时有效的回应。政府的决策通过行政权力执行时，其理性的弱点就有可能演化为社会的缺陷，带来严重的社会后果。我国一度采用全能型政府模式，配之以计划经济模式，期待通过政府调控解决市场失灵问题，集中社会资源、提高社会效率。这种模式在短期内曾取得了良好的效果——在一个处于贫困、长期分裂的国家采取短期的计划经济的确能做到有的放矢、集中社会资源进行关键领域的建设，而且这种模式能够快速凝聚社会力量、达成社会共识。但在长期的建设中，计划经济由于其理性限制，不能完全预测社会的发展。政府在决策过程中的失误转变为严重的社会后果。政府理性有限性所产生的另一个问题，就是其管理的合法性。既然政府的理性是有限的，那它为何有资格对所有社会生活进行具体的安排？计划经济中赋予了决策者以理性的优先地位，直接挑战了平等的现代政治观念，理性的不平等最终将带来人格的不平等。这正是哈耶克所提出和论证的观点。此外，政府所代表的国家权力与个人权利之间并不总是统一的。社会利益也时常与集体利益、个人利益相矛盾，甚至冲突。全能型政府通常依据强大的行政力量推行政策、实现所代表的权力，容易对个人利益、私人领域造成侵犯。在某些时候，个人或者少数群体的诉求极有可能被社会整体意志所吞没。

守夜人政府和全能型政府都表达出人们对于政府角色的不同理解。守夜人政府表现出人们对国家权力越界的担忧。国家权力一旦形成，就具有强力的一面。强力一方面来自这种权力通常以强制力量为保障，另一方面来自这种权力通常被认为代表了整体意志、能够以社会整体之名实现扩张和延伸。面对代表国家意志的权力，公民个体既缺乏与之抗衡的力量，也难以获得道德合法性。国家权力对于社会权力和公民权力的危险是显而易见的，如何抑制这种危险是现代政治领域的主要问题之一，也是社会治理旨在解决的难题。特别在国家治理的语境中，保持国家权力、社会权力和公民权力的边界是政府管理必须遵循的原则。全能型政府则表达人们对于政府权力的依赖和期待。全能型政府反映出政府在某些社会领域发挥主导作用的必要性和合理性。当然，由于不可弥合的缺陷，这两种政府形态都不能满足社会治理的要求。我们所期待的政府既能实现权力的合理退让，给予社会、个人充分的权力空间，又能积极履行其必须承担的社会职能。社会治理意味着政府在四个方面角色的转变。

（1）在行政模式层面，社会治理要求实现从干预型政府向引导型政府的转变。人们对于政府的角色达成了某种程度的共识，就是政府不应该再从事“划桨”的工作，以行政权力和行政手段直接干预、干涉市场经济和社会生活。政府的职能在于“掌舵”、把握社会的整体方向。就目前的社会生活现实而言，政府的引领地位依然需要维持和巩固。

其一，政府的引导作用是社会治理的价值诉求所决定的。我们已经梳理了社会治理的核心政治价值——自由、平等、公正、法治，这些价值的实现都离不开政府在社会制度设计和社会管理方式等方面的努力。作为有责任的政府，应该在社会管理中践行上述政治价值，让其通过制度和规范得以完整表达。比如社会公正，最重要的环节是建立公正的基本社会制度——所以罗尔斯将正义称为社会基本制度的首要善。政府的政策、管理模式将决定在社会生活中这些价值的范畴、边界和实现方式。政府管理的操作和执行更是决定这些价值的实现程度。可以假设在某地区有两个项目同时进行，A 项目是商业项目，能为投资者带来巨大的商业回报，也能刺激地方经济发展；B 项目旨在提高人民福利水平，特别是提高贫困人口的生活质量。由于受到财政和人力资源的限制，政府在很多时候需要对建设项目做出选择。在 A、B 项目之间，政府的选择其实取决于其价值判断。显然，市场选择并不能为我们提供满意的答案，通过政府引领才能满足社会治理的价值诉求。

其二，政府的引导角色是其公共性所决定的。政府的公共性最明显的表达在于其掌握公共权力。虽然公共权力归所有社会成员所有，但人们不可能像取出银行存款一样随时收回权力。如何让公共权力的行使满足社会成员的意愿，是政府必须考虑的问题。对于我国这样一个拥有 14 亿人口的多民族国家而言，社会群体复杂多样，群体之间的利益诉求差异明显。公共权力的行使必然要在诸种利益偏好中有所取舍。对于某种需求的认同和优先意味着为了满足这种需求，社会要投入更多的资源和力量。政府拥有强大的社会资源整合调配能力。更为重要的是，政府相对于单个群体，拥有更为广阔的公共视野。如果我们完全依据社会群体相互之间的博弈决定公共资源的使用，那些占据社会有利地位、拥有更多政治话语权的群体会将更多公共资源揽入手中，造成社会不公平。而且，如在分析自由主义市场时指出的，很多公益性事业——社会保障、公共基础建设、公共服务、社会救助等由于缺乏经济效益，难以吸引私人的目光，通常只能由政府完成。大多数情况下，涉及公共事务的领域往往导致公共性悲剧——人们对于个人利益的关切与追求通过牺牲公共利益而实现。在这种情况下，只有政府具备能力防止公共性悲剧的发生。任何取代政府，而由某个社会团体、社会群体主导公共资源的方案都会带来更大的风险——无论是效果的风险还是道义的风险。

其三，政府引导是达成社会共识的必然要求。从管理走向治理，从政府权威走向多元共治是社会治理的方向。但治理不是否定或消解政府的地位、责任，更不是无序的混杂。我国社会建设有着明确的政治方向。如何在多元参与中建立政治共识，保持正确的治理道路，政府发挥着不可取代的关键作用。虽然价值中立成为政府行政的一个原则，但这种中立意在确保政府能够公正地对待每一位社会成员，而不是在社会价值导向上的中立。任何政府在行政过程中，都会持有某种价值体系，并且会将其所持的价值体现在社会生活中。特别在政党政治中，不同的政党代表着不同的群体，更代表着不同的价值观念。我国政府是在党的领导下进行运作的，坚持社会主义价值体系和观念是政府必须承担的责任。我国的社会生活共识也以此为基础。此外，在我国的政治文化传统中，政府被赋予了更多的道德色彩。除了履行行政功能，人们还期待政府成为社会道德的表率。这在客观上要求政府能够对社会价值进行有效引导，通过自身道德规制、制度建设和社会规范承担道德责任。

（2）在政府规模层面，社会治理要求实现从无限型政府向适度型政府的转变。政府对于权力的扩张似乎有着一种先天的倾向，因为政府的非理性总是期待能更多地掌控社会资源以实现其行政目的。政府的实质是公共权力的代表，政府行政的最终目标是促进公共利益。但政府又是一个庞大的组织体系，从形成那一刻起便存在组织目标与组织利益。政府也有自我成长、自我发展的要求，这使之具有扩大和膨胀的可能。公共权力存在二重性，它既是处理公共事务的主要力量，也可能成为实现政府部门私利的工具。无限政府倾向于集中社会所有资源，实现行政权力的无限扩张，将一切社会领域置于自身权力的统驭之下。[①] 如上文所述，这种政府模式以繁驭简，不但浪费公共资源，而且难以实现管理目标、极大挤压了社会空间。事实证明，无限政府管理下的社会是脆弱的。当政府越俎代庖，大包大揽，社会对政府就会产生过度依赖，一旦政府管理力度弱化，社会就无所适从，缺乏自我调整的能力。而且庞大的政府规模将阻碍社会经济发展。研究显示，从世界经济水平发展来看，政府规模与经济发展存在某种一致性。越是经济发达的国家和地区，其政府规模较经济发展滞后或者不发达国家和地区而言普遍更小。有学者对188个国家和地区的数据进行分析，发现经济发达国家和地区，政府消费规模占GDP比重的规模为17%左右，而停滞型国家占21%，转型国家占26%。[②] 之所以出现这种现象，是因为政府规模如果超出正常范围，就会产生挤出效应。政府投资过量以及对于公共产品的垄断不可避免地将社会组织和私人部门从这些领域驱走，导致市场的萎缩。在这一过程中，政府将更少从市场中获得准确的信息，越来越多的劣质信息反而成为政府决策的依据。所以，社会效益最终会随着政府规模的扩大而下降。

---

① 张康之：《限制政府规模的理念》，《行政论坛》2000年第4期，第7~8页。

② 高彦彦等：《政府规模与经济发展》，《经济评论》2011年第2期，第129~130页。

社会治理的重要目标之一就是提升社会自治能力，保证社会的健康成长。政府创新管理的目标在于以简驭繁，保持政府在人员、机构、权力层面的适度规模。我国学者任剑涛曾提出要以“奥卡姆剃刀”原则作为政府管理的基本准则，意在划清国家权力与其他权力的边界、建立简约高效的组织体系。对于如何判断政府规模是否适度，他也给出了清晰的标准。首先，适度的政府，必然是宪政体制下的政府。其次，适度的政府既不能不受限制，也不能无所作为，而应该根据社会、市场规模予以衡量和确定。最后，政府不能因为市场或社会自身机制的原因随意扩大权力范围。①

我们不难发现，政府规模必须与社会整体发展状况相匹配。所谓大政府、小政府更多是对于社会发展相适程度层面而言的。适度型政府的要义在于：其一，政府要保持与市场、社会的距离，制约自身权力扩张，为市场和社会留有充分的空间；其二，政府必须承担和履行在文化、教育、经济、政治等方面的基本职能，有能力创造和维系健康的社会环境；其三，政府要维护公民的合法权益，尊重私人空间，促进人们的利益实现。政府规模的扩大与收缩都不必然保证好的社会结果，在两者之间达到平衡才是适度型政府的真谛。比如对于财政权力而言，布坎南等学者提出“怪兽模型”，认为政府会不断提高税收以便获得更强的社会调节能力。而马斯格雷夫等学者则发现财政分权会导致政府对穷人的救济减少。② 所以政府要综合考量规模建设的利弊，最大限度地保障民众利益。

（3）在社会参与层面，社会治理要求实现从领导型政府向参与型政府的转变。传统政府总是热衷于扮演社会领导者的角色，拥有、支配社会资源，并将支配作为自己的主要职能。作为领导者，政府在社会生活中处于高高在上的地位，与其他非政府主体形成不对等的人格关系。社会治理则期待政府走下垄断的神坛，成为社会治理的一员，与其他社会主体协同合作。奥地利学者斯特雷尔（Reinhard Steurer）指出，“谁在掌控社会”这一问题已经变得越来越模糊，由于社会权力和公民权力的壮

① 任剑涛：《国家治理的简约主义》，《开放时代》2010年第7期，第76页。

② 刘光大、岳朝阳：《政府规模增长成因研究四类理论假设》，《中山大学学报》（社会科学版）2007年第2期，第79页。

大以及随之而来的社会领域、私人领域的形成，经济组织、社会组织和政府都在一定的范围内扮演着主要角色。他援引列维·法尔（Levi Faur）的比喻，认为政府和其他社会主体就像一把伞的支架，共同发挥着支撑作用。[①] 在社会从管理走向治理的背景下，政府完成从领导者向参与者的角色调整也是大势所趋。

领导型政府向参与型政府的转变意味着，政府不再寻求公共话语权的垄断和凌驾于其他社会主体之上的不平等地位，而是将自己视为社会有机体中的组成部分。在旧有社会管理模式中，政府往往将自己视为公共利益的唯一代表，在公共生活中表现出垄断倾向。由于社会资源集中于政府手中，政府在与其他社会主体交往过程中也处于优势地位，不平等的交往格局得以形成。在社会治理模式下，政府、企业、社会组织以及公民个体所掌握的权力之间划定了明确的界限。发挥社会主体在各自领域的特点和长处，形成优势互补、协同共治的局面正是社会治理的努力方向。这就要求政府必须尊重其他社会主体，以平等的姿态参与相互协作，承认其他社会主体所具备的独特优势，并且为其优势发挥创造条件。如果说政府曾经是社会管理的独舞者，那么社会治理的舞台则是各主体的群舞。治理较之管理而言，更注重所有社会主体所形成的行动者群体，而后者则更关注某种系统的构建。[②] 在社会行动群体中，政府与其他成员都是拥有平等人格的合作者，而双方的关系则根据治理的目标而调整。简·库依曼（Jan Kooiman）提出了“协同治理”（Co-governance）的概念，认为协同治理并不是要刻意削弱政府的作用，而是治理的组织和任务分工应该根据治理目标来确定、在治理过程中完成。在其模式中，政府与其他社会主体的合作方式和角色也都处于变动之中，构成相互作用的有机体。[③] 而政府与其他社会成员的平等关系对于治理合

---

① Reinhard Steurer, “Disentangling Governance: A Synoptic View of Regulation by Government, Business and Civil Society,” *Policy Sci* 46 (2013): 388 – 390.

② Reinhard Steurer, “Disentangling Governance: A Synoptic View of Regulation by Government, Business and Civil Society,” *Policy Sci* 46 (2013): 390.

③ Yutaka Tsujinaka, Shakil Ahmed, and Yohei Kobashi, “Constructing Co-governance between Government and Civil Society: An Institutional Approach to Collaboration,” *Public Organiz Rev* 13 (2013): 412 – 413.

作尤为重要。[①]

（4）在社会服务层面，社会治理要求实现从管理型政府向服务型政府的转变。管理型政府向服务型政府转变的实质，是作为组织体系的政府目标与社会生活需求之间何者优先的问题。管理型政府通常以政府理性为管理的依据，将组织目标置于社会需求之上，甚至以前者替代后者，要求社会生活围绕组织目标开展。这种做法无疑是本末倒置，必将导致政府管理的失效。服务型政府强调政府组织目标向社会需求的复归，强调社会需求作为政府行政基础的合理性。作为服务型政府，首先，政府不能有任何群体偏向。自从英国在近代建立文官体制以来，无偏行政就成为对政府的基本要求。政府虽然是行政主体，但具体行政权的行使最终都必须由政府工作人员完成。政府工作人员不可避免地会形成自己对社会的看法，更可能具有自己的价值偏好和信念信仰。如果他们带着价值或观念偏好处理公共事务，就极可能有失公允。比如，他们可能把社会资源更多地分配到符合其自身利益或者价值期待的事务中，或者在制定、执行公共政策过程中向与他们持有相同或相似观念的群体倾斜，这对于其他社会群体显失公平。政府在履行管理职能过程中，要充分考虑所有社会成员的利益诉求和社会期待。政府行政无偏向的本质在于社会机会要向所有社会成员开放，确保机会平等。当然，这种机会不是形式的机会，否则平等只会流于形式。如果我们的社会成员从小就在贫富极为悬殊的条件下成长，那么他们在社会生活中必然处于不平等的起点。即便为他们提供看似平等的机会，他们把握机会的能力也是相差巨大的。因此，政府在公共服务中应该注重实质平等，通过政策手段为处于社会不利地位的群体倾注更多的关怀，缩小他们与其他群体的差距。这也是罗尔斯提出作为公平的正义之要义。其次，社会制度安排要以社会为导向。社会治理不是单一的自上而下的过程，而是多元互动的结果。以政府为导向的管理不仅难以反映社会的真实需求，而且难以持续。社会治理的根本动力在于满足社会需求。以社会为导向的制度安排要求政府必须接受社会的监督，并且让管理符合社会的评价标准。20 世纪 70 年代

① Yutaka Tsujinaka, Shakil Ahmed, and Yohei Kobashi, "Constructing Co-governance between Government and Civil Society: An Institutional Approach to Collaboration," *Public Organiz Rev* 13 (2013): 411.

由英国前首相撒切尔夫人和梅杰发起的新公共管理运动开启了政府承诺的大幕。梅杰更是提出《公民宪章》，让政府部门对公共服务做出公开承诺，并接受民众的监督。

二 多元网络：社会治理的权力结构

我们的社会生活是一个权力的网络，国家权力、社会权力和公民权力是最主要的构成因素。三种权力彼此交织，又保持着各自独立的边界。

公民权力属于个体权力，在社会生活中扮演着基础性角色。公民权力既是抽象的，又是具体的。公民权力之所以是抽象的，在于任何取得某一社会公民身份的人都拥有这项权力。这项权力包含内在的平等性，向所有具备公民资格的个体开放。公民权力的抽象性还在于，有一些权力是公民所共有的，这些权力构成了公民身份的基本要素。现代政治文明强调公民个体之于社会的独立实在性，将之作为社会形成的基础。公民权力之所以是具体的，在于公民身份是一个具体的概念。特别在当前以国家为基本主体的国际社会中，超越国家的公民概念并没有得到普遍的认同。虽然也有学者提出世界公民概念，但这种身份缺乏明确的政治归属，依然充满争议。所以公民一定是某一确切国家和地区的公民，是特定社会的公民。公民享有该社会法律法规以及传统文化、风俗所赋予的权力。因此，在不同社会中生活的公民所享有的权力内容也是各不相同的。比如美国公民必须遵守美国的法律，根据美国的法律体系和社会规范而拥有相应的权力；日本公民则必须遵守日本法律，也相应享有日本社会赋予的权力。毫无疑问，美国公民和日本公民的权力范畴、边界和实现方式是殊为不同的。

就权力的来源而言，公民权力的形成过程既包括对于原价值的尊重，又包括权力共识和社会的赋权。就原价值而言，有一些权力是公民进入社会生活的基础，这些权力为公民身份提供根本保障。一旦否认或者侵犯这些权力，人们就将面临失去公民资格的危险。这部分权力在不同的历史时期有着不同的表达和内容。当代公民的原价值主要还是源于自然法传统。因为在我们的社会生活中，那些基础性的价值我们并不能通过功利的计量给出完满的答案。相反，只有首先确立这些价值，我们的共同生活才具有开展的可能。早在古希腊时期，人们就试图从自然秩序中寻找人类权力的答案。无论是柏拉图、亚里士多德还是斯多葛，都通过自然法论证权力的来源以及人们掌握权力的合理性。同时，他们在权力与正当之间建立了内在联系。这一传统对人类社会产生了深远的影响。

近代西方自然权利论无疑是对这一传统的沿袭，只是自然法的内容发生了改变。当然，自然权利论也被一些学者所诟病，特别是科学主义的强势让自然法的可能性受到质疑。马克斯·韦伯就表达了类似观点，他认为以自然法作为权力基础面临着难以摆脱的困境——价值与事实的分野。韦伯认为对于价值，很难形成确切的知识，因此当人们依据自然法提出具有永恒性的关于权利、善的原则时，这些原则也往往相互冲突而且谁也不能充分说明自身的优越性。[①] 施特劳斯则对之进行了反驳，他认为韦伯的命题将导致虚无主义。施特劳斯认为，事实恰恰需要确定价值的指引。他举例论证道："真正的自由要求某种特定的目的，而这些目的又得按照某种特定的方式来选取。"他断言"我们仍然有着某种类似于客观规范、绝对命令的东西……它不以任何方式来决定那些理想的内容，但是它似乎仍旧确立起了某种理智的或者说并非武断的评价标准"。[②] 显然，从自然法推出人的权力对于社会生活而言不仅是合理的而且是必要的，即先确定那些最终的价值。启蒙运动对于人性的宣扬把世俗世界之外的自然拉回了人间。无论以何种方式表达，对人性的尊重成为现代政治文明的基本向度。在文明的社会，维护人的生存、自由与平等成为人类社会的共识。这意味着，只要一个人具有公民身份，无论他身处何种社会之中，他都有权要求延续自己的生命、有权自由地表达意志和利益诉求、有权要求获得无差别的社会对待。

还有一部分权力是公民在特定的文化共同体中价值共识的结果。由于生活环境、历史传统和文化习俗的差异，不同的社会对个体权力有着不同的理解。这就造成了公民权力的差异——不同的共同体对于某些个体行为的排斥或容忍形成了独特的权力范畴。比如，目前关于同性恋婚姻的合法性问题。人们是否具有与同性结婚的权力？这种权力显然更多与共同体文化相关。在一个赞同或容忍同性恋的社会，公民就被赋予了

---

① 〔美〕列奥·施特劳斯：《自然权利与历史》，彭刚译，三联书店2006年版，第38~43页。

② 〔美〕列奥·施特劳斯：《自然权利与历史》，第46~47页。

这一权力。相反，公民就可能不享有这一权力。所以在某一个文化共同体内所认同的权力并不一定能够得到另一共同体的赞同，这就是为什么公民权力也深深根植于其所生活的社会环境之中。

公民权力有两种存在形式——一种是免责的权力、一种是参与的权力。如同可以把自由归纳为消极的自由与积极的自由一样，公民权力也可以被划分为消极的权力与积极的权力。消极的权力意味着公民在国家法律规约之外有任意行动的权力，这种权力与自由价值密切相关——公民有在法律之外免责的权力。公民的积极权力则是由公民与社会的关系所决定的。现代政治理论就此已经达成共识——社会是由公民组成的社会。社会契约论将社会成员视为社会形成的基础，马克思在谈论个人与集体关系时也区分了真实的集体与虚假的集体，认为前者必须承认个体的主体实在性。所以，进入社会生活、参与社会事务是伴随着公民身份而产生的权力——这一权力保证社会生活的结果与公民意志的一致。也正是基于这一权力，公民才能避免沦为臣民的命运，在社会生活中维护自身的自主、独立。

社会权力则是介于国家和公民个体之间的权力。目前，对于社会权力的界定有不同的维度。有学者从权力归属的角度认为社会权力就是由那些非政府机构组织所掌握的权力。权力的基础在于这些组织所拥有的社会资源。持这种看法的学者认为社会主体所掌握的资源既包括物质资源又包括精神资源，一旦主体支配资源的能力足够强大，就能够制衡国家权力，对社会生活产生影响。这种观点显然是一种现实政治的维度，更多关注于社会权力归属与分配的现实。面对社会权力，人们不禁还要追问，社会权力是从何而来的。从发生的意义上而言，社会权力具有相对国家权力的优先性。黑格尔曾经在谈到市民社会时指出，市民社会是国家的前阶段，它是人们为了满足自己的需求将个人利益普遍化的结果。迈克尔·曼更是通过社会历史的宏大叙事，将社会看作人类不断满足自我需求所结成的权力网络。“让我们从人类本性开始。人类是在无休止地、有目的地并且是有理性地为增进他们对生活中美好事物的享用而斗争，为此，他们有能力选择和追求适当手段。或者，至少他们这样做足以提供体现人类生活特征的活力，并赋予它其他类别所缺少的历史。”

"它们是权力的来源。"[1] 社会契约论则把社会权力视为契约的产物，是人们为实现自我利益而达成的契约结果。契约论学者普遍从前社会状态（人类的自然状态出发），推导自由独立、原本享有无限权力的个人通过相互权力的让渡而进入社会生活的过程。洛克、卢梭都以相似的路径论证了社会权力的形成。从人类历史来看，社会生活优先于国家生活，社会权力也因此具有在发生层面的优先性。社会权力的特点在于，首先，社会权力与个体需要密切相关。人们之所以进入社会生活，根本目的还是希望借此满足自身的需求。在某种意义上，权力产生于需要。如果没有个体需要，社会生活也就失去了意义。但并不是任何需要都能够上升为社会权力。需要走向权力必须以认同为基础。社会权力表达着群体性的需要以及对这种需要的确认。这一点与基于共同体的公民权力形成有相似之处。但社会权力的达成通常要经过协商的过程。在此我们再次借用曾在分析公共意志与个人权利节点时所采用的例子：我们都有睡眠的需求，对于任何公民个体而言，这种需求能够成为一项权利——谁也不会否认任何人都有权睡觉。但当这种需要发生在社会领域时，能否成为社会权力就取决于集体性的协商。有一位女孩在寝室听歌，而她的室友则准备睡觉。由于时间已晚，于是她的室友提出希望她停止听歌或者戴上耳机。就个人层面而言，睡觉与听歌都是正当的诉求，她们也都能被认可拥有睡觉和听歌的权利。但当个体权利走入社会领域并与其他个人权利出现交集、发生矛盾时，就不得不经历协商而确定权力的合理性。而这种对于权力的确认通常要借助社会制度或规约体现和表达出来。在刚才所举的案例中，比如寝室会对睡眠与听歌的调和形成一种规范——以成文或者默认的方式，这种规范就代表了一种社会权力。在某种意义上，社会权力是对个体权利的协调，也是促进个体权利实现的本质需求。恰如迈克尔·曼所言，"追逐我们的几乎全部动机冲动，追逐我们的需求和目标，涉及到的是自然和他人有外部关系的人类。人类目标需要干涉自然——最广义的物质生活——并且需要社会合作。没有这些，我们的任何追求或满足的存在都是难以想象的"。[2]

---

① 〔英〕迈克尔·曼：《社会权力的来源》，刘北成、李少军译，上海人民出版社 2002 年版，第 5~6 页。

② 〔英〕迈克尔·曼：《社会权力的来源》，第 6 页。

社会权力的第二个特征在于其组织性和系统性。社会权力总是借助一定的社会组织或者权力系统进行表达。如上文所讨论的，公民权力是分散且多样的，这导致在社会领域，公民之间的权力关系也存在两种主要方式。一种是博弈的方式。帕森斯认为在个体性层面，往往对于某一个体权力的确定会让另一个体权力丧失。在这种情况下，权力之间是一种零和博弈，权力在博弈参与者中分配。另一种权力存在方式是合作。"人们在合作中能据以增进他们对于第三方或自然界的权力。"① 无论以何种方式运行权力，都需要组织。对于博弈式的权力关系，必须形成权威让公民个体服从权力分配的结果。否则权力之间的博弈就无法终止，社会权力也不会产生——最终的结果只能是权力强势方对于弱势方的压制。对于合作而言，更需要同步的协调以明确合作的目标、确定达成合作的方式。不难发现，组织和谐对于社会权力是必要的。

社会权力的第三个特征在于其多元性和群体性。社会权力的多元显然与公民权力的多样有着内在联系。由于公民有着各种权力诉求，他们会在社会性的交往中聚集力量以满足诉求。其中最直接的方式就是寻找与自己有着相似权力诉求的人，聚集更强的群体力量。这些群体便是出现在我们社会生活中的形形色色的团体。团体都表达着某种权力诉求、致力于实现特定的权力目标。也正因此，不同群体所缔结的社会组织都会寻求群体利益，带有明显的群体性偏向。这也让社会权力受到制约。比如大家所熟知的绿色和平组织，这一组织所代表的是环保者的利益，并把这一群体的诉求以社会权力的方式表达出来。但这一组织往往很少考虑其行为对相关地区产业、经济、就业等方面的影响。

社会权力网络中的另一极则是国家权力。国家是一个古老的概念，对于国家权力的认识和定义也非常复杂，对于国家权力的认识主要存在三种维度。一是从人类历史的角度理解国家权力，如黑格尔认为国家是人类历史的最高形态，是伦理的实体，是绝对理性的存在，因此与公民权力和社会权力相比，国家权力处于至上的地位。服从国家权力成为人们最重要的责任。他提出，"国家是伦理理念的实现——是作为显示出来的、自知的实体意志的伦理精神，这种伦理精神思考自身和知道自身，

① 〔英〕迈克尔·曼：《社会权力的来源》，第6页。

并完成一切它所知道的"；"国家是绝对自在自为的理性东西，因为它是实体性意志的现实，它在被提升到普遍性的特殊自我意识中具有这种现实性……成为国家成员是单个人的最高义务"。[①] 马克思也是从人类历史的角度理解国家，但他提出了与黑格尔相异的结论。这已在探讨社会治理的政治文化源流中进行了探讨。马克思认为国家并不是人类历史的最高形态，因为国家的存在意味着异己社会力量和阶级对立。人的自由全面发展最终要消灭这种异己的力量、消除阶级的对抗，让人类社会以自由联合的方式取代国家。因此，马克思认为国家只是实行阶级统治的工具。

二是从功能和组织的角度理解国家权力。从这一视角来看，国家是某种组织形式，凭借所建立的制度和组织系统实现国家意志和利益的权力。马克斯·韦伯把国家定义为一种特殊的人类共同体，在一定的地域可以合法地使用暴力，而且是暴力权力的唯一来源。与之相似，麦基佛提出国家是一个联合体，通过政府使用强制力量维护共同体的延续和统一。菲利克斯·格罗斯延续了前两位学者的国家观念，也指出"可以把国家定义为一种联合组织或合成机构，这种联合组织或合成机构可以对一定的领土及其在这块土地上生活的居民行使最高权力"。[②]

三是从社会契约角度看待国家权力的起源及合法性。洛克、孟德斯鸠、卢梭等学者基于社会契约理论认为国家是最高层次的契约形式。国家权力是公共意志和利益的代表，并因此而具有合法性。但在对待国家权力的态度和权力运作机制上，学界历来充满争议。卢梭对国家权力持一种积极的态度。在他看来，公意永远是正确的，因此代表公意的国家权力是神圣且不可分割的。它不但不可分割，卢梭进一步提出权力是不可转让的。他认为权力在转让之中存在巨大风险，那些权力的被委托者有可能违背委托者的意志，所以权力只能由权力主体所操作。"主权既然不是公意的运用，所以就永远不能转让；并且主权者既然只不过是一个集体的生命，所以就只能由他自己来代表自己，权力可以转移，但意志

① 〔德〕黑格尔：《法哲学原理》，第253页。

② 〔美〕菲利克斯·格罗斯：《公民与国家》，王建娥、魏强译，新华出版社2003年版，第30页。

却不可以转移。"[①] 洛克、孟德斯鸠等学者虽然也赞同国家权力来源于全体公民，但他们对国家权力持一种谨慎的态度。他们认为国家权力造成了权力所有者与行使者的分离，而人性的自私让权力腐败成为可能。与卢梭相反，他们认为国家权力是既必要又存在危险的，主张国家权力的代理以及分权，后者则成为国家权力自我约束的主要机制。

国家权力理论虽然繁杂，但近代对国家权力的认识有着共通之处，这些共性也成为现代国家权力的主要特征。其一，国家权力具有道德维度，代表公意与公利是其存在的伦理前提。即便黑格尔认为国家是绝对理性的存在，也是基于他对国家可以超越市民社会的多样性矛盾的论断。马克思虽然认为国家作为一种组织形式将走向消解，但也提出国家是一个漫长的人类历史过程。在现代政治语境中，认同已成为权力合法性的要件。权力的代表性越广泛、权力的合法性地位就越稳固。作为对整个社会发挥规制作用的国家权力，代表全体民众的意志和利益是其根本要求。其二，国家权力以强力为保障。无论是公民权力还是社会权力，都不能通过暴力手段予以实现。而国家则是唯一的合法暴力来源，强制性是国家权力得以施展的有力保障。国家权力通常都是通过各级政府部门以方针政策、法纪法规为载体予以推行和贯彻的，具有极强的规范性。其三，国家权力具有统合性。如果说公民权力和社会权力都有多元特征，那么国家权力恰恰是对这种多元的超越。国家权力的重要意义之一就是在多样化的社会中为人们提供共同的规范、标准和指导。

公民权力、社会权力与国家权力三者的关系在不同的历史阶段呈现各异的图景。在传统集权社会中，三者高度融合，或者说国家权力占据了前两者的空间。比如家国同构一直是我国传统社会的基本特征，国与家之间没有明确的概念和边界。但随着政治文明的进步和人类社会生活方式的改变，国家、社会与公民开始各自形成独立的领域。人们逐渐认识到，无论从政治道德（权力的道德合法性）还是从政治能力（行政组织效率）的角度，国家权力的过度扩张不但会受到伦理质疑，而且会导致权力失效。在现代政治语境下，三者之间结成了新的关系。

公民权力、社会权力和国家权力既相互独立又互为基础；既相互牵

---

① 〔法〕卢梭：《社会契约论》，何兆武译，商务印书馆2002年版，第35页。

制，又相互统一。公民权力、社会权力和国家权力有着不同的内容和范畴。公民权力表达公民个体的利益和意愿，社会权力代表社会组织、团体的诉求，国家权力则代表公共意志和国家主权。公民权力所关照的是公民私人领域，社会权力则具有群体性效力，国家权力对国家的前途命运负责、对全体人民负责，拥有最为广泛的权威性。因此，这三种权力相互之间形成了明确的界限，相互独立。但三者之间又相互联系，互为基础。有学者指出，公民层面只有权利而无权力，主张将权利与权力截然分开。[①] 但是从社会生活现实而言，公民权利在某些情况下可以转化为权力。如诺丁斯所言，个体的需求是权力的来源。一旦我们认定公民的某种需求，并以法律或者社会规约的形式认定这种需求，那么公民就具有某种权力。根据现代政治理论，公共权力属于全体人民。虽然公民个体不直接操作公共权力，但他们依然具有要求了解公共权力行使过程、参与社会公共事务的权力。显然，公民权力离不开社会与国家的承认和规范。社会权力、国家权力为公民权力的表达、实行提供了框架和渠道。就公民参与公共事务的权力而言，如果缺乏社会权力、国家权力的引导和规制，就会陷入失序与混杂。社会权力与国家权力决定了公民以何种方式参与公共事务，并规定了在参与过程中的权力界限。同时，社会权力、国家权力又为公民权力提供保障。公民权力又可以成为社会权力、国家权力政治伦理合理性的基础。公民权力内含公民个人利益和意愿，而促进公民个人利益是社会与国家发展的根本目标。促进公民权力的实现是社会权力和国家权力行使的重要内容。离开公民权力，社会权力和国家权力就会出现异化，造成社会生活和政治生活对私人空间的侵犯。

公民权力、社会权力和国家权力正因为建立着紧密的内在联系，三者之间也存在某种程度的张力，存在互相削弱和挤压的风险。就公民权力和社会权力而言，社会权力集中表达了部分人的利益诉求和意志，如果社会权力缺乏正确的引导和约束，这种群体权力就可能转化为施加于公民个体的压力。社会权力是一种组织性权力，而组织不可避免地具有一种导向个体性权力的趋势——最终可能沦为组织中个体实现自我权力

---

① 惠毅、邓巍：《论国家权力与公民权利之关系》，《西北大学学报》（哲学社会科学版）2007 年第 1 期，第 148 ~149 页。

的工具。任何社会组织、团体的权力代表性是有限的，很难保障单个社会组织或团体表达多数社会成员的意愿。当社会权力指向某一公民个体时，公民权力总是处于弱势。如迈克尔·曼所指出的，“任何少数的权力在反对多数中每一单个个人时都是不可抗拒的，这样的个人是单独站在有组织少数的整体之前”。[①] 比如当某一行业组织为了实现组织目标——比如提高行业服务酬劳而举行停业、罢工时，这一行业的服务对象都会受到损失——他们的服务对象可能是更为多数的群体。那么这些民众享有某项社会服务的权力就受到了削弱和挑战。这种现象也表现在公民权力与国家权力的关系中。国家权力的形式通常表现出更强的约束性，国家权力的载体——政府部门和政治组织也具有较社会组织更高程度的组织性，而且国家权力还因其作为公意的代表而获得更多的道德合理性和政治认同。公民权力在其面前无疑更加脆弱。这就是为什么罗尔斯强调个人所享有的基本权利即便以社会整体之名也不应被剥夺。当然，三种权力的张力并不是单方面的。公民权力的盲目扩张也会触犯国家权力，并使国家权力偏离公意。卢梭反对权力的代理，但他所提倡的直接民主则酿成多数人暴政的悲剧。社会权力也同样存在侵蚀国家权力的危险。如为人们所关注的乌克兰危机，我们先不论这场危机中代表国家权力的政府行为是否正当，可以肯定的是，掀起政治风波的社会团体很难保证代表了全体乌克兰人民的意志和利益。他们的行为在某种程度上歪曲了公共意志，又绑架了国家权力，最后导致社会混乱和国家分裂——这种分裂不仅表现在国土主权的丧失，更表现为社会内部的巨大鸿沟。公民、社会、国家三者权力相互牵制，一旦不能保持权力的平衡，就会引发严重的社会问题，甚至产生社会危机。

当然，三种权力并不总是充满张力，也具有内在的统一性。无论是社会还是国家，本质上都是人们为了实现自我利益的组织选择，源自人类自我满足的需要。我们之所以与他人建立联结，是因为这种联结作为实现我们各自目标的手段较单打独斗的个体状态更为有效。“权力形式可能全然不是最初的人类目标。如果它相对于其他目标而言是强有力的手

① 〔英〕迈克尔·曼：《社会权力的来源》，第9页。

段，它就将应运而生。”① 因此，三种权力具有共同的价值目标——满足人们的需求、促进人们利益的增长。社会权力、国家权力的出现说明，缺乏组织的个体权力不但是低效的，而且难以化解相互间的矛盾。我们组成社会、建立国家是因为我们认识到个体权力需要强有力的组织协调、引导和保障。从权力的缘起和目标而言，三种权力无疑表现出内在一致性。公民、社会、国家权力的一致性更源于个人与社会、国家的统一。马克思主义理论明确指出，人不是割裂社会的存在，而是处在社会之中的人，人的社会性使人摆脱原初的动物性而显现出人的特征。人与社会相辅相成、共同发展。这种一致性从长远来看，是推动人类社会发展、推动政治文明的动力。无论黑格尔还是马克思，虽然他们对于国家权力的认识有着各自的理解，但他们都在寻求公民、社会、国家的统一。这也是现代政治学者普遍追求的政治生活理想。

公民权力、社会权力和国家权力的和谐共治是社会治理的内在政治诉求。首先，三种权力和谐统一是社会治理可能性的现实基础。社会治理旨在打破旧有的政府一家独大、国家权力无孔不入的格局，期待实现多元主体共同参与、平等协商、相互监督的局面。任何权力的缺位都会造成其他权力的肆意扩张，削弱、损害其他权力主体的社会参与地位，社会治理就无从谈起。历史证明，任何权力都不能有效实现内部制约，必然导致权力的扩张。西方政治一度将对国家权力的控制寄希望于三权分立。自孟德斯鸠提出司法权、行政权和立法权三权分立构想开始，以权力制衡权力的模式就成为西方政治制度设计的基本原则，旨在通过国家权力的内部划分防止其对公共意志的僭越。但西方数百年的政治实践证明，同属于国家权力的三权之间可能通过合谋的方式达成一致，让国家权力处于垄断地位。公民权力与社会权力同样存在这一问题，因为权力自身具有扩张的本能。要充分保障公民个体、社会团体、国家部门共同参与社会管理的平等人格，就必须在三者之间划分清晰的界限，并且有效防止某一权力的越界。

其次，三种权力和谐统一是社会治理有效性的根本保障。社会治理的根本目标在于能够在社会体系中充分表达社会主体各方要求，实现社

① 〔英〕迈克尔·曼：《社会权力的来源》，第7页。

会和谐发展。要实现这一目标，任何社会主体都必须具备进入社会生活、发出自己声音的通道，并且享有平等的话语权。这也是社会治理平等价值的根本要求。人们在政治参与之中，总是倾向于利用自己的优势——知识的优势、技能的优势、经济的优势等对其他参与者施加影响，扩大自己的话语权。这就需要通过参与程序的设置、制度的制定以及法律的约束阻止这种倾向。程序、制度和法律之中就显现着社会权力和国家权力的身影。而它们的道德合理性在于，其权力的行使一定是为平等话语权提供保障，而不是成为公共话语的垄断者。社会多元主体的意愿表达越充分，社会参与的程度越深，社会治理就越为有效。此外，社会治理的有效性还取决于社会生活的摩擦力。公民权力、社会权力和国家权力之间越能达成统一，权力相互作用就越顺畅，社会治理的阻力就越小。反之就将极大影响社会治理的效率。美国的两党制在强调权力制衡中也产生了权力的对立。

最后，三种权力和谐统一是社会治理正当性的必然要求。衡量社会治理正当与否在于其是否促进广大人民群众的根本利益，是否促进社会的健康稳定发展。对于我国而言，对于权力之间的协调统一有着更高的要求。作为社会主义国家，我国宪法明确规定国家权力属于人民。西方学者更多强调通过重叠共识达成权力的妥协。我国则要求国家权力要充分表达人民的意愿，这不是妥协的结果，而是基于共产主义理想的政治共识。只有当公民权力、社会权力、国家权力都基于这一原则进入社会生活，社会治理正当性才能得到切实保障。

三　多维一体：社会治理的话语范式

社会治理打破了传统社会管理封闭和单向的话语结构，治理主体的协同参与需要开放、多元的话语体系。社会治理本身就是民主的治理方式，要求在社会制度制定和决策中广泛吸纳民众的意见，从而在社会生活中最大限度地满足社会成员需求、反映公共意志。公共话语权的共享是社会治理的本质诉求，也是社会发展的大势所趋。重构公共话语权显然成为社会治理亟待完成的重要任务。

在公共话语结构调整中，意识形态和公共舆论都发挥着举足轻重的作用。意识形态这一概念从创造之初就被用于揭示人类思想的根源，从人的自身找寻观念生成的机理并为之提供合理性的证明。如英国学者麦克里兰所述，当特拉西创造此概念时，他希望以生理知识为基础解释我们观念的产生，从而摆脱天赋观念的理论。虽然意识形态的概念在历史上几经变迁，但其最主要的本质依然保留了下来。麦克里兰认为意识形态与宗教信仰相对，后者将合理性建立在天国神圣性之上，关注彼岸世界与个人生活的联系，而后者则是人们在世俗社会所构建的对社会之解释系统，诉诸科学和理性获得合法性。① 意识形态与一般观念的差别在于，它是对于社会的整体性解释，反映了特定社会或群体普遍持有的诉求和理念，成为内含“真”的价值判断的话语体系。

意识形态广泛存在于社会生活之中，牵引着社会的发展，深刻影响社会认同和社会交往。协商和辩谈是社会治理的重要交往方式，无论是协同还是合作，都需要社会成员在商谈中达成一致，共同确立治理目标。主流意识形态则为社会商谈提供了基本的语境。如在讨论意识形态与公共舆论节点时所论及，主流意识形态为社会治理提供了基本的价值框架，指明了根本的价值方向，在社会协商中发挥着引导和规范作用。

公共舆论是人们关于公共事务的个体性意见表达。公共舆论来源于民众的话语，社会成员都可成为公共舆论的生产者和传播者。它是人们在公共领域产生的，是对公共事件、公共现象和公共决策的意见，反映了社会生活在民众中形成的映像。美国学者扎勒认为，公共舆论的形成要经过人们对信息接收和转化的过程。扎勒发现，人们把接收的信息转化为公共舆论通常受到四个原理的影响：一是接收原理，人们对于某一公共主题的参与认知程度越高，就越容易接收和理解相关信息；二是抵制原理，人们常常抵制那些与既有政治倾向不一致的信息；三是可达性原理，在头脑中可回想到的事项越是接近，人们获得信息的时间越短；四是回答原理，“个人通过平衡对他们而言最凸显的或者他们立马可以获取到的各个考虑事项来回答调查问题”。② 从扎勒的分析中可以看出，公

① 〔英〕大卫·麦克里兰：《意识形态》，孔兆新、蒋龙翔译，吉林人民出版社 2005 年版，第 4 页。

② 〔美〕约翰·R. 扎勒：《公共舆论》，陈心想等译，中国人民大学出版社 2013 年版，第 49～57 页。

共事务信息的传播方式、个人思想观念、公共事务与个人的相关程度、个人对公共生活的热情和态度都对公共舆论发挥重要作用。不难看出，公共舆论具有分散性和个体性的特点，容易受到个体因素的影响。这一特点也让公共舆论在社会治理中扮演特殊角色。如果说意识形态奠定了治理话语的基础，那么公共舆论就是民意最直接的表达载体，不断为公共话语输入新的信息，传递及时的意见。

我们的社会治理话语中，意识形态和公共舆论相互交织，成为推动治理的两支重要力量。意识形态与公共舆论既相辅相成，又存在矛盾和张力。意识形态牵引着公共舆论的方向，并且为后者提供基本的价值评判标准；而公共舆论也可以成为意识形态的传播方式，并且为意识形态赋予时代内涵、推动意识形态的发展。但是，两者由于特质上的区别又呈现出一定的紧张。在传统管理模式中，当我们过度借助国家权力贯彻意识形态时，公共舆论受到压制，从而让社会表现出单一的话语模式。而公共舆论的分散和个体性又让其缺乏稳定，而且在某些条件下可能出现有悖于意识形态的声音。围绕社会治理搭建新的话语体系，关键在于解决两者的矛盾。

首先，社会治理要保持话语体系的开放性。治理本身就是社会不断完善的过程，处于动态之中，内含从权力向权利的话语转换。传统管理建立在权力之上，旨在通过运用权力完成既定目标。社会治理则立足维护人们的根本权利、满足人们的权利诉求。治理与管理的最大差别在于，管理主要是依据管理者的意志制定社会目标，表现出自上而下的图式，而治理则是围绕民众的意愿和要求开展，旨在让所有社会成员的合理需要得到尊重和实现。因此，社会治理期待所有成员都能参与治理过程，表达自己意见和意愿。治理的话语体系由此而对所有社会主体开放。社会的多样性是不可辩驳的事实，在社会治理中出现不同的声音、不同的意愿是社会生活的常态。这些意愿和意见很可能相互矛盾甚至冲突。如何让社会治理关照每一位社会成员的利益？这就要让所有社会主体都能分享治理话语。

政府、企业、非政府组织、公民都具备参与公共事务讨论、发表各自意见和观点、提出建议的资格。在传统社会话语结构中，意识形态与公共舆论之所以形成相互的张力，是因为旧有的话语体系中，意识形态传播方式单一，对意识形态的倡导和灌输都是由社会管理者所主导和推动的。在此传播方式中，管理者和民众之间构成绝对的主客体关系，管理者占据主体地位，民众则更多表现为被动接受和服从。对于意识形态话语（特别是主流意识形态）的主导让管理者拥有了垄断性的话语权，导致了话语权的不对称状态。而治理则是多中心网络型的权力机制，在社会主体间构成相互协调合作的关系。我国学者范如同就指出，“社会治理需要政府与社会组织、公众之间的横向协同与沟通。只有纵向协同与横向协同相互支撑，才能构成多层次、立体化的社会治理复杂网络拓扑结构”。[①] 网络化的治理图式要求个社会主体之间进行有效的协商、在差异中谋求一致。有效协商的基础就是平等的话语权。如果某些主体总是处于优势地位，拥有更多的话语权，那么其他主体的声音就难以得到尊重和采纳。因此，对于当前的意识形态而言，要适应治理分权化的趋势，其传播的主体不应只限于政府或者公共权力的行使者，所有社会成员都应被纳入其话语体系。社会主义意识形态超越其他意识形态的重要方面在于，其他意识形态都是为某一群体服务的，通常代表的是群体意志，而我们的社会主义意识形态则代表全体人民的意志。因此，意识形态的话语应该是由每位社会成员共同参与的话语，而不能只是某些群体掌握的话语。否则，意识形态就会成为一个封闭且带有排斥性的话语体系。

阿尔都塞认为意识形态的构成机制已经发生了改变，他将它称为意识形态国家机器。这种机器有别于镇压性的国家机器——后者是诉诸暴力而发挥功能的。而意识形态国家机器，“它们以一些各具特点的、专门化机构的形式呈现在临近的观察者面前”。[②] 根据他的观点，意识形态国家机器包括宗教、教育、家庭、法律、政治、工会、传播、文化等诸领域意识形态国家机器，其中大部分属于私人领域——“教会、党派、工会、家庭、某些学校、大多数报纸、各种文化投机事业等等，都是私人性的”。[③] 以此而论，意识形态的国家机器是多元的，在其中发挥决定作

① 范如国：《复杂网络结构范型下的社会治理协同创新》，《中国社会科学》2014 年第 4 期，第 110 页。

② 〔法〕阿尔都塞：《意识形态和意识形态国家机器》，载陈越编译《哲学与政治——阿尔都塞读本》，吉林人民出版社 2003 年版，第 335 页。

③ 〔法〕阿尔都塞：《意识形态和意识形态国家机器》，载陈越编译《哲学与政治——阿尔都塞读本》，第 335 ~ 336 页。

用的不是任何单独的主体，而是意识形态本身——“意识形态国家机器则‘运用意识形态’发挥功能”。[①]

公共舆论也存在开放性问题。除了社会整体性的意识形态，还存在以个人为载体的“意识形态”。阿尔都塞就曾指出人是意识形态的动物。因为人们都会基于自己的生存现实产生对自我与生活关系的想象——意识形态“首先对他们表述出来的是他们与这些生存条件的关系”。[②] 因此，当人们对公共事务做出反馈，并将自己的信息输入社会话语时，人们不可避免地受到个体性意识形态的影响。而人们处于不同的生存状态之中，因此对于生存关系也会产生相异的想象。现代社会，人们之间的差别变得越来越显著。我们正经历从熟人社会向陌生人社会的转型。熟人社会在很大程度上具有同质化特征。人们相互之间有着长期的交往，共享相似的社会环境和社会文化。与之相反，陌生人社会则表现出强烈的异质化特征。个体差异在公共舆论中就表现为话语的纷繁多样。在公共舆论中，我们经常遭遇与自己完全不同甚至截然相反的声音。如何对待不同的声音，成为社会治理中的重要问题。

由于人们从事工作的不同、经济收入的差别以及居住地域等方面的差异，社会出现了众多群体。某些时候，人们通过差异识别自己的群体身份，借此区分自我与他者。根据心理学的研究，亲近熟悉者、厌恶陌生者是人的本能。美国著名心理学家布卢姆以婴儿吸奶实验对此做出了说明。实验者会为每位婴儿塞上奶嘴，当婴儿吸吮奶嘴达到某一频率时念他们妈妈的名字。婴儿会通过频率的控制尽可能多地听到母亲的名字。可见，人生而具备分辨熟悉者和陌生者的能力。布卢姆指出，似乎从部落社会开始，人们就会表现出对熟悉者的热忱和对陌生者的厌恶。他援引地理学家戴蒙德的研究，在巴布亚新几内亚的小型社会，“如果要走出自己的领地去见另一人，即使他们只隔了几英里远，这一行为也无异于自杀”。这种现象在部族社会中广泛存在。据此，布卢姆认为，“陌生人

---

① 〔法〕阿尔都塞：《意识形态和意识形态国家机器》，载陈越编译《哲学与政治——阿尔都塞读本》，第 336 页。

② 〔法〕阿尔都塞：《意识形态和意识形态国家机器》，载陈越编译《哲学与政治——阿尔都塞读本》，第 354 ~ 355 页。

会激起我们的恐惧、厌恶，甚至是仇恨”。[①] 个人意识的形成实质上是对自我主体性的肯定。在个人意识形态的层面，阿尔都塞认为主体是构成意识形态的基本范畴。他认为：“主体之所以是构成所有意识形态的基本范畴，只是因为所有意识形态的功能就在于把具体的个人‘构成’为主体。”[②] 人们在公共交往中都希望他人接受自己的观念，从而让自己的主体性得到确认和巩固。

自我肯定的欲望导致人们往往将对所属群体的认同以及对他者的偏见表达在公共舆论之中，这也是我们在网络评论中经常看到职业蔑视、地域攻击现象的直接原因。带有群体性偏见的话语将公共舆论分割为相互排斥的部分，不但造成群体间的紧张，还阻碍了公共舆论的有机融合。处于经济优势地位或者有着更强社会影响力的群体更容易发出自己的声音、干涉其他群体的话语，形成舆论垄断。社会之所以从管理走向治理，其重要目标就是避免群体性的偏见，让我们的社会制度和决策惠及全体社会成员。公共舆论的开放有赖于消除群体偏见，赋予所有群体同等的话语尊重，在舆论参与中确保各主体平等的发声资格。所以在公共舆论中，我们特别要关注少数群体的意见，让少数群体享有在公共领域发声的资格和权利，从而防止少数群体的话语权被剥夺。

其次，社会治理的话语体系是成长型的话语体系。无论意识形态还是公共舆论，都应随着社会的发展而得以充实和丰富。传统管理通常预设了静态目标，凭借行政权力凝聚社会力量，实施并完成相应目标。治理则是动态的过程，在多元参与中针对社会出现的新问题、新现象不断调整治理目标和治理方式，推动社会的持续发展。因此，社会治理的话语是不断完善的话语系统。

意识形态和公共舆论作为治理话语最重要的有机组成部分，也必然处在成长过程之中。对于任何社会而言，形成并且构建主流意识形态是必然和必要的。因为只有确定基本的思想价值体系，我们才能在差异的社会生活中谋求一致性的认同。因此，主流意识形态扮演着权威性思想观念的角色，通常保持稳定。稳定并不意味着封闭。封闭性问题恰恰是

① 〔美〕保罗·布卢姆：《善恶之源》，青涂译，浙江人民出版社 2015 年版，第 98～100 页。

② 〔法〕阿尔都塞：《意识形态和意识形态国家机器》，载陈越编译《哲学与政治——阿尔都塞读本》，第 361 页。

传统管理模式中意识形态建设所遇到的挑战。在管理模式下，为了追求意识形态构建的高效，意识形态的传播方式过于依赖政治权威，导致了对其他话语体系的压制。政治权威虽然可以推动意识形态的构建和传播并且为之提供有力的保障，但这种方式的缺陷在现代社会则表现得越来越明显。如果我们将意识形态视为绝对科学的存在，从而排斥其他的观念和声音，这必将导致其处于封闭状态。这种意识形态的视角所反映的观念在于，认为意识形态是关于社会上层建筑（Superstructure）的完备模式，包含一切政治观念、法律、宗教、哲学、艺术、道德。它的问题在于将已有意识形态视为绝对的存在从而阻隔了历史的进一步发展。[①]

在社会发展的历史中，唯有顺应社会的变化、紧跟时代的步伐，具备自我完善能力的动态系统才能保持旺盛的生命力。对意识形态而言也是如此，甚至有着更高的要求。因为意识形态必须能够科学地解释我们的社会生活并且为社会进步确定正确方向，它才能上升为主流意识形态，保持意识形态所固有的“科学性”。我国社会主义建设的历史清晰地表明，随着社会新问题的出现以及主要矛盾的变化，我们的阶段性建设目标、建设方式和建设重点都做出了相应的调整，与之对应的是社会主义建设理论的丰富。社会主义意识形态在不同的历史阶段都被赋予了新的内容，也以不同的形式进行表达。这就是我们的社会主义意识形态总是站在时代前沿发挥指引作用的本质原因。

成长型的意识形态是社会治理话语的本质需求。一是社会治理本身体现了现代政治文明、蕴含着民主、法治、正义、自由等价值理念，带来了社会权力结构和权力运行模式的现代转型。它所体现的价值理念既符合我国主流意识形态的根本内涵，又为意识形态的发展提供了时代文化要素。二是在不同的时代总是会出现新的问题，有的问题可能带来社会发展重点的转变。如金里卡所指出的，我们现代社会的主要问题已经开始出现变化，在传统社会中，政治哲学的主要问题是如何确保多数人的权利——因为传统社会主要是少数人统治多数人。而当我们步入现代文明，社会管理的结构出现了重大改变，少数人统治在现代政治形态中已被打破，所以政治哲学的重心开始向如何保护少数人权利倾斜。经过

① Mihailo. Markovic, “The Language of Ideology,” *Synthese* 59 (1984): 71.

40 余年的改革开放，我国社会主要矛盾也发生了重大转变，从人民日益增长的物质文化需求与低生产力的矛盾转化为人民日益增长的美好生活需要和发展不平衡不充分之间的矛盾。不难看出，我国已经完全摆脱普遍贫困的状态，多数人民群众的基本物质要求已经得到满足，核心在于如何实现全面小康，帮助少数群体脱离贫困。这就需要社会意识形态做出回应，在价值目标方面更多强调社会公平、正义。

公共舆论也须随着时代脚步而成长。社会治理在为公民参与搭建平台、为社会权力提供舞台的同时也赋予了社会成员新的责任和义务。公共舆论是在治理中形成公共意见、达成社会共识的重要话语方式。公共性是公共舆论的鲜明特征，因为公共舆论关注社会事件，虽然表达的是个体性观点，但表达的对象则是广大民众。网络技术的发达极大提高了人们的话语主体地位。一方面人们从以往的公共舆论接收者成为发布者，传统公共舆论主要指私人化媒体所散布的信息，而网络的普及（比如微信群、博客、论坛的盛行）让普通民众有了发布信息的机会，可以随时随地参与公共讨论。另一方面过去人们对于公共舆论也是被动接收的，而现在人们则可以自主选择舆论信息。显然，网络等新媒体、自媒体的兴起拓展了人们参与公共舆论的空间。这种便利当然符合社会治理的期待，但我们又不得不面对另一问题，即如何保持公共舆论的健康秩序。

公共舆论，特别是自媒体信息的庞杂与混乱是我们经常看到的现象。在一些网络论坛中，充斥着人身攻击、挑衅、谩骂等负面信息，微信等自媒体则出现了大量的谣言、虚假新闻，扰乱公众视听、误导人们对于社会生活的判断。在人们的公共舆论参与中，我们还会发现，有的人发表意见的立场完全由自我利益所决定，其立场和观点不但与社会利益发生激烈的冲突，还有违社会主流意识形态以及人们普遍的道德认知。显然，治理的话语需要对公共舆论进行引导，让公共舆论符合治理的伦理要求。

社会治理本身是促进公共舆论成长的机制。社会治理本质上是民主的治理模式，在激励人们公共参与中塑造者人们的公共道德。艾维纳（Avner De-Shalit）归纳了三种民主的模式。第一种民主模式是商业型模式，大家像谈业务一样相互辩论、讨价还价，最终通过妥协达成利益的一致。这种民主模式的缺陷在于，人们所表达的利益既有可能为当下的现实环境所限制，也可能源自人们在得到相关信息后的审慎思考。而该模式无法辨别来源不同的两种利益诉求。第二种民主模式被认为是公共道德话语的继续。在此模式中，人们不是谈论当前的或者由环境驱动的利益，而是谈论意愿。艾维纳援引艾斯特（Elster）对哈贝马斯民主的评价指出，这种道德话语延续的民主是工具性的。第三种民主模式与第二种相似，也将民主视为道德话语的延伸，但其不同之处在于，这种模式并不将民主视为工具性过程，而是将它视为非工具性的内在善。艾维纳通过引用阿伦特的观念指出，民主不仅具备工具性价值，而且是公民自我实现的重要基础。民主不但帮助公民成为更好的自己，而且本身拥有审美的意味——就像各种音乐可以帮助人们放松心情一样让社会变得和谐。[①] 民主本身是对道德话语输入的反馈和矫正，还能引导人们进行决策，并在此之中感受快乐。[②] 显然，社会治理所代表的民主属于第三种民主模式，是人们通过相互协商合作共同实施治理方案、达成治理目标的过程，也是人们履行自我治理主体责任的过程。它促进人们站在公共的视野发表意见、自觉谋求公共的一致性并且根据公共意志参与治理决策或者做出治理行为选择，从而培养人们的公共认知、公共意识和公共精神。公共人格的完善也必然反作用于公共舆论，促使其更加宽容、更加尊重社会成员的正当权利。

最后，社会治理的话语要基于文化认同保持主流意识形态的主导性。社会治理是国家治理体系与治理能力现代化的有机组成部分，需要把握正确的治理方向、与社会主义建设根本目标保持高度一致、确保良好的治理秩序。因此，社会治理的话语体系需要确立社会主义意识形态的主导地位。唯有如此，我们才能在多元文化中破除道德相对主义的迷雾，牢固坚持社会治理的社会主义底色，形成坚实的价值判断标准。那么，在社会治理中如何保证主流意识形态主导话语体系？

主流意识形态的形成经历着“社会生产”的过程，即意识形态总是在社会生活现实中构建的。社会权力结构和共同生活方式的变化也改变了意识形态的维系方式。根据葛兰西的理论，维持意识形态作为“文化

① Avner De-Shalit, “On Behalf of ‘The Participation of The People’: A Radical Theory of Democracy,” *Res Publica* 3: 1 (1997): 63 – 70.

② Avner De-Shalit, “On Behalf of ‘The Participation of The People’: A Radical Theory of Democracy,” *Res Publica* 3: 1 (1997): 70 – 73.

上层建筑”的力量主要源自两大支柱，一是国家或者政治团体的强力，这种力量确保国家或者特定政治群体的利益和诉求得到保护；二是代表社会整体性意愿的共识，这种共识重塑着人们的观念，并且主导社会理念的改变。[①] 多伊菲（Mohamed Douifi）指出，在意识形态的“社会生产”中，社会共识是比政治强力更重要的意识形态主导方式。他就此论述道，意识形态并不仅是由那些获得统治地位群体的强力支撑的，而且是经常从社会共识中不断自我更新，甚至从那些对既有意识形态的挑战中获得营养。他指出，意识形态会受到社会风俗、习惯和公众道德文化潜移默化的感染和影响，这种影响在意识形态构建中扮演着重要角色。[②] 在社会治理的语境下，治理的基本机制也已从行政命令转换为社会协同合作，主流意识形态对于治理话语的主导应建立在文化认同之上。文化认同也是有机融合意识形态与公共舆论，以意识形态引领、规范公共舆论的基础。围绕主流意识形态建立文化认同，主要是做好以下几点。

其一，强化民众的主流意识形态认知。社会主义意识形态在我们社会中有着深厚的根基。社会主义核心价值观是对社会主义意识形态的高度价值凝练和概括，它所包含的内容传承了优秀的历史文化精髓、代表了人们对国家和民族的期待，呈现了马克思主义核心理念、反映了时代的价值需求，在社会生活中为民众所普遍认识和接受。历史证明，我国坚持社会主义道路、坚持马克思主义的指导是历史的必然选择，在漫长的革命和社会主义建设中，人们对于社会主义道路的必然性和正确性有了深入的认识。这些都为我们的主流意识形态提供了坚实的认知基础。强化民众主流意识形态认知的关键在于全面贯彻社会主义核心价值观，让主流意识形态体现在人们社会生活的各个方面。扎勒认为：“价值观是指在个人信念系统中具有‘比态度更为核心的’和‘致使我们对特定议题有特定立场的’‘普遍的和持久性的准则’。”[③] 而且在他看来，价值观与意识形态之间有着紧密的有机联系，价值观“每一个都是主概念——意识形态——的几个相关的维度中的一个”，意识形态“是有关的价值

① Mohamed Douifi, *Language and the Complex of Ideology*, Palgrave Macmillan , 2018, p. 30.

② Mohamed Douifi, *Language and the Complex of Ideology*, p. 25.

③ 〔美〕约翰·R. 扎勒：《公共舆论》，第 27 页。

观维度的群集”。[①] 社会主义核心价值观在我国价值体系中处于中心地位，践行和培育社会主义核心价值观有助于人们在社会生活中自觉接受主流意识形态，围绕主流意识形态建立价值准则系统，自觉对公共舆论信息进行甄别和判断，站在主流意识形态的立场对公共事务发表意见。

其二，在社会治理中培育共同体意识。认同的本质就是对自我的确认。如崔新建所言，认同都是以自我为中心的，人们依据自我判别“异”“同”，在认同中确认自我身份并让自我走向中心。[②] 文化认同的根源就在于人们通过确认共有文化定位自我，彰显自我的主体性。要就主流意识形态达成文化认同，我们必须让此文化成为我们的身份标志——作为文化共同体一元的标志。共同体既是在社会生活中自然形成的，又是在社会生活中构建的。社会的群居特质为人们提供了稳定交往的条件，正是在直接而频繁的交往中，人们建立了较为固定的社会行为模式，由此而产生共同体。在共同体的自然形成中，人们共享社会意识，主流意识形态在其中扮演着共同体纽带的作用。建立共同体意识将为人们就主流意识形态达成认同构筑坚实基础。共同体的构建是一个持续的过程。伊斯贝尔认为，共同体是在社会成员各自扮演自我角色中形成的，它是人们相互交往、追求目标的动态结果，所以也不断发生着变化。[③] 滕尼斯指出，共同体是一个真实的有机整体，处于共同体中的人们不是以相互独立的方式存在，而是彼此间有着根深蒂固的关联，而且大家一同追求共同体的内在目标。[④] 无论何种形式的共同体，都会以互利互惠的方式存在和运行。[⑤] 培养共同体意识的关键在于确立共同的目标、引导人们建立持续的交往并能通过交往满足各自需求。社会治理为提升社会成员的共同体意识提供了契机。社会治理本身就是通过社会交往认识普遍目标、达成普遍利益的动态机制。这一机制持续地把公共议题置于社会

① 〔美〕约翰·R. 扎勒：《公共舆论》，第 31 页。

② 崔新建：《文化认同及其根源》，《北京师范大学学报》（社会科学版）2004 年 4 期，第 103 页。

③ 参见 Mark D. Varien and James M. Potter, *The Social Construction of Communities*, AltaMira Press, 2008, p. 3。

④ Tönnies, *Community and Civil Society*, ed. Jose Harris, Cambrige University Press, 2001, pp. 17 – 19.

⑤ Tönnies, *Community and Civil Society*, p. 25.

成员面前，牵引我们关注他人、彼此协同，从而深化共同体意识。

其三，以主流意识形态牵引治理程序构建与治理决策。我们的社会治理虽然以分权和多元参与的形式开展，但也内含明确的价值导向。任何社会机制的运行都受到人们对于社会前景预期和想象的深刻影响。多元参与的机制必然导致话语的多样性，这些话语有的出自人们对于社会的关切，有的则只代表个人利益，甚至成为私人情绪的发泄。社会治理作为我国社会主义建设的有机组成部分，根本目的在于实现社会主义发展战略、维护和促进人民的根本利益。因此，治理的程序设置和决策不能不加判别地吸纳所有话语。相反，我们应将主流意识形态融入治理全过程，为治理提供基本的价值取向、为治理话语提供达成一致的价值语境。主流意识形态填充了完全依据行政强力和说服性理性讨论之间的空间，它让人们在采取社会行动时不陷入不可回答的问题的迷茫、不依赖强力。[①] 主流意识形态可以帮助人们在治理参与和决策中把握明确的价值标准，将狭隘的个体偏见和损害社会整体利益的意见排除在治理之外，避免社会政策和决策受到不合理公共舆论的误导、绑架。治理程序和决策也是连接主流意识形态和民众社会生活的桥梁。治理程序和决策作为治理基本结构，在规范人们治理行为的同时也向人们传递着特定的意识形态信息。治理程序和决策因此也是帮助人们接受主流意识形态的重要机制。

四 公共理性：社会治理的理性支撑

社会治理需要政府的转型与多元权力的共治。无论是政府从传统管理型政府向引导型政府、服务型政府的转变，还是公民权力、社会权力与国家权力的和谐统一，都意味着政府不再是社会治理的唯一主体，不同社会主体的多元参与成为国家治理语境下社会治理的基本模式。社会机制的改变代表着治理目标的转变，即从对单纯管理效率、效力、业绩的追求转变为对社会主体自身的关注。问题在于，社会主体有着各自的

---

① Evert Van Der Zweerde, "Civil Society and Ideology: A Matter of Freedom," *Studies in East European Thought* 48 (1996): 173 - 174.

社会生活期待，而无论何种形式的社会管理，都期待具有普遍性的管理方式和管理目标，那么我们如何从个体多样性的善中达成公共善，满足社会治理的政治正当性要求？在传统的社会管理中，要么让社会服从国家理性，要么将社会结果交给经济理性。但两种理性都存在难以弥补的缺陷。国家理性是国家权力行使的理由。如果说在古希腊时代，国家理性还带有鲜明的政治伦理色彩，强调自然秩序对社会生活的安排。那么马基雅维利之后的国家理性则彻底蜕变为国家权力的艺术。福柯所批判的国家理性把“统治当成一种政治管理的艺术，它是一系列符合特定规则的政治技术的总和”。[①] 国家理性更多从国家权力的存续和效能角度思考应以何种方式构建国家、施行统治。显然，这一意义上的国家理性是一种工具性的理性，它的考量完全脱离了政治道德，也脱离了公民本身。国家理性所强调的政治技巧和技术的使用实质上是国家统治对象客体化的过程。这与现代社会生活中社会单元主体化的要求显然是背离的。

随着市场机制的发展，以及市场所具有的原始善性——隐含在自由交易之中的自由、平等价值，市场一度被认为是政府最有力的补充。激进的西方学者甚至提倡由市场取代政府，在社会生活中扮演主导角色。市场理性也被视为国家理性的替代方案。令人遗憾的是，市场非但无力解决所有社会问题，而且会带来新的问题。人们一度认为市场理性唯经济价值的考量会消除社会歧视——因为从理论上而言，拥有更广泛的就业群体有利于降低劳动成本。但事与愿违，如 R. 孙斯坦所指出的，市场不但没有消除歧视，反而加剧了歧视。“一项又一项的研究显示，市场常常会降低黑人和妇女企业与产品的价值。……在一个存在大量种族和性别偏见的体制下——不管是公开还是隐蔽，也不管是有意还是无意的——‘愿意支付’标准将能确保那些受到歧视的人在市场上处于相对不利的地位。”[②] 经济理性则难以逃离狭隘的私人利益计较，试图完全从经济效益的角度找寻利益最大化的路径——无论是个人还是群体的。经济理性是一种有限的理性，即只关注经济主体自身的利益——在自我有限理性照见之下去寻求最优路径；而且将经济价值作为行为选择的唯一标杆，

---

① 高宣扬：《论福柯对国家理性的批判》，《求是学刊》2007 年第 6 期。

② 〔美〕凯斯·R. 孙斯坦：《自由市场与社会正义》，金朝武等译，中国政法大学出版社 2002 年版，第 203 页。

而忽视其他价值——如道德价值、社会价值。显然经济理性也只具有工具性意义。无论国家理性还是经济理性，它们虽然在特定的领域都有存在的价值和必要（比如在国家主权领域和市场领域，国家理性与经济理性是必不可少的），但在社会生活层面都缺少现代社会治理所必需的公共性。能满足现代社会领域公共性需求的唯有公共理性，其也成为社会治理的本质诉求。

罗尔斯认为，理性“是一种知识和道德能力，扎根于人类成员的能力之中”。[①] 而公共理性有其特殊性。理性虽然为人类成员所共有，我们都有理解生活世界、寻找价值标准、形成道德判断的能力，但并不是所有理性都是公共理性。即便在公共性团体之中，也并不都具有这种理性。比如宗教社团、贵族政体，它们对于善的认识不是来源于公众的自主选择，而是来源于某种先验的道德认知或者自我道德观念（对于这种善的认识通常是不可置疑、不可讨论的）。与之相反，公共理性是具有平等公民资格的社会成员所持有的理性，这种理性以追求公共善为目的。

公共理性有着如下特质。其一，公共理性是基于社会差异的理性。恰如罗尔斯所言，“我们不应该诉诸我们看到的全部真理”。[②] 社会成员不可能在某一理论体系面前达到完全的一致，即便我们可以普遍接受某种道德观念、价值立场，我们的认识依然存在深度和广度的差别。更何况我们的社会成员分属于不同的社群，随着社会分工的细化和文化的多元，群体性的差别也日趋明显，而且社会成员处于不同的境遇，他们之间的价值诉求往往相互矛盾。任何社会主体如果完全以其自身的闭合知识和道德体系作为社会生活选择的依据，就不可避免地排斥他人，这种理性就会失去公共性。其二，公共理性是对私人善观念的超越。公共理性承认差异，但差异不是目的。公共理性所期待的正是通过对合理善的共同追求化解差异带来的矛盾与冲突。如果任由社会成员各自追求他们自己认为的善，那么社会生活就会陷入僵局。公共善无疑是社会生活得以开展的基础，对于社会治理尤其如此。任何公共政策的制定、管理模

---

① 〔美〕罗尔斯：《公共理性的观念》，载〔美〕詹姆斯·博曼、威廉·雷吉主编《协商民主：论理性与政治》，陈家刚等译，中央编译出版社2006年版，第68页。

② 〔美〕罗尔斯：《公共理性的观念》，载〔美〕詹姆斯·博曼、威廉·雷吉主编《协商民主：论理性与政治》，第72页。

式的设计都追求普遍性。公共理性强调社会主体能够认识到公共生活必须遵循的某些原则，在此基础上达成共识。所以商谈并不能被狭隘地理解为妥协，“公民认可公共理性的理想，不是将其作为政治妥协的结果，也不是作为一种生活方式，而是从其自身合理原则内部出发的”。[①] 因此，公共理性的特质复有其三，这是以共同体为基础的理性。很难想象，分属于完全不同道德共同体和政治共同体的人们能够找到共识的基础。比如一个生活在差序社会，并且已经完全接受差序文化的人，也可能很难认同诸如自由、平等这些被现代社会视为最核心的价值。他也就不可能与生活在民主社会中的人对话、沟通。所以公共理性是一种能力，而不是结果。处在不同政治与文化共同体中的社会成员，通过公共理性的交往可以达成不同的共识内容。其四，公共理性有其边界。公共理性的边界在于社会生活领域。私人生活和国家权力都不在其范畴之内。我们不能基于公共理性干涉其他公民的个体信仰和个人行为（只要这种行为在法律体系的规范之内，而且不伤害其他社会成员）。我们也不能质疑一些基本的共识，比如讨论人是否可以选择成为奴隶，或者国家权力是否应当具有强制力。当然，对于公共理性边界的问题依然具有争议，特别是社会生活与非社会生活的划分。比如索罗姆就认为公共理性可以延伸到关于基本价值问题的讨论，因为“在公共辩谈中，提供某人关于伦理或文化最深层次的确信并没有违反公民性的要求，即使表达这样的确信的理由可能会被许多群体和个人看做是不合情理的”。[②] 虽然对于公共理性的应有边界存在争议，但其对于社会生活领域的必要性是显而易见的。而且，将其严格限制在社会领域，能更为有效地规避其侵犯私人领域的风险，回避对于一些基本价值的追问，也能提高公共理性的有效性。从社会生活现实而言，我们只有先确定共同体语境，基于公共理性的对话才成为可能。

公共理性是对于社会生活正当性的满足。社会治理的重要目的在于让社会制度的建立更具有正当性，让制度理性符合社会成员的合理期待。

---

① 〔美〕罗尔斯：《公共理性的观念》，载〔美〕詹姆斯·博曼、威廉·雷吉主编《协商民主：论理性与政治》，第 72 页。

② 〔美〕劳伦斯·B. 索罗姆：《构建一种公共理性的理想》，陈肖生译，载《公共理性》，浙江大学出版社 2011 年版，第 23 页。

制度建设谋求社会最大公约数，而且任何制度都带有某种程度的强制性。在现代政治语境中，特别是在社会主义体制下，人民的主体自由又是最基本的价值共识。如何让制度的强制回归人的自由，无疑是社会治理正当性不可规避的难题。康德为我们提供了从道德自律走向道德自由的图式。康德看到了道德原则对所有人的规范性，那在规范面前人的自由如何保证？康德指出，所有人内心都具有道德理性，在道德理性的指引下，人们可以认识最高的道德准则并据此而行动。因此，对于道德原则的追寻不是外界他律的结果，而是道德自由的表达。制度强制的正当性也遵守着相同的逻辑，“公共理性的一个作用是给公民提供服从体现他们自己自由意志的法律的理由”。[①] 只有当制度充分表达人们的理性共识时，对于制度的遵守便成为人们自由的选择，它不但没有削弱人的自主性，反而是自主性最集中的体现。就社会生活而言，如罗尔斯所指出的，正当优先于善，是社会制度的底线。任何形式的公共权力的行使都必须满足这条底线的要求。“我们对政治权力的形式，只有当其符合宪法——宪法的根本内容是所有公民根据他们作为合情合理且合乎理性的人而言都可以接受的原则和理想来认可的——的时候，它才是恰当的，因此也才是可得到辩护的。”[②] 那么，对于我们的现实生活而言，公共理性又如何成为正当性的力量？

首先，公共理性意味着对社会基本理念的认同。任何公民都生活在特定的社会历史时期，都生活在确定的政治共同体之内。除非如鲁滨孙一样漂流在荒无人烟的孤岛（那也就没有社会生活的必要，而且鲁滨孙最终还是回到文明世界、回到社会生活之中），我们都必然受到一定社会文化、价值观的熏陶和影响。它们通过长期的共同体生活渗入所有社会成员的血液，不仅成为联结人们的纽带，而且为共同体内的对话提供基本框架。社会主义核心价值体系和社会主义核心价值观所表达的价值理念是当下我国寻求社会共同善的基础。只有理解、接受、内化社会主义价值理念，我们才能形成可被普遍接受的价值标准。否则，社会的商谈只能是自说自话，无法得到共识的结果。充斥在网络之中的争执、谩骂

---

① 〔美〕劳伦斯·B. 索罗姆：《构建一种公共理性的理想》，陈肖生译，载《公共理性》，第 21 页。

② 〔美〕布鲁斯·W. 布劳尔：《公共理性的局限》，陈肖生译，载《公共理性》，第 278 页。

和攻击显现了缺乏共同价值理念的公共非理性。虽然网络是公共的领域，但是一些网络言论完全是个人情绪的发泄、仅仅站在私人个体的立场，带有强烈的排他性。这显然与公共理性的要求背道而驰。在这种情况下，网络不再是公共交往的领域，而只是私人领域扩张的对象。正因此，透露出极端个人价值判断的交往不可能产生任何一致性的意见。退而言之，缺乏基本理念的共识，社会商谈的结果也存在非理性的危险。苏格拉底之死早在数千年前就为我们呈现了多数人的暴政，本质在于公共非理性对于公共权力的控制。可以想象，在某一社会中，如果多数成员来自一个激进的家族或者团体，他们即便通过看似民主的程序也可能得出有违公共性的结果。比如曾经在非洲盛行的割礼——以割除生殖器的方式保证女性的纯洁。对于这种传统的坚持在一定程度上也得到了当地居民的广泛接受，但这种行为是对当事人基本权利的严重亵渎。这就是政治哲学家反复讨论和强调公共理性的前提。公共理性不可或缺的重要维度在于求善，而不是简单地综合、折中公共意见。“公共理性理想的关键是，公民将在每个人都视为政治正义观念的框架内展开其基本讨论，而这种观念的基础则是那些可以合理地期待他人认可，以及每个人都准备真诚捍卫的各种价值。”①

我国的社会主义核心价值理念代表了当前先进的政治文化，传承了中华民族的优秀传统，表达了中国人民的共同理想。只有在这一理念的引领下开展社会交往，我们才能确保社会生活具有善的价值。这才是公共理性的主旨所在。

其次，公共理性意味着对于他者的感知。在描述公共理性的特质时已指出，公共理性是承认差异、超越差异的理性。这种超越的实现依赖于公共理性中对于其他社会成员的感知能力。这与我国儒家的忠恕之道不谋而合。儒家的忠恕之道也被看作我国传统社会的“黄金律”，所谓“己欲立而立人，己欲达而达人；己所不欲，勿施于人”。儒家忠恕之道从积极和消极意义两方面论述了人对于他者的感知。从积极的方面而言，当人具有某种诉求和意愿时，应该想到他人也会产生同样的诉求，因此

① 〔美〕罗尔斯：《公共理性的观念》，载〔美〕詹姆斯·博曼、威廉·雷吉主编《协商民主：论理性与政治》，第78页。

在实现自我价值、满足自我需求的时候要顾及他人价值的实现、他人需求的满足。从消极的方面而言，当自己规避某种风险和不愿接受的后果时，要考虑到他人同样会试图拒绝这种后果。如果说经济理性只具有自我维度，那么公共理性则显示出他人维度。我国社会结构的调整对于公共理性关于他者感知的内涵有着本质吁求。我国社会从以往的家族式熟人社会逐渐走向以公民身份为联结的陌生人社会。在熟人社会中，人们之间具有天然的血缘关系，也具有天然的道德责任和义务。而且熟人社会无论从社会关系、社会结构还是社会运转方式上而言，都具有私人领域的特点。由于天然的道德关联，熟人社会的主要调节方式是私人道德。在传统社会中，善通常优先于正当。而在陌生人社会中，私人道德显然无法满足社会生活的需求，人们之间也缺乏先天的联系。人与人之间的义务不再是显而易见的，相反，人们对于陌生人的道德认知受到极大限制。道德冷漠在一定程度上已经成为现代社会的症候。我们社会现在广泛存在的诸多问题，都可以归结为对自我的过度关注和对他者的漠视，比如随意破坏公共秩序、破坏环境等。这种现象将带来整个社会的失序，影响所有社会成员的公共生活。显然，只有自我维度对社会治理带来了巨大挑战。公共理性要求人们在社会生活中，（1）具有他人意识，在语言和行为的选择中考虑他人的利益、避免伤害他人；（2）具有价值的包容性，在强调自我善观念正确性的同时考虑他人善观念的合理性，保持开放的文化态度；（3）通过反思平衡让自己的社会诉求具有公共合理性。“公共理性向公民提供的理由是公共的，也就是说，这些理由可以合乎情理地被它们要面向的那些人认为是驱动性的。”①

最后，公共理性意味着对社会整体性的认识。公共理性以民主、平等的社会为前提。差序社会所传递的只是统治者的理性，而没有公共理性的空间。公共理性的发挥需要可以自由发表意见、观点并做出政治选择的公共领域。很多学者把公共理性所需要的自由理解为任性的个人自由，认为社会生活的参与者可以随心所欲地做出投票等政治选择。这是对公共理性的根本性误解。就如同在论述自由价值时所指出的，政治自

① 〔美〕劳伦斯·B. 索罗姆：《构建一种公共理性的理想》，陈肖生译，载《公共理性》，第21页。

由需要边界，公共理性期待的选择有着严格的限定。一俟人们走入社会领域，并开始做出与公共权力相关的选择时，他们的行为已不属于个人，而被赋予了深刻的社会意义。这就是公共理性超越私人领域的切实表达。公共理性要求人们必须从社会整体性的高度看待自己与他人和社会的关系，力图实现个人与他人和社会的和谐统一。怀着公共责任进入社会生活，是公共理性要求公民所必须具备的政治态度。一个完全不顾及公共责任的人在政治伦理层面没有进入社会生活的资格。“公共例行的理念拒绝将投票看成是私人，甚至个人的事情。”[①] 对于公共性的事件，公共理性甚至要求人们保持价值中立——不以自己的个人经验、价值标准和私人利益阻碍对于公共事务的考量，而要从公共善的视野对相关问题做出判断。这就是为什么在司法审讯过程中，陪审团成员必须是案件的非利益相关者。建立公共道德自觉是公共理性的必然要求。对于社会整体的认知能力也是寻求公共善的理性保证。特别对于社会治理而言，社会制度的施行关乎每一位社会成员的切身利益，而且会对社会生活产生综合性的影响——很少情况下社会制度只牵涉社会生活的某一方面。比如当我们期待提高社会保障水平时，就不得不考虑社会的经济现实、考虑政府的财政收入以及税收问题。社会保障额度的提高当然会更有利于处于社会不利地位的群体，但那些缴纳税收的群体又是否愿意承担额外的责任？如果我们片面地思考问题，或者只站在自己的立场，就很难保障社会治理的公正。只有从社会整体的视角通过广泛协商参与社会政策和制度的制定、抱着审慎的态度做出负责任的选择，才能取得理想的社会结果。这也是公共理性的应有之义。

公共理性是社会治理的理性基础，也只有在以公共理性为主导的社会中，社会治理才具有现实意义。公共理性对于社会治理的必要性体现在以下几个方面。

其一，在人格方面，公共理性是社会治理者走出角色伦理冲突的基石。具备公共理性是每一位参与社会治理者的主体资格。社会治理者作为社会公民，一定具有多维的社会角色。他们是公共权力的操作者，是

① 〔美〕罗尔斯：《公共理性的观念》，载〔美〕詹姆斯·博曼、威廉·雷吉《协商民主：论理性与政治》，第 73 页。

某一部门的员工，是其他社会成员的亲属，也是社会商品的消费者。在进行社会治理时，他们难以完全避免不同社会角色之间的伦理冲突。美国行政管理学者库珀举了一个例子：一位女性在监督有害商用化学品的部门工作，她结识了一位男性并准备进一步发展两人的关系。这位男性恰好是某品牌杀虫剂的代理商。显然她男友的工作与她的管理业务之间具有密切的关系。[①] 一旦两人发生业务往来（在原始案例中，两人刻意避免谈论关于化学的问题），那么这位女士就很可能陷入伦理冲突——比如她男友代理的杀虫剂被检测出有违规的成分，那么这位女士就必须在友情（爱情）伦理与职业伦理中做出选择。更多的问题则出现在社会治理者的职业道德与公共道德之间。作为政府部门的工作者，遵守职业规范、服从组织目标是其基本的伦理要求。在一般情况下，社会治理者也会想方设法让部门利益得到最大限度的满足，最有效地实现部门目标。这也是行政效率的必然要求，而且符合行政伦理。通常我们都赞赏那些踏实工作、爱岗敬业的工作者。但由于部门理性的局限，其部门目标也许并不能带来良好的社会效益，甚至会带来负面的社会后果。那么在决策执行中，社会治理者该如何取舍？更极端的案例，阿伦特就对艾希曼（一位参与屠杀犹太人的纳粹军官）执行上级命令屠杀犹太人的行为进行了深入分析，并提出了“平庸的恶”。那么，如何才能避免“平庸的恶”，如何才能在众多伦理原则中做出正确的选择？库珀指出，管理者所面对的各种价值冲突可以被划分为不同的层级，并借此构建伦理决策模型。在这一模型最核心的部分包括四部分内容：预期的自我评价、道德规则、伦理准则和答辩彩排。[②] 对于社会治理者而言，要做出准确的伦理决策，就必须尽可能地站在公共性立场，认识、理解围绕公益的道德、伦理准则，以公共性的理由作为进行自我伦理答辩的依据。而这必然需要公共理性的指引。公务员是否应该公开自己财产信息的问题曾一度引发人们的热议。支持者认为公务员操作公共权力，当然应该保持财产的透明、接受民众的监督。反对者则强调个人财产涉及个人隐私，是基本的公民权力。如果不借助公共理性，我们无法得出确切的答案。公共理

① 〔美〕特里·L. 库珀：《行政伦理学——实现行政责任的途径》，张秀琴译，中国人民大学出版社2001年版，第4页。

② 〔美〕特里·L. 库珀：《行政伦理学——实现行政责任的途径》，第18~19页。

性则可以帮助人们看到公务员与普通民众的身份区别——他们因为操作公共权力而带有公共性，公开财产是权力监督重要且有效的途径，隐瞒个人财产所导致的权力腐败将产生严重社会后果。因此，财产公开无疑更符合社会公共利益的要求。

其二，在制度层面，公共理性是确保社会制度合理有效的基础。社会制度的合理有效主要包括两个方面，一是公平公正，二是具有现实可操作性，这两方面都需要公共理性作为支撑。本书在阐释社会治理的政治价值时已论述平等之于社会治理的内涵，意味着社会制度必须毫无偏见地对待每一位社会成员，并且致力于维护社会成员在基本权利层面的平等。制度的公平公正也是社会治理权威的主要依据。如在论述公共理性对于社会生活正当性问题所论及的，社会政策与制度越能促进人民的根本利益、满足人民的基本需求，就越能充分地表达公共善，也越能获得广泛的社会认同。社会认同的程度则直接决定社会治理的权威性。两者的关系充分表现在现代政治选举制度中。虽然世界各地所推行的选举制度存在巨大差异——无论是选举资格的认定还是选举程序的履行，但都表达了同样的主题——只有获得更多民众认同，才具有更强的政治权威。社会治理也是如此，所制定的政策和制度越能获得人们的理解和支持，其权威性也越强。关键在于如何实现制度的公平公正。社会治理强调多元参与，在现实社会生活中，不同的社会主体所处的地位、对于社会的影响力都是不同的。如果缺乏公共理性，而只在个体理性的指导下参与社会事务，分属不同社会群体的主体都会倾向于将自己在某方面的优势转化为社会治理参与的话语特权。以此所制定的社会政策和制度无疑将带有极大的片面性和群体倾向性。只有以公共理性取代个人理性，人们才能在社会生活中谋求能够得到普遍认同的政策和制度方案。对于少数群体而言尤其如此。某些群体游离于社会主流之外，他们可能也形成了自己的文化、具有特殊的需求。但他们的声音很容易被淹没在主流言语之中，甚至受到社会的歧视。个体理性显然无助于人们思考他人的利益。唯有公共理性能够帮助人们对其他群体保持开放和宽容的态度，并认真思考对方意见对社会生活的影响和意义。从社会、他人与自我三个方面综合考虑所制定的社会政策和制度一定比仅仅依据某种个体理性所产生的制度带来更为公平公正的结果。

就制度可操作性而言，社会治理需要利用、调配社会资源，自然离不开现实社会环境。而且社会治理通常涉及多元主体的利益。只有基于现实的社会条件，才能让其具备可操作性。这同样需要公共理性主导下的多元参与。社会资源是有限的，社会治理因此也会陷入零和博弈的囚徒困境。如果人们都选择最有利于自己的方案，其结果往往是最糟的。这种博弈在社会治理中最典型地表现为公平与效率的两难。在具体情景中，我们无法同等程度地兼顾两种价值，而只能采取牺牲某种价值的方式实现另一种价值。这也是正义讨论的一个主要问题。跳出零和博弈的根本出路在于能够认识并执行整体的最优途径。这就需要在有限的社会资源中达到价值与利益的平衡。阿罗的不可能定律证明，各方都想通过社会资源配置实现自我利益的最大化并不能达成最优的结果。因此，走出囚徒困境的最有效方式只能是借助公共理性，从社会整体层面为达成社会治理最优状态提供答案。

其三，公共理性是保证社会治理公益性的支撑。社会治理在管理者与民众关系层面，总体而言经历了三个阶段。第一个阶段，管理者与民众之间是单向的“权力－服从”关系，管理者处于权力的高位，所关心的是管理组织的目标和效力，传统社会的管理莫不如此。第二个阶段，管理者与民众之间开始建立“服务－顾客”的关系，管理者开始重视管理组织的社会服务功能，并尽可能满足民众的需求。从撒切尔夫人和梅杰所推动的新公共管理开始，社会管理大力引入市场机制、广泛吸收企业管理理念和模式，旨在降低管理成本，在此基础上提高社会服务质量。梅杰在“公民宪章”运动中以政府承诺的方式接受民众监督并且让政府服务规范化、制度化、标准化，认真听取民众意见，对待民众如同企业客户。现代社会治理则开始进入第三个阶段。在这一阶段中，社会管理者既不是社会的绝对领导，也不是单纯的产品提供者，而开始关切基于公民的社会公共利益。社会治理不仅旨在实现经济目标、满足社会成员的物质需求，更期待通过加强社会成员之间的相互信任在社会生活中建立和谐的秩序，提倡既尊重公民权利又有利于社会团结的精神价值。显然，社会治理发展的趋势更具有社会整体性的视野，更强调治理对公民、对社会价值层面的责任。正如哈登特在谈到新公共服务时所指出的，新公共服务的对象不是客户而是公民，公共服务希望促进的是公共利益——这种公共利益并不是简单的个体利益的累加。他认为公共服务的提供者不能仅仅寓于狭小的市场范畴，还应该充分考虑社会的宪法体系、文明程度、道德价值等综合因素。[①] 如此广阔的社会公益领域显然不是个人理性能够认识和达成的。为此提供支撑的只能是公共理性。除了帮助我们在社会治理中达成共识，并让社会制度具有最广泛的代表性之外，公共理性更是一种边界理性。它能帮助人们自觉地维护法律和社会规则，采取合理的行动方式。这是创造和谐社会环境、促进社会稳定、健康发展的重要机理。

五　公民美德：社会治理的道德追寻

善是社会生活不可或缺的基本要素，社会生活离不开也从未离开善的观念。对于社会成员个体而言，公民美德的塑造不仅是道德的期许，更是进入社会生活的必要品质。我国社会治理的根本目标在于形成党委领导、政府负责、社会协同、公众参与的社会格局。调动社会各主体参与公共事务的积极性，特别是调动公民的政治热情，鼓励公民以积极姿态进入公共生活，是促进社会治理的基本要求。在这一过程中，公民美德无疑是重要的政治伦理支撑。社会治理的开展充满对公民美德的期待，并且内含对公民美德的呼唤和诉求。

公民美德是依附于公民身份而产生的伦理概念。亚里士多德描述了公民的基本特征，那就是既在社会中扮演统治的角色，又在社会生活中接受统治。在古老的希腊城邦中，公民是城邦公共场域中完满人格的代表。公民对城邦事务不仅具有参与的权力，而且富有参与的责任。亚里士多德详细讨论了公民的本质，将公民定义为“凡得参加司法事务和治权机构的人们”。[②] 社会中的所有公共机构职务，都只能由公民担任。在这一层面，公民身份毋宁为一种资格，只有获得这种资格，才能在公共机构中任职，行使公共权力。公民身份与政体，与社会的政治价值、政治制度紧密相连。恰如亚里士多德所言，不同政体中的公民含义是截然

① 陈建平：《“新公共服务”的公共理性诉求》，《上海行政学院学报》2007 年第 3 期，第 61～62 页。

② 〔古希腊〕亚里士多德：《政治学》，第 111 页。

不同的。亚里士多德指出，有一些政体中的社会成员即便被冠以公民之名，也难以享受公民之实。因为在那些政体中，公民的权利得不到有效的保障，公民对于公共事务的参与也受到极大的限制。“有些城邦不承认平民的政治地位，也没有正规的公民大会，这些城邦仅仅有特别召集的无定期的群众集会；至于诉讼案件则由行政各部门人员分别处理。”[①] 所以在不同的政体中，公民所享有权利的内容和程度都会显现差别。只有具有完备的公民权利，其公民身份才是完备的。

公民美德必然以完备的公民人格为基础，具体表现在以下几个方面。其一，独立的人格。公民是与臣民相对应的概念。臣民无论其处于何种社会地位，总是与他人之间建立着不对等的人格关系。在差序社会中，任何人要么被别人所奴役，要么奴役别人。只有最高的统治者能够享有完满的人格，而这种完满也是以牺牲其他社会成员的独立性为代价的。统治者通常掌握其他成员的命运，甚至掌握生杀大权，所谓“君要臣死，臣不得不死；父要子亡，子不得不亡”。公民美德则高扬人作为社会主体的独立存在，不但在现实社会关系中不依附他人，而且在精神层面强调自己的独立人格，尊重自己的独立性。

其二，平等的身份。公民身份是平等的，所以任何不平等社会都不能保障完整的公民权利。平等表现在人格的平等和权利的平等，即公民与他人之间都有同等的人格尊严，与公民的社会生活状态无关。在社会法律和规范体系中，所有公民都必须得到同等的对待。这当然有赖于公平公正的社会制度——制度的安排必须保证所有公民都有确定的且完全相同的权利范畴。在公民道德层面则意味着所有公民都具有正直的品质，能够以平等之心对待他者。无论面对来自何种社会群体的交往对象，作为公民都必须一视同仁、以平等的姿态与人相处。

其三，政治参与资格。公民对于社会事务不仅具有参与资格，更具有参与责任与义务。换言之，公共事务也必须向所有公民开放。差序社会中，公共事务的参与通常是封闭的体系，只有进入统治阶层的人才有权参与公共事务。而公民人格则表明，对于公共事务的参与不是由某个人或者某个群体所决定的，是社会对全体公民的政治承诺，而不是一种政治的恩惠或

① 〔古希腊〕亚里士多德：《政治学》，第113页。

者偶然性的政治权。参与资格对于公民而言是与生俱来，不可剥夺的。

公民身份的确立对于社会治理而言是先决条件。缺乏这一条件，平等的社会参与就不可能实现，多元参与的社会治理格局也无法形成。

公民美德作为一种特殊的道德体系，有着自己鲜明的特征。首先，公民美德是发生在公共领域的道德。公民美德与私德的根本差别在于，公民美德是在公共生活中形成并发生作用的。公民美德总是发生在社会成员的交往之中，规约着社会成员间的人际秩序。确切地说，只有人们以公民身份进行交往时所具备和展现的道德，才能被认为是公民美德。而当社会成员之间以非公民身份进行交往、发生关系时所形成的道德则不属于此范畴。比如雷锋精神，就属于公民美德的范畴。因为雷锋精神的本质在于让社会成员相互关心、相互爱护，缔结和谐的公民关系。公民美德不依系于任何先天的自然联系，比如血缘关系或者生活的交集。这也是其与家庭美德或者个人美德相区别之处。比如父慈子孝、兄友弟恭等道德，很大程度上依赖于相互之间的私人联系。这些道德之所以不属于公民美德的范畴，一是因为这些道德准则作用的场域是在家庭之中，二是一旦脱离这些道德主体之间的私人关系，相互的道德责任和义务也就随之消失。儒家之所以提出爱有差等的命题，指出人与人的道德关系就如水中激起的涟漪，由内而外扩散，是从私人道德的层面而言的。私人道德的差别是私人关系差别的道德镜像。所以公民道德在某一社会中是一种无差别的道德，意味着所有公民之间的同等道德责任和义务。

其次，公民美德是指向公共善的道德。在古希腊先哲的视野中，城邦的善具有最高的价值，是一种最完满的德性，对于其他的各种善都具有统摄作用。其他的善只有促进城邦善的达成才具有自身价值。亚里士多德就指出，一切德性都有目的，而城邦的善就是最后的那个目的。亚里士多德指出，人类最高的善就是幸福的生活，而所有人都通过政治生活获得幸福。与个人的善相比，城邦的善处于更为优先的地位。“城邦的善却是所要获得和保持的更重要、更完满的善。”“为一个人获得这种善诚然可喜，为一个城邦获得这种善则更高尚、更神圣。”[①] 因此，古希腊的主德都是指向城邦之善的。亚里士多德在《尼各马可伦理学》中所讨

① 〔古希腊〕亚里士多德：《尼各马可伦理学》，第6页。

论的道德基本都属于公民道德。从他的论述中，我们可以看到这些道德与城邦的联系。亚里士多德之所以认为“公正是一切德性的总括”，是因为“一个人必定要同其他人打交道，必定要做共同体的一员。正是由于公正是相关于他人的德性这一原因，有人就说惟有公正才是‘对于他人的善’。因为，公正所促进的是另一个人的利益，不论那个人是一个治理者还是一个合伙者”。[①] 而勇敢之所以高贵，不仅是因为勇敢的人具有超出常人的承受能力，更因为他们能够在任何时候都在逻各斯的指引下做出正确的选择——这种逻各斯帮助他们认识到城邦之善。柏拉图提出四主德，认为勇敢、节制、智慧和正义是最为基本的德性。守卫城邦的人应该勇敢、手工业者应该节制、统治者应该智慧，从而达成城邦的正义。古希腊哲学家的思想无疑在以后的政治生活中得以传承。不论城邦的善是否如他们所描述的具有不可辩驳的优先性，人们都必须认同，社会善的实现会促进个体善的完满，公共生活的和谐有利于个体幸福的实现。与私德强调个体人格的完满不同，公民道德指向社会善的达成。所以公民美德与共同体具有本质的联系，一定与社会的主流价值取向保持一致。也正是这种一致性，赋予了公民美德超越私人道德的公共性。

私人道德通常凭借自己的道德判断和道德经验做出行为选择，不可避免地带有个体性和相对性，在社会生活中具有局限性。私人道德也因此往往不可普遍化，把私人道德作为一种社会伦理予以表达甚至会带来不道德的后果。这也是我们经常论及的道德的人与不道德的社会之关系。比如劫富济贫也许在特定历史时期可以具有一定程度的道德合理性，但如果将之作为社会性的道德规范，无疑将产生严重的消极后果。其根本原因在于这种道德缺乏公共善的维度，更多出自个体的道德理解，而不是基于普遍的道德共识。就我国社会而言，社会主义核心价值观无疑是当代的公共善观念。社会主义核心价值观在个人层面所提出的爱国、敬业、诚信、友善，更是公民美德的具体内容。

最后，公民美德是协调公共利益的道德。道德是规约各种利益关系的调节器，公民道德主要调节公共性的利益。由于公民美德形成、发生于公共场域，因此，它总是涉及、调和不同社会主体之间的利益。公民

① 〔古希腊〕亚里士多德：《尼各马可伦理学》，第130页。

美德能够为公民参与公共生活提供正确的价值指引和行为规范，其目的在于帮助公民自由而又合宜地表达自己利益的诉求，并且在这一过程中增进公共利益。我国正处于社会转型期，社会主体日渐多元，社会利益关系错综复杂，公民美德对于公共利益的协调功能越来越重要。一方面，由于社会主义市场机制所引起的社会分工日益细密，人们与社会和他人的依赖关系得到前所未有的强化。在自然经济模式中，人们之间保持着一定的经济独立性，还可以凭借农耕方式自给自足。在现代市场环境下，交易成为人们获取生活必需品最主要的途径。任何人都难以仅仅凭借自己的劳作满足所有需求，进入社会生活、与他人交往成为每位社会成员的必然选择。另一方面，随着社会结构的调整、经济生活方式的多元，社会群体也在出现分化。不同的社会群体具有各自的利益诉求、价值倾向、文化习惯。所以当今社会生活所呈现的是不同群体之间的相互协作、共同生活。这种社会生活图景直接导致公共领域的扩张和私人领域的公共化趋势。在自然经济环境下，对于生产方式和生产对象的选取很大程度上属于个人行为——因为自然生产的彼此交往极为有限，通常是自产自销。而在当前的商品经济中，生产行为被刻上了公共性的烙印——今天的产品主要用于流通和交易。所以更多的个人行为被赋予了社会意义。这就要求我们的行为选择不但要有私人维度，更要有公共视野。

人们所关注的食品安全、公共秩序问题很多与此有关。在食品加工中，很少有人刻意谋害他人（或客户）。但为什么存在食品添加剂过量、化学有害物质超标的现象？就是因为当私人或者私人部门从事生产时，只关注产量、成本、利润等个体利益，而忽视了商品生产对社会其他成员产生的影响。这些问题当然需要制度的完善和体制的健全，但更需要公民美德的塑造和培养。对公共利益的调节是公民美德不同于私人美德的又一特征。

公民美德总是与特定社会的形态、发展状况和意识形态等要素密不可分。从古希腊的城邦到西方启蒙运动之后对于自由、博爱、平等价值的诉求，公民美德的内涵在不断丰富与变化。在现阶段我国社会治理之中，公民美德也有着新的内涵。

首先，公民美德意味着对国家、对社会的热爱。热爱自己生活的共同体是公民的首要美德。虽然根据现代政治理论，公民是社会和国家的基础，具有政治权力发生层面的优先性，但对于每一个具体生活在社会中的个体而言，公民身份是生而有之的客观存在，在这种意义上，我们的确是“生而入其中”。我们都在共同体生活中实现自己的价值、选择自己的生活、伴随着共同体成长。无论我们采取何种生活方式，我们都在和其他的社会成员发生着必然联系，这是不以我们的意志为转移的。即便有人离群索居甚至自愿选择一种自给自足的生活，但他不论愿意与否，都在接受社会法律、规范的保护和约束，也在占用和消耗社会资源、与他人发生着实质上的契约关系。我们都身处互利互惠的公民体系之中，这是不可改变的现实。

作为公民的存在也是我们摆脱自然状态的前提条件。我们因为自身的政治属性而脱离自然状态，公民则是我们政治属性的集中表达。因为我们属于某一个共同体，所以我们享有这一共同体所规定的权利和义务。我们也凭借着这些权利和义务开展社会生活、体现我们的政治属性，即亚里士多德所说的“人都是政治动物”。因此，我们对社会、对他人有着天然的道德责任和道德义务。万俊人教授指出：“爱国是国家公民的首要政治美德，它意味着每一个国家公民对所属国家的政治认同，以及基于这一政治认同所担负的保卫国家独立、维护国家统一和尊严、为祖国的强大和发展而努力奋斗的基本政治责任。因为有了自己的祖国，我们每一个人才能脱出‘自然状态’，从‘自然人’转变为‘社会人’和‘文明人’。”他断言：“个人无法选择自己的祖国，如同个人无法选择自己的父母。但祖国却可以选择自己的公民，只有那些忠诚而富有爱国之政治美德的国民，才配称真正合格的国家公民。”①

站在国家和社会的立场，对于公民的热爱和忠诚也是政治共同体的天然道德要求。菲利克斯·格罗斯在论及国家的产生时论述道：“城邦国家取代了部落，成为首要的政治组织，要求获得其成员最高度的忠诚。”②对国家、社会的爱是一种高尚的道德情感，更是崇高的道德义务。热爱自己身处的政治共同体有着确定的内涵。其一，是对这一共同体的高度认同，即对国家基本政治理念、基本政治制度、社会基本价值的认同和

① 万俊人：《爱国主义是首要的公民美德》，《道德与文明》2009 年第 5 期，第 4 页。

② 〔美〕菲利克斯·格罗斯：《公民与国家——民族、部族和族属身份》，王建娥、魏强译，新华出版社 2003 年版，第 20 页。

忠诚。其二，对国家、社会的爱意味着对于国家文化、社会文化等标志性要素的尊重和接纳。其三，对国家、社会的热爱意味着爱同胞、爱其他的公民。①

其次，公民美德意味着对社会契约的遵守。契约关系无疑是现代社会生活最重要的交往关系。无论我们购买商品、享受公共服务还是享受公共福利，我们都在以成文或者不成文的方式与社会其他成员或者社会组织、企业、政府部门发生着契约关系。对契约的遵守是在社会成员间建立互信互惠的基础。从公民美德的角度来看，遵守契约是自我权责认定的过程，即对客观责任的主体认识。这种认识既包括对成文契约内容的持守，也包括对不成文契约的道德自觉。当人们进入公共领域从事公共活动时，必须认识自己行为与他者之间的契约关系、确定契约主体和契约内容，恪守承诺。契约的达成是产生契约关系各方共同努力、多元互动的结果。其中任意一方对于契约的违反都会导致契约关系的破裂，并且降低其他人对契约的预期。这种预期正是人们进入公共生活的重要依据。人们的契约预期越稳定，对其他社会成员的信任度就越高、参与社会生活的热情也更强烈。反之则会产生对其他社会成员的不信任，并降低参与社会生活的积极性。遵守契约是社会治理的重要支柱，只有社会治理的参与者遵守契约，才能保证治理的效率和质量。对于治理者而言，契约精神不是简单地服从治理程序，而是要认识所参与治理行为的终极目的和对利益相关者的意义，正义地行使自己的参与权。社会成员要主动履行在享受公共服务和公共产品过程中承诺的责任和义务。

再次，公民美德意味着对公共秩序的自律。公共秩序既包括社会的律法体系，也包括约定俗成的社会规范。对律法的遵守一直被认为是公民最基本的品德之一。律法和社会规范是维持基本社会秩序，保证社会稳定健康发展的坚实基础，也为公民交往提供平台。只有在律法和社会规则的体系内，公民的基本权利才能得到切实保障。而律法体系只是社会秩序的一个方面，就我国社会而言，文化、传统、习俗以及文化潜规则在社会中扮演着重要的角色。在某些特定的环境中，公共秩序的建立更多依靠的是人们的道德直觉和道德约定。比如当人们等待乘坐公共交

① 参见潘亚玲《爱国主义与民族主义辨析》，《欧洲研究》2006 年第 4 期，第 87 页。

通工具时，我们会普遍认同根据先来后到的原则进行排序。这就需要我们依据道德认知自觉遵守相关秩序。对于成熟的公民社会而言，公民对法律和社会规范的遵守不仅是对惩罚性后果的规避和对社会规范背后强制性权力的恐惧，而且是出于对社会的尊重、对公民身份的认同。一味依靠社会规范的强制性而遵守公共秩序是极不稳定的状态。在这一过程中，社会成员不但失去了主体性地位，而且产生服从性人格。如果人们对社会规则的遵守都是出自对国家、社会强力的畏惧，一旦这种力量减弱或者退出，人们就可能违反规则，造成社会秩序的混乱。只有将外部的规制内化为自觉的道德约束，才能让公共秩序获得更强的持续性。公民美德让人们既建立边界意识，又超越边界意识。超越之处在于，具有公民美德的社会成员能够在道德理性的指引下调整和重构公共秩序，使之在具体情境中主动满足他人和社会的道德期待。比如坐在非优待座位的乘客，当发现身边有孕妇、儿童或老人时，虽然社会规范并没有要求其让座，但他可以通过自己的道德选择顾及身边的弱势群体。这种重构的秩序无疑具有更高的道德价值。

最后，公民美德意味着对公共生活的自主。在分析公民的人格特质时已指出，公民与臣民的重要差别在于公民是独立自由的个体。臣民受到政治权力的压制，在社会生活中处于完全被动的地位，在权威压制下消极接受生活制度的安排。而公民则是以主人的姿态参与社会生活，这就决定了其积极的参与态度。公共生活的自主性表现在对社会生活的热忱。公民美德要求人们不能事不关己高高挂起，而要积极参与公共事务、参与社会问题的讨论。西方政治实践证明，对公共事务的冷漠在一定程度上是对自我意识的削弱、更是对公民权力的放弃。因为公共事务即便没有直接涉及我们自身的利益，其相关者都是我们的共同体成员，必定会对我们的社会生活带来间接的影响。只有主动关心、参与公共事务，我们才能充分行使公民话语权，防止少数意见取代公意所导致的非理性后果。公民美德层面对社会事务的关切和参与绝不是毫无根据的抱怨和批评，更不是以讹传讹、人云亦云的闲谈，而是秉承对社会的使命感而主动承担对社会的道德义务。无论是参与的目的还是参与的方式，都必须出自对善的追寻。对社会生活的热忱还表现在对其他社会成员的关心与关爱。我们都期待充满正义感、充满正能量的社会环境。要营造社会道德氛围，就必须敢于对社会的丑恶现象说不，敢于挺身而出维护正义。人际冷漠已为我们敲响了警钟。一些公民在公共场所遭受人身侵犯却无人相助的案例充分说明：任何人都可能是不法行为的牺牲品，如果我们面对犯罪等不道德行为袖手旁观，不法分子就会恣意妄为、破坏社会道德生态，给人们的社会生活带来巨大挑战。见义勇为、弘扬正气是公民美德对公民自主性的道德诉求。

公民美德的培育是构建现代政治文明的基本内容，也是现代社会建设的内在诉求。道德的社会从古至今都是人们孜孜以求的理想社会状态。公民美德带给社会成员强烈的归属感，帮助人们带着高尚的道德理想参与社会生活，在道德的指引下自觉规约个体行为、处理与他人的关系。公民美德的培育不但能够为健康社会秩序的建立创造道德环境，更能在社会生活中建立人与人之间充满温情的关怀。表达对社会成员最深的关切、凝聚人们围绕高尚的道德理想共同生活，正是社会治理的道德期许。公民美德无疑是推进社会治理的道德动力。

首先，公民美德有助于表达社会治理的人文关怀。关注民生、促进人的发展是社会治理的出发点和落脚点。党的十九大报告明确指出："我们要在继续推动发展的基础上，着力解决好发展不平衡不充分问题，大力提升发展质量和效益，更好满足人民在经济、政治、文化、社会、生态等方面日益增长的需要，更好推动人的全面发展、社会全面进步。"[①]社会建设的最终目标在于"多谋民生之利、多解民生之忧，在发展中补齐民生短板、促进社会公平正义，在幼有所育、学有所教、劳有所得、病有所医、老有所养、住有所居、弱有所扶上不断取得新进展，深入开展脱贫攻坚，保证全体人民在共建共享发展中有更多获得感，不断促进人的全面发展、全体人民共同富裕"。不同于以往社会管理注重制度理性和技术指数，社会治理表达出深厚的人文情怀。公民美德的培育则是将人文关怀充分实现于社会生活的主要途径。如果说公共理性为人们提供了认知他者、认知社会的能力，那么公民美德则能够在社会成员之间形成相互关爱的道德情感。公民美德的培育能够促使人们建立对他人和社

① 习近平：《决胜全面建成小康社会　夺取新时代中国特色社会主义伟大胜利——在中国共产党第十九次全国代表大会上的报告》，第11～12页。

会的道德义务，在社会生活中不仅追求行为的正当性，而且追求行为的善价值。对于管理权的操作者而言，公民美德将帮助他们塑造廉洁奉公的道德人格，以更负责任的态度行使公共权力。

其次，公民美德有助于为社会治理提供健康的社会生态。社会生态包括社会心理、社会关系和社会文化，决定着社会治理开展的整体环境。在恶劣的社会生态中，社会治理必然举步维艰。我们社会当前存在社会心理扭曲、人际关系紧张、庸俗文化泛滥等现象，很大程度上阻碍了社会生活的健康发展。比如仇官仇富的心态加剧了处于不同生活状态群体的对立。人际关系紧张则表现为对他人的淡漠和负面的交往预期，比如我们经常听到的“不与陌生人说话”。我们不禁要问，同为社会成员，为何而失去交往的勇气？造成这些现象的原因在于随着陌生人社会的形成，社会成员之间缺乏了解、产生隔阂。社会经济发展过程中所产生的社会资源分配失衡也在一定程度上拉大了社会成员的差别，导致分属不同群体的社会成员间难以产生相互认同。这些问题所产生的负面心理和情绪会蔓延至社会生活各个角落。人际疏远和不信任最终会动摇参与社会生活的信心，加大形成社会制度认同的难度，让社会制度和政策的执行面临阻力。解决这些问题的关键在于通过公民美德的培育在社会成员间构筑连接彼此情感的桥梁。通过群体之间的相互关爱消除彼此的心灵沟壑，让所有社会成员都感受到来自其他群体的关心和温暖，从而建立健康的社会生态环境。

最后，公民美德有助于为社会治理提供内在约束。道德治理是社会治理的有机组成部分。道德治理强调治理者的道德资格以及制度的内化。只有将公权赋予道德高尚的人，才能为社会治理提供人格保障。对于社会成员而言，制度约束和规范不可或缺，但并不是唯一途径。事实证明，离开个体道德的自觉，制度规范容易流于形式，而且在执行过程中要承受巨大压力。只有将社会制度和规范内化为公民的道德原则、道德信念，才能让社会管理获得坚实的道德基础。在道德层面让人民认同、拥护社会制度和政策也是治理的最高境界。孟子曾言：“以力服人者，非心服也，力不赡也；以德服人者，中心悦而诚服也。”（《孟子·公孙丑上》）公民美德的培育将促进人们秉持公民道德理念，自觉遵守、坚持社会道德原则，实现社会生活的自我约束。

第六章　社会治理的政治进路

要实现社会治理的价值目标、满足社会治理的政治哲学诉求，我们需要为治理的多元参与搭建宽阔的平台、促进形成多维共治的格局，通过制度建设实现社会公平、维护社会的良序发展。社会治理的政治进路在于：构建正义的社会制度、完善民主参与的协商机制、提高社会自治能力、建立德法相济的社会规范体系。

一　正义的社会基本制度安排

制度是社会治理的核心要件，为人们的社会生活提供基本框架。正义则是社会制度安排必须遵循的基本原则，只有符合正义的标准，制度才具有道德正当性。依据正义原则构建和完善社会制度是社会治理的中心内容。正义作为古老的概念，内涵也在不断丰富与扩展之中。基于不同的语境，对于正义的理解也存在差异。诺齐克提出了“持有正义”观念，强调人们依据市场所得具有自由支配财产的权利，并将自由价值置于优先地位。罗尔斯认为必须通过对市场结果的矫正保障处于最不利地位者的利益。戴维·米勒则从社会关系的角度提出差异性的正义观念，认为应该根据不同的社会关系提出相应的正义原则。那么，在我们的社会治理中，制度建设要遵循怎样的正义原则？我们不得不面对麦金泰尔所发出的何种正义、何种合理性的追问。

正义的社会制度具有两个基本的维度。第一个维度是效率，社会制度的安排必须能够激发社会活力、充分优化社会资源配置，推动社会的持续发展。没有效率的社会无法满足人们的物质文化需求，更无法有效解决我国社会主义建设初期的主要矛盾。制度正义的第二个维度则是公平，社会制度安排面向整个公民体系，让全体社会成员都能享受社会发展的成果是制度建设的本质诉求。在社会资源有限的前提下，效率与公平既相互促进，也存在矛盾与张力。它们之间的相互促进之处在于：效率的提高能够为社会资源的公平分配准备充足的份额，公平的社会能够保持社会的稳定、增强社会的凝聚力、让更多的社会成员获得参与社会生活的能力。在贫富悬殊的社会中，那些处于社会不利地位的人由于无法获得足够的社会资源——他们的天赋不能得到充分发挥，也因不能享受优质的教育而导致文化程度受到限制。天赋的抑制和所处社会环境既阻碍了他们进入社会生活的脚步，也不利于社会的整体发展。可以想象，一个达到高文化水平、所有社会成员天赋都得到充分挖掘的社会也必然拥有更高的效率。另外，社会资源的有限性让我们将更多资源和精力投入提高效率，同时我们用来实现社会公平的资源则可能出现短缺。合理地处理两者的关系，是制度正义的应有之义。

实现效率与公平的融合，有赖于我们设定清晰的正义标准。自由、民主、平等与法治是社会治理的基本价值。因此，我们制度安排的正义必然是建立在这四种价值基础上的正义。通过制度创新所要达成的正义必须满足以下标准：（1）制度安排必须保障公民的自由权利；（2）制度安排必须无差别地对待每一位社会成员；（3）制度安排必须维护社会成员之间依系公民身份的平等地位；（4）制度具有独立的权威和普遍有效性。

对于社会制度正义的达成存在两种截然不同的观点。一是基于市场机制的程序正义观念。这种观念主张，社会制度安排应该最大限度地发挥市场的作用，强调人根据自我能力、天赋和运气所获得的社会资源的正当性。传统自由主义学者普遍推崇这种正义方案。在他们看来，市场具有原始的善性，这种善表现在市场本身提倡选择的自由、交易的公平以及对个人努力的承认。同时，市场为人们提供了基于理性平等开展合作的方式。亚当·斯密阐述市场机制时特别强调了个人理性的有限性，市场是有限理性的个人追求自我利益而自发产生的社会生产和分配机制。激进的自由主义者反对任何形式的非市场化安排。哈耶克就指出任何对于市场结果的人为调节都是不可接受的。因为这种刻意追求通常只代表了部分人的意志，从而让其他人走上“奴役之路”——这也是他反对计划经济模式的理由。[①] 从他们的视角来看，社会制度安排的主要功能在于为市场机制扫除障碍，保障市场机制的正常运转，正义的社会制度应

① 〔美〕哈耶克：《个人主义与经济秩序》，邓正来译，三联书店2003年版，第22页。

该实现“最大多数人的最大幸福”。

二是通过对市场结果的二次分配以获得某种平等性的实质正义观念。这种观念看到了市场机制的不足，认为市场不仅不是正义的完备方案，反而会产生一系列的正义问题。最主要的问题表现在市场机制对效率的追求让那些缺少市场天赋或市场能力的人处于不利地位。基于社会资源分享的不平等最终将导致社会权利的不平等，威胁公民共同体的存续。这种正义观念试图通过对市场结果的再次分配维护社会成员的平等地位，保证人们拥有参与社会生活的能力。罗尔斯之所以提出“差异原则”，就是希望通过社会制度的安排让社会资源更多地流向社会弱势群体，让处于社会最不利地位的人能够从中分配到最大的份额。森从他对贫困问题的探索中发现了被人们所忽略的问题。以往人们通常认为贫困的根本原因在于生产不足。但森对 20 世纪 40 年代发生在印度的饥荒进行研究发现，出现饥荒的年份不但不是荒年，反而是丰收的年份；出现饥荒的地区出人意料地是粮食高产区。之所以出现饥荒，是因为人们缺乏分配粮食资源的权力，大量的粮食被用来出口兑换机械和其他用品。他认为对于贫困问题，我们要更关注“通过社会现有的合法手段支配食物的能力”。[①]

确如桑德尔所言，“实际上，我们目前某些最激烈的政治争论，就产生于这种公正进路内部的两大阵营——追求放任主义的阵营和追求公平的阵营”。[②] 放任主义的正义观显然存在自身内部难以修补的缺陷。根据社会主义理论，建立在私有制和市场基础上的自由主义生产方式会造成生产资料私有化和生产社会化之间的矛盾与对立，最终导致新生产方式的出现——因为这组矛盾是无法在其体系内自行化解的。放任主义的制度实践也证明了这组矛盾的存在和不可调和性。周期性的经济危机和严重的社会分化就是客观的证明——特别是 20 世纪 20 年代出现的全球性经济危机直接导致以国家干预为主要手段的凯恩斯主义的盛行。因此，作为公平的正义应该是社会制度的合理导向。对于正义的社会制度而言，既要发挥市场的效率优势，又要对市场结果进行合理的修正。

① 〔印〕阿马蒂亚·森：《贫困与饥荒》，王宇、王文玉译，商务印书馆 2001 年版，第 61 页。

② 〔美〕迈克尔·桑德尔：《公正，该如何做是好?》，朱慧玲译，中信出版社 2011 年版，第 21 页。

程序正义与实质正义共同确保制度运行在正义轨道上。程序正义着眼于制度的过程与形式，旨在为人们提供进入社会生活的正义规则。罗尔斯区分了纯粹的程序正义和非纯粹的程序正义。纯粹的程序正义意味着无论谁进入程序，都能保证正义的结果，即过程与结果的一致性。比如有一块蛋糕供大家分配，现在需要设计一种程序保证无论谁来切蛋糕，都会切成均等的份额。假设人都具有自利的理性，那么让主持分配的人最后拿蛋糕的程序就将是完美的。因为无论谁来切，唯有切成一样的等份，他才能分享到最大的份额——否则大的份额就会被别人取走而留给他最小的，这显然违反自利理性。罗尔斯认为完善的正义程序必须具备两个特征，一是有“一个脱离随后要进行的程序来确定并先于它的标准”，二是“设计一种保证达到预期结果的程序是有可能的”。[①] 正如罗尔斯所判断的，在社会制度中，完美的正义程序是非常难以实现的。社会制度所要实现的程序正义大都是不完美的，即所谓非纯粹的程序正义。这种程序正义的基本标志是：“当有一种判断正确结果的独立标准时，却没有可以保证达到它的程序。”[②] 比如陪审团制度，虽然制度设计的初衷是取得公正的判罚，但陪审团制度受到参与成员因素的影响——参与成员的个人判断会决定判罚的结果。在美国影星方达（Fonda）主演的电影《十二怒汉》中，如果不是8号陪审团成员拥有雄辩的口才和独立且无偏见的合理怀疑能力，那位年少的犯罪嫌疑人将面临截然不同的命运。

机会公平是社会制度最基本的程序正义要求，它意味着社会机会必须向所有社会成员开放，并且给予人们同等的对待。对于我国的社会制度而言，保证机会公平要做到以下几点。其一，要以法律体系为制度安排的底线。我国以宪法为基石的法律体系充分保障了公民权利，任何社会制度都必须遵守我国的法律规范。一切违反法律的社会制度都是不正义的。其二，我们的社会制度安排必须是公共意志决策的结果，表现出公共性特质。社会制度的公共性表现在公民对于制度制定的广泛参与和决策。对于社会制度，必须是公民充分商谈的结果。而且公民商谈决定社会制度是一个连续的动态过程。李建华教授指出：“从系统的观点看，

① 〔美〕罗尔斯：《正义论》，第81页。
② 〔美〕罗尔斯：《正义论》，第82页。

我们可以把政策的制定过程看做是循环的连续的过程。国家（政府）是一架政策输出的机器，当我们将公民或公民代表的意见与建议输入其中时，它通过加工整理的过程将政策作为结果输出。但是，最初选择的方案可能会有理性不及，所以，我们要根据系统所反馈的信息不断修正我们的决定使其更符合现实情况。”[①] 其三，社会制度必须将所有公民涵盖其中，不能以任何理由将某些社会群体排斥在外。所有社会成员在社会制度中都不享有超出他人的额外权利。就社会福利体系而言，我们以往的福利体系很长时间没有向非城镇人口开放，显然不符合程序正义的标准。实质正义期待通过社会制度安排为人们提供真实的公平机会。

但单纯的机会公平并不能确保制度的正义。机会或者程序之后，是人们把握机会、进入程序的能力。人们要获得把握机会的能力，需要多方面因素的支撑——财富收入、文化水平、认知能力、工作事业等。其中，有一些能力与公民权利直接相关，如果缺乏这些能力，公民权利将流于形式。那么，哪些能力可以被视为基础性的能力，我们是否应该又以何种形式为保障这些能力赋予更多的制度性倾斜？我们如何证成这些能力的优先性？我们对于基本能力的认定，要依据宪法所规定的公民基本权利——对于这些权利的承认直接表达了人自由全面发展的根本需求。我国宪法规定公民的基本权利包括生命权、财产权、劳动权、教育权、休息权和社会保障权。针对上述权利，我们认为公民必须具备以下几种能力。（1）维持生存且过上体面生活的能力。公民不仅要在社会中生存，而且具有基本的尊严。如果人们过的生活与多数社会成员存在巨大的差距，生活贫困，他们的尊严就将丧失。因此，人们应该享有的生活必需品不仅要维系生命，而且要保证生活的质量不失尊严。亚当·斯密指出：“我所说的必需品，不但是维持生活上必不可少的商品，而且是按照一国习俗，少了它，体面人固不待说，就是最低阶级人民，亦觉有伤体面的那一切商品。”[②]（2）获得良好教育资源的能力。教育是人们培养认知能力、获得文化知识和劳动技能的基本途径，是人实现自由发展的基础。如果不能获得良好的教育资源，人的自由发展将受到极大的限制。

---

① 李建华：《公共政策程序正义及其价值》，《中国社会科学》2009 年第 1 期，第 67 页。

② 〔英〕亚当·斯密：《国民财富的性质和原因的研究》（下卷），郭大力、王亚南译，商务印书馆 1994 年版，第 431 页。

特别在基础教育层面，教育公平是让人们站在平等发展起点的先决条件。（3）享受社会救济和公共服务的能力。我国宪法第四十五条明文规定："公民在年老、疾病或者丧失劳动能力的情况下，有从国家和社会获得物质帮助的权利。国家发展为公民享受这些权利所需要的社会保险、社会救济和医疗卫生事业。"社会生活呈现动态的图景，也广泛存在社会风险。我们谁也不能确定风险何时到来以及风险对个人的影响。社会救济与公共服务则是提高社会成员抗风险能力的重要保障。社会救济和公共服务能够让社会成员在遭遇社会风险、身处困难境遇时也能维护自己的公民权利、重新获得个人发展的机会。

在与基本能力相关的领域，我们的制度安排应该符合两个原则——均等原则与差异原则。均等原则是指制度安排应该保障每一位社会成员都具有获得生活必需品、享受基础教育和公共物品的渠道，而且应该尽量减小人们在基本能力方面的差异，这就需要差异原则的补充。社会制度安排不可能平均分配社会资源。将社会资源平均分配给处于不同社会生活状态的人也显然是不公平的。因此，绝对意义上的不平等是社会制度安排的常态。如罗尔斯指出的，只有当这种不平等满足"为处于社会最不利者带来最大利益"时，才具有正义价值。我国仍处于社会主义初级阶段，由于我国人口众多、社会资源还不足以同一时间满足所有基本能力的平等化要求，这就需要我们在面对零和博弈时对基本能力满足的迫切性进行"词典式排序"。我们可以设置公共性论坛，让所有社会成员基于公共理性列出自己确认的基本能力清单，在此基础上通过重叠共识的方式进行社会层面能力的排序。我们必须使那些基本能力最弱的人享受到最多的社会发展利益，增强他们把握机会的能力。此外，我们必须为那些在基本机会词典中排列最靠前的项目提供最大的支持。

在培养人们基本社会能力上，社会制度安排必须赋予人们自由发展的空间，并且在社会生活中体现人们在可控因素方面的差异，维护社会成员的应得利益。有一些社会机会与更高层次的自我实现相关，比如获得理想的社会职位、选择心仪的事业、接受高等教育等。对于这些机会的把握已经超出了公民基本需要的范畴，而且通常需要经过竞争和选拔的过程。在这些竞争性的社会领域，社会制度安排应该充分导入市场机制，发挥市场的资源配置功能。市场机制不仅能促进社会的高效运转，而且可为人们创造公平竞争和自由发展舞台。市场结果在很大程度上能够反映社会成员在生活态度、方式、努力程度等方面的差异。我们虽然认为竞争性的社会机会应该分配给那些最具备相关能力的人，但我们还必须考虑社会分层所带来的群体性差异以及人们殊为不同的原生运气。

我们认为，人们应该为自己可控的因素负责。那些生活态度更为积极、学习更为专注、工作更为努力的人应当比那些闲散慵懒的人获得更多的竞争性机会。但我们无法摆脱非可控因素的干扰。我们无法选择出生的地点、家庭背景，也无从选择自己的民族与肤色、相貌与天赋以及所处的社会环境。毫无疑问，每位社会成员都或多或少地被不可控的偶然性因素所影响。帕拉金（Peragine）认为社会应该对偶然性因素的干扰进行补偿。他提出了“补偿原则”和“责任原则”。前者旨在让人们中立于不可控因素产生的结果，认为社会应该消除那些超越人们可控制范围的因素所带来的不平等结果；后者则强调补偿的有限性，认为社会不必补偿那些完全在个人责任范围内因素所导致的结果。[①] 在社会生活中，排除所有的非可控偶然性因素是不现实的——况且就哪些偶然性因素应该被排除也存在极大的争议。从天赋而言，事实上每位社会成员能力的培养都建立在某种天赋之上。比如姚明的身高和郎朗在钢琴方面的敏锐。如果我们完全排斥天赋，就意味着我们要否定所有社会成员能力的差异——这是让人难以接受的。虽然我们普遍认为人只能对可支配的因素负责，但如果我们就此认为人对于任何非可控因素都不负责任则会产生新的错误。一个出生在贫困家庭的盗窃犯没有任何理由要求比一个出生在中产家庭的盗窃犯接受更轻的惩罚。弗洛拜（Marc Fleurbaey）认为责任可以分为两种。对于变动因素的控制产生了第一种责任；控制可变因素所产生的后果产生了第二种责任。作为具有主体性的个人，只要在行为过程中实现了对可变因素的控制，便负有道德责任。道德责任的大小与可变因素的可控程度相关。如果这些因素都是可控的，那么就要负完全的道德责任。第二种责任则注重行为的后果。只要导致相应后果，无

① Peragine, “Opportunity Egalitarianism and Income Inequality,” *Mathematical Social Science* 44 (2002): 46.

论其引发行为的原因，行为者都要承担责任。[①] 按照弗洛拜的理论，只要行为中参有主体意愿并且产生相应后果，责任就不可推脱。我们更不可能排除运气成分。我们在每一次市场竞争中都可能包含运气的成分——比如求职中面试者的偏好、考试中试题知识点的侧重等。只要依据理性，我们就知道绝不能以运气的理由否定竞争的结果。

我们认为社会制度的设计的确有责任尽量缩小不可控因素在人们之间划出的鸿沟，但补偿一定是有限的。罗梅（John E. Roemer）的观点为我们提供了抑制不可控因素所产生的不公平结果的可行方案。他看到了处于不同社会境遇、分属不同社会群体间的巨大差异。分属不同社会群体的人们不仅往往处于不同的经济地位，而且接受着不同的群体文化和群体心态的熏陶。这些因素潜移默化地影响着人们的生活态度、价值判断和职业选择。罗梅发现，那些生活在富人区的孩子，由于身边居住的都是主流群体，从小就注重学习、充满自信，而且极少被不良习气所引诱。他们身边的人普遍积极上进，使他们更容易接受积极的社会观念。而那些生活在贫民区的孩子则身处充斥着犯罪与暴力的环境中，对于社会丑恶司空见惯，很容易接触社会的阴暗面。他们生活的家庭和社区相比之下忽视教育、缺乏融入主流社会的勇气，社会价值观念偏颇。身处两个社区的孩子面临的生存压力是截然不同的。社会对于这种差别显然负有责任。在社会竞争中，在富人区成长的孩子无疑具有某种程度的先天优势。如果我们完全按照竞争中所表现的能力差别进行选拔，显然有失公允。因此，社会机会对于他们的开放不应该只根据某种统一的标准，而应该考虑他们在所属群体中的相对地位。

但是如果我们过分考虑社会竞争中的群体差异也会带来问题。阿内森（Richard J. Arneson）在谈到关于福利的机会平等时指出，每个人根据自己的偏好都会做出不同的选择和决定，而这种选择和决定会产生某种程度上可以预期的后果。各种决定和由它所带来的结果组成“决定树”，那么平等机会意味着人们都面对着相等的“决定树”，即人们不同程度的选择都具有相等的期望价值。阿内森意识到，即便人们面对着价

① Marc Fleurbaey, “Equality and Responsibility,” *European Economic Review* 39 (1995): 683 - 685.

值相同的选择序列，他们对于这些选择和价值的认识以及关于做出合理选择所需要的个性、特质也是存在差异的。所以，他对机会平等做出了三条限制：（1）人们在完成这些选择上具有相同的能力；（2）选择的平等并不是以完全消弭人们在把握机会能力上的差别而达成的；（3）造成人们在机会选择和把握能力上不平等的原因必须是那些个人应为之担负责任的因素。① 所以，我们所面对的问题在于，如何判断哪些因素是真实的不可控因素——这些因素干扰甚至直接决定个人的生活前景；同时又保证每个人都对自己的行为和价值观念以及生活的选择负责，承担自我选择的后果。

显然，我们在现实中所能够掌握的信息只能是个人或者某个群体所处的环境，而环境对个人所产生的影响是很难用数量的方式进行精确表达的。所以，完全把环境对人的影响作为区别人群的依据就会产生过度分配的问题。但如果我们仅仅停留在满足社会成员的基本需求上，并不一定能够完全消除人们在指向性机会上的把握能力或者“可得性”（Access）中的差异，而且即便在基本需求保障方面，差异依然存在。比如说，社会可以为所有成员提供充足的粮食以满足生存的需要，但提供的种类和质量还是会存在差别的。每个人即便都拥有获得基本教育的机会，教育的质量和方式也不会是完全相同的。带着这些差异进入更高层次的价值追求过程，就可能产生不平等的累积效应。

所以，在竞争性机会中，我们还是需要把人们之间的差异纳入考量的范围。我们可以对人群进行分类，但分类的依据不能是环境对人的影响，而只能是环境本身。在分析社会治理的平等价值时，我们借鉴了沃尔泽关于社会领域复合平等的观点。根据沃尔泽和罗梅的理论，社会制度安排应该在每一个单独的群体内部实行能力原则，即机会属于那些最满足、最符合机会所需要的特质和条件的人。

因此，正义的社会制度需要在群体之间实行有限的动态差别原则。“有限”是指，这种差别原则并不同于罗尔斯提出的差别原则，它不要求社会制度的结果必须最有利于那些最不利者。在竞争性机会中的差别

---

① Richard J. Arneson, “Equality and Equal Opportunity for Welfare,” *Philosophical Studies* 56：1（1989）：85 - 86.

原则没有那么强烈，可以只看作一种补偿原则，补偿的程度根据差异的大小决定，并且和差异的程度成反比。所以这种差异原则又呈现一种流动的态势：如果群体之间的差别不断降低或减小，那么补偿的力度也就随之发生改变。这样，对于任何竞争性机会的选择和把握都反映了个体的自由偏好和价值取向。当人们根据自己对幸福生活的理解自由地选择面对不同机会时，他们一方面需要付出自己的努力，承担自己选择和行为的后果；另一方面，他们由于不可控因素所产生的与他人之间的差异需要也得到了补偿。所以，在竞争性机会中社会制度安排应该遵守的原则是：（1）在环境不同的群体之间实行机会的有限的和动态的补偿；（2）在群体内部，机会提供给那些与机会所需要的因素最匹配的人。前者称为"有限动态差异原则，"后者是"能力原则"。在动态的社会背景中，经过基本机会的均等分配和差别分配，人们在环境中的差别得以缩小。如果人们非可控因素方面的差异持续缩小，社会就有更充足的理由发挥竞争机制的作用，提高效率。

但是，这种制度安排还是会遇到一些问题。在竞争性机会中还有一类重要的机会，这类机会直接面对服务对象，为社会或者特定的人群提供产品并且直接关乎他们的利益。如果我们在这类机会中依据上述两原则进行分配，我们可能会遇到这样的困境：比如，在谋求医生职位的两群人（A 群和 B 群）中，A 群人从小便接受了良好的医疗相关教育，而 B 群人的教育质量不如前者。那么根据有限动态差异原则，我们必须把部分机会留给 B 群人作为补偿。但是如果 B 群人中最优秀的机会追求者也没有达到 A 群中将被淘汰者的水平，甚至没有达到成为医生所必需的要求，那么，他的入选将直接导致医疗服务水平下降，并且使得将来他所面对的患者面临更大的风险。对于这一问题，我们还需要进一步完善罗梅所提出的分群平等原则。也就是说，我们的制度安排应该考虑不同社会群体的差异，促使不同群体中付出了同等努力的人有机会获得同等的社会机会。但是，我们还是要确定社会工作的基本标准，以此保证社会工作的质量和效率。

这样，我们就已经初步建立了一套社会制度安排的正义原则体系：（1）制度无偏性原则，社会机会向所有社会成员开放；（2）均等化地为社会成员提供基本福利和保障，在满足生活需求层面遵循"差异原则"、让制度结果最有利于处于社会不利地位的群体；（3）在社会竞争领域采取基本标准之上的分群平等原则，既考虑群体差别又满足社会工作的质量要求。依据这一体系，社会治理语境下的制度建设应该着力于以下几个方面。

第一，完善中国特色社会主义市场机制。市场作为目前主导的经济机制，有着原始的善。（1）市场尊重个人的意愿与选择，市场机制的运转以个人自由为基础。每一个市场主体都以独立、自由的身份选择进入或者退出市场，选择生产、销售、消费何种商品，选择实现自我利益的方式。在“看不见的手”的指引下，人们自觉地开展经济生活，并且在实现自我利益最大化的同时实现社会资源的最优配置。（2）市场机制彰显公平。市场交换是公平的交换，买方和卖方就市场主体而言都处于平等的地位，没有任何人可以强迫他人出售或者购买任何商品。人们根据自己的意愿进行讨价还价，就商品的价格达成共识而实现交易。完全自由竞争是市场机制所追求的理想状态，在完全市场中，人们的信息都是对称的，交易是在阳光下进行的。（3）市场激发效率。历史证明，市场机制是迄今为止最高效的财富创造和资源配置方式。

市场机制的这些“善性”，使其内在地契合社会治理对于程序平等的诉求。（1）市场肯定人们之间的合理差异，维护人们的“应得”权利。市场利益的获得是人们自由选择的结果，人们凭借自身所具备的市场能力（天赋、努力和市场运气）参与市场竞争，获得个人利益。市场机制强调起点公平，按劳分配是市场资源分配的主要方式。在公平的市场环境中，人们从平等的起跑线出发，在市场中所争取的位置都是人们的“应得”利益。完全市场的结果能够保证初次分配的公平。（2）市场机制以维护人们的个人利益为前提。市场的产生是以承认、尊重个人财富为基础的。市场鼓励、提倡人们扩大个人利益，这也是调动个人积极性、保障市场活力的重要机理。因此，市场非常注重个人与他人之间的权利边界，以不侵犯他人权利为基本准则。（3）市场是实现共同富裕的基本路径。社会主义建设的历史任务之一就是为共产主义做好充分的物质准备。马克思看到了资本主义让劳动偏离劳动主体所产生的社会后果，因此提出了围绕人们主体需求的社会资源分配模式——按需分配。在现阶段，我们显然还不能达到按需分配对于社会财富的要求。按需分配的实质就是提高人民的物质生活水平、促进人民的根本利益。要尽可能满足人们的需求，就必须把社会资源的“蛋糕”做大。贫穷不是社会主义，相反，富裕才是社会主义的建设目标。因此，完善社会主义市场经济体制是实现社会治理制度正义的重要方面。

第二，促进社会保障和社会服务的均等化。市场是经济领域实现社会发展的重要机制，但其无法独自完成构建正义社会的重任。在市场经济的实践中，已经出现了不公平现象。社会保障和社会服务是消除社会不平等现象的主要途径，也是维护人们基本权利的重要保障。作为社会成员，人们都有体面地在社会中生活的权利，社会有责任满足人们的基本需求。由于受到经济发展不平衡和制度设计的影响，我国目前依然存在社会保障和公共服务方面的地区差异、城乡差异。建立公平的社会福利机制、实现公共服务均等化，就必须消除城乡二元结构、缩小地区发展所带来的福利差别。

（1）要扩大社会福利覆盖范围。社会治理的制度建设把所有公民都纳入社会保障体系，让每一个人都能享受公共服务。在旧有的城乡二元结构中，相当比例的农村人口和非“单位”人口被排除在社会保障体系之外。这势必造成公民权利的差别。所有公民都是社会的主体，大家都具有平等的政治身份，因此在享受社会福利中都应该受到同等的尊重和对待。

（2）建立均等化的公共服务体系。公共服务是培育公民基本能力的重要支撑。由于公共服务与生俱来的公共性，所有社会成员具有享受均等公共服务的诉求。教育与健康都是公共服务的主要内容。森等人指出，教育、健康等公共服务直接关乎人自由权利的实现。他们给出的理由在于：“受教育和健康本身就是有价值的成就，有机会得到它们，对个人的实际自由有直接重要意义”，教育与健康对于人参与社会生活、获得社会工作发挥着决定性作用，教育与健康能够提升人们参与社会政治生活的能力，教育与健康有利于开阔公民视野、消除社会歧视。① 我国目前存在的公共服务资源短缺、公共服务区域不平等现象，引发了人们在基本能力方面的显著差异。我国城乡二元结构依然存在，特别是在公共服务

① 〔印度〕阿玛蒂亚·森、让·德雷兹：《印度：经济发展与社会机会》，黄飞君译，社会科学文献出版社 2006 年版，第 17 ~ 18 页。

领域。在政策制度方面，公共服务的城市中心化特征明显，对于城镇公共服务资源的投入明显高于农村地区。加之经济发展不平衡所导致的地区发展不平衡，经济发达地区对于资金、人才的吸纳能力不断提高，农村地区公共服务领域人才流失严重。在制度和经济发展失衡的双重作用下，我国城乡，以及经济发达与不发达地区的公共服务质量差别正逐步拉大。公共服务非但没有向人们基本能力欠缺的地区倾斜，反而展现出向经济发达地区集中的趋势。这无疑让基本能力弱势群体处于更为不利的境地。改变这一状况有待于将公共服务的重心向经济不发达地区和偏远地区转移，通过制度创新消除经济发展不平衡所带来的反向拉动效应。我们应该大幅提高偏远地区公共服务人员的工资待遇。我国改革开放之前的均等化工资标准虽然饱受争议，而且证明不能广泛应用于社会各领域，但就公共服务而言，均等化的工资待遇标准有利于人才向经济不发达地区的流动以及当地人才队伍的稳定。这对于均等化公共服务质量无疑具有促进作用。

（3）构建精准化的社会保障体系。社会保障体系对于维持人们（特别是处于社会不利地位的群体）的生活水平、维护公民尊严具有基础性意义。社会保障也是消除人们原生运气沟壑、使人们站在平等社会起点的支柱性机制。社会保障应该遵循差异原则，为处于最不利地位的社会成员提供最大的帮助、带来最多的利益。以往我们的社会保障通常以居民收入作为划分不同保障标准的界限。这种简单的统一化标准会遗漏很多方面的信息，造成与保障对象切实需求的偏差。一个略高于贫困线的多子女家庭往往比略低于贫困线的单子女家庭更困难；一个拥有残疾人的贫困家庭比拥有同等收入的健康家庭更需要帮助。这就要求我们构建综合性的社会保障评估体系，让困难家庭的信息得到整体性的呈现。现有的数据分析能力和信息技术帮我们扫清了技术方面的障碍。大数据的数据描述方式更为我们提供了整体性的思维模式。通过综合性的信息采集和分析，我们不但能对需要帮助家庭的困难程度进行科学划分，更能准确把握他们最急切的需求，从而有针对性地为其提供社会救助和公共产品、提高社会保障效率。以“供给侧结构性改革”为例，“供给侧结构性改革”要求社会职能部门在充分考虑社会需求的前提下进一步调整、优化供给结构、机制和质量，调和供给与需求的矛盾。

第三，实现社会职位的公平开放。社会职位不仅包括工作就业，还包括为了获取工作而接受的教育和培训，比如学校的招考。我们当然不能为所有人提供相同的社会职位，但我们应该让人们在争取获得这些职位时能够拥有同等的机会。

一方面，我们要保证社会职位程序的正义性，构筑消除社会歧视机制。性别歧视、残疾歧视、文化歧视严重干扰社会公平与平等价值的实现。要解决社会歧视问题，要对弱势群体予以更多的关注、提供更坚实的权利保障。学者黎桦提出要以微观制度的差等性立法保障人格权的平等。他提出："人格权的差等性其实随处可寻得现实理据，这集中体现在当代社会'弱势群体'这一概念上。诸如妇女、未成年人、老年人、残疾人、少数民族、消费者、劳动者等群体性概念，在当代立法活动中，已经具有不可否认的'特权'式的制度关怀——通过倾斜立法使其人格权获得增益式的保护。"① 同时，我们要确保社会职位向所有社会成员开放。在社会公职的招聘中，有的设置了学历要求。这就意味着只有具备某种学历层次的人才有机会任职、行使公共权力。而公共权力属于全体社会成员，那些不具备所要求学历的公民显然被排除在公职机会之外，这显然是不公平的——因为他们也是公共权力的所有者。与公共权力相关的职位只应该提出能力的要求，而不应该通过标准的设立将大门向某些群体关闭。任何社会成员都应该具备进入任职选拔程序的资格，任职与否则取决于选拔程序。通过社会职位标准和程序的优化设置防止社会歧视的发生，是社会治理的正义期待。

另一方面，在社会职位开放中，要尽量排除不可控因素对个人发展的影响。罗梅曾举过一个例子。在 A 群体中，人们都来自有色人种，收入比较低，而且普遍有着较多的兄弟姐妹；而在 B 群体中，人们都是中等以上收入者，兄弟姐妹较少，父母都从事着比较体面的工作。在 A 群体中成长的孩子可能普遍不重视学习，他们在学习上的努力程度用数量表示的话，其区域在 1 至 5 之间。与他们不同，那些从小生活在 B 群体的孩子往往重视学习，并且会更加努力，他们的努力程度区域是 2 到 8。显然，A 群体的平均努力程度为 2.5，而 B 群体的平均努力程度是 5。如

① 黎桦：《以微观制度实现人格权的差等性立法》，《中国社会科学报》2015 年 8 月 12 日。

果一个在A群体中的孩子达到4的努力程度，而另一个在B群体中的孩子达到5的努力程度，毫无疑问，A群体中的这个孩子明显不如B群体中的孩子努力。但是，对于他们而言，在与他们有着相似成长和生活背景的群体中，只有20%的人能像他一样努力；但B群体中的这个孩子，在他们所属的群体中，只能达到努力的平均水平。如果以所在群体内的努力水准为标准来分配教育机会，如大学录取机会的分配，罗梅认为，来自A群体的孩子更应该成为录取的对象。[①] 如果我们在社会选拔中只注重个人素质，而忽视其成长的过程和付出的努力，显然也是不公平的。这就意味着，在社会就业和考试录取等方面，我们必须有差别地对待，这种差别必须尊重个人的努力程度、减少不可控因素对于人们获得社会机会的影响。

第四，优化社会补偿。社会补偿包括两个方面：一是社会整体性补偿，二是针对利益相关者的补偿。就第一方面而言，在社会发展过程中，很难保证所有群体都同等程度地分享社会利益。特别是社会处于转型期，某些群体的利益牺牲在所难免。作为互利互惠的公民合作体系，社会成员不能只关切自我利益，而应该顾及其他成员的利益。站在社会整体的角度，在制度设计中有责任对那些利益实现滞后的群体进行补偿。其中最重要的补偿方式就是社会资源的群体间转移，主要通过税收的形式完成。我国已经建立了累进税制体系，在社会优势群体和弱势群体间搭建了稳定的补偿通道。就税收制度而言，关键之处在于税收起点和不同收入群体税点的确立。如何让社会成员合理地承担纳税责任，同时避免税收起点的过低让非高收入群体承担额外的负担以及税点过高对于社会效率的负面影响，是税收制度进一步完善的要点。

就第二方面而言，我国宪法第十三条规定："国家为了公共利益的需要，可以依照法律规定对公民的私有财产实行征收或者征用并给予补偿。"随着我国近年来城镇化进程的加速推行，政府产生了大量的土地征收需求，社会补偿问题日渐凸显，其中的矛盾也引起了社会的广泛关注。对于公民财产征收和补偿关系到公民的财产权，对于公民权利产生直接影响。征收公民财产是为了公共利益。公共利益意味着征收的目的是促

---

① John E. Roemer, *Equality of Opportunity*, Harvard University Press, 1998, pp. 13 - 15.

进社会整体利益的实现，而且所促进的利益必须包括被征收者的利益。如果征收的目的与被征收者利益无涉，人们不禁要问为何要为其他群体的利益埋单。财产权作为基本权利，具有以社会整体之名也不可侵犯的效力。很多政府征地都是作为商业用途，商业开放往往针对特定的受众，比如房地产开发特别是高档住宅区的建设，其公益性难免受到质疑。当然我们提倡利他主义精神，但为他利而做出牺牲一定要建立在自愿的基础之上。否则，公益一旦成为征收的借口，公民的基本权利就会面临挑战。对于的确有利于公益的征收，比如为改善城市交通状况的道路修筑和公共服务设施的建筑，我们要恪守集体主义精神，也要为被征收者提供公平的补偿。社会补偿应该遵循的原则是：补偿后被征收者的福利水平不低于被征收之前。唯有如此，公民的权利才能得到切实的保障。

二　民主的社会多维协商机制

民主协商机制是推动公民参与、充分表达民意的基本途径；更是把握社会治理节点，理顺党的领导与公民参与、公众意志与个体利益等社会主要关系的关键环节。

民主协商是建立在公共理性之上的社会辩谈方式，旨在为公民提供自由平等的途径并通过相互对话参与社会生活、做出公共决策。我国目前已经进入社会主义建设新的历史阶段，社会利益和权力格局都在发生深刻变化。要让社会治理跟上社会转型的步伐、通过公共权力的行使缓解社会矛盾、促进社会发展，就必须建立多维民主协商制度，在社会成员之间构建达成共识的通路，让所有社会成员能够认同公共决策的结果，并从中受益。

多维民主协商机制主要包括三个层面：政党之间的民主协商，公民与政党、政府的民主协商以及公民之间的民主协商。在西方代议制政治体制中，政党是以执政为目的结成的政治同盟，它以体制化的形式表达了特定群体的基本政治价值主张和利益诉求，在公共决策中扮演引导性角色。作为当前世界最主要的政治方式，政党政治决定了社会制度和公共决策的价值方向和利益追求。执政党通常依据其政治纲领、政治原则和利益诉求牵引社会建设与发展，将政党意志拓展至社会生活领域。在西方轮流执政的政治架构下，政党之间充满了博弈与对立。它们之间的对话具有明显的消极性色彩——更多是出于追求执政权力的无奈之举。特别在多党制民主体系中，很多情况下任何一个政党都无法获得执政所需的基准选票，只能通过联合其他政党组成联合政府，以达到政治目标。在这种情况下，政治权力沦为政党满足自身利益的工具，政党的代表性受到广泛质疑，表现在社会领域就是群体利益的偏私性。在西方政党政治中，任何政党都只代表了部分人的意志和利益，但在它们获得执政地位后，却不得不面对全体社会成员的诉求。政党利益与社会整体利益之间出现无法调和的矛盾。权力自我扩张的本质将导致执政党将自我利益置于优先地位，更多顾及所代表群体的意志。政党间紧张的对立关系让各自所代表群体的利益缺乏有效通融的渠道，政党利益的偏向性表现得更为明显。比如美国共和党执政时倾向于降低税收，取悦富人；而民主党则倾向于提高税收，更多惠及低层收入者。无论哪个政党执政，都必然会对非代表群体的利益产生负面影响、造成社会不公平。美国两党政治在民众中产生了严重的分歧，在群体间挖掘出难以跨越的鸿沟。同时，在选票制的驱使下，政党都会力图获得多数人的支持，从而造成多数人对少数人的压力。这就意味着，如果某些成员无法在文化、经济、政治等方面进入社会主流，就会被社会所歧视和漠视。少数群体的边缘化一直是困扰西方社会的难题。可见，政党之间如果缺乏行之有效的协商机制，就难以保证社会制度和政策的公平。

我国建立了超越西方的政党制度，中国共产党作为执政党，代表了全体人民的根本利益，与作为参政党的民主党派之间形成了“长期共存、互相监督、肝胆相照、荣辱与共”的新型政党关系。因此，我们的政党制度避免了西方政治出现的种种弊端，特别是从根本上解决了政党的群体性与社会利益的普遍性之间的矛盾。但是社会利益总是处于变动的状态，人民在新的社会和历史条件下产生了新的文化与物质需求，权利的内容和表现形式也不断丰富。这就要求我们党及时更新知识体系，把握社会转型动态，强化党在不同社会发展阶段的适应能力和领导能力。党作为政治有机体，必须通过新陈代谢保持自身活力。与民主党派的协商是党自我更新、自我提升的重要方式。民主党派成员来源广泛、人员构成涵盖了文化、科技、经济等各个领域，并与海外同胞之间保持着紧密的联系，凸显多元的群体代表性。较之与社会群体和公民个体的对话，政党间的协商无疑具有更高的政治效率——因为政党对于利益的表达更富有组织性和系统性。

在政党之间构建民主协商机制，首先要充分保障民主党派的协商话语权。在我国政治体系中，党是社会主义事业的领导核心，与民主党派之间既存在领导与被领导的关系，又是互信互助的政治伙伴。因此，我国政党之间强调建立在互相尊重、人格平等基础上的引导与协作。中国共产党的领导地位不可撼动，否则社会将失去发展的方向；尊重与人格的平等也不可动摇，否则政治协商将失去效力。在政党的民主协商中，要尊重各方的协商话语权。政治协商作为我国基本政治制度，凸显出政治包容性和开放性。只有广泛听取民主党派的意见和建议，才能全面了解现实社会生活中存在的问题和社会建设的动向，从而突破自我认识的局限，为主导社会管理提供新的思路和方法。

其次，要提升民主党派的政治协商能力。民主党派成员聚集了文化、知识和技术领域的专家学者，有的对社会现象和问题予以了持续关注并产出了丰硕成果。同时，民主党派站在参政者的立场，能够客观、真实地反映问题。由于利益的非干涉性——虽然民主党派成员也在政府部门任职并参与公共权力的运作，但相较于执政党而言，他们与政治利益的牵涉程度更低，民主党派的意见更少受到政治权力等因素的干扰，从而保持意见和建议的公正性。我们要充分发挥民主党派在以上方面的优势，将其优秀成果和独特见解合理应用到社会管理之中。此外，要帮助民主党派加强基层组织建设。作为执政党，中国共产党拥有最完备和成熟的组织体系和队伍培养机制。相比之下，民主党派组织形式较为松散，人员吸纳能力受到自身代表性的局限，基层组织建设相对滞后。一些民主党派开始出现人员结构老化、组织机构萎缩等现象。长此以往，民主党派将难以履行参政议政职能，其协商的话语权也必然受到弱化。民主协商是双向互动、相互促进的过程，中国共产党也要与民主党派分享提升政治能力、完善组织机制的经验，增进民主党派的协商能力。

最后，要赋予民主党派在公共决策中更高的权重。民主协商不仅仅是建言献策，更期待共同决策。对于社会治理而言，对决策过程的参与是将协商结果落地生根的核心步骤。我国无论在顶层设计还是地方治理层面，都建立了体系化的协商参与制度，强调民主党派对于各级政府决策的常态参与。但在制度运作层面还是暴露出一些较为普遍的问题。某些政府部门在人员任免方面没有充分贯彻党中央精神，民主党派成员难以进入核心决策部门、任职关键岗位。在某些情况下，民主党派甚至无法及时获取全面的决策信息。这无疑增加了民主党派参与民主协商的难度，极大削弱了民主协商的效率。这就需要我们在组织建设中提高民主党派在决策部门的任职比例、搭建信息共享和沟通平台，为民主党派参与公共决策提供便利。

政党之间的民主协商在社会协商体系中处于最高的位置。一是因为政党在国家政治层面和社会生活层面的独特地位，二是因为政党协商的对象都是宏观的决定国计民生的重大问题。对于社会治理而言，政党协商旨在为社会生活提供价值标准和战略方向、解决最根本的社会矛盾。政党协商的结果对于社会生活具有提纲挈领的意义。

但社会治理是一个复杂的系统工程，有了纲领性的保障，还需要针对具体事务的民主协商，以保证社会管理的结果能够顾及所有社会成员的利益。作为社会治理的主导和责任主体，党和政府需要广泛听取人民群众的意见，保持治理目标与人民切实需求的一致性。

公民与党和政府的民主协商意义主要有三点。

其一，能够及时全面地反馈社会信息。对于社会信息的认知越全面，就越有利于增强社会治理的针对性和准确性。而且，社会治理的对象是全体公民，他们既以社会成员整体的面貌出现，又以具体的单个个体形式存在。要解决公共利益与个体利益的张力，就必须在表达公共意志的基础上观照公民个体的意愿和诉求。如果我们缺乏公民意见表达的通路，就会造成我国学者汪晖所提出的“代表性断裂”。党和政府都是人民群众的代表，都受人民的委托行使公共权力。党和政府的代表性也是其政治合法性的主要来源。保持代表性的根本途径在于贴近群众、聆听群众的声音。

其二，能够分散党和政府的社会治理压力。民主协商的过程是群策群力的过程，也在其中分担了社会治理责任。权力与责任总是处于对等的关系之中，有限权力带来有限责任、无限权力则会产生无限责任。在闭合的社会管理体系中，社会管理者凭借自我意志制定政策和制度，承担着全部制度风险和行政责任。公民广泛参与民主协商一方面能弥补单一部门理性的缺陷，另一方面则可实现社会决策的公共化。更多主体参与协商实质上共享了决策权力，也共担了决策责任。近年来，我国一些地方出现了群体性事件，严重威胁社会稳定。值得注意的是，参与这种事件的民众并非都是某一公共决策的直接利益相关者。他们的参与更多表现了消极的社会心态，特别是对管理部门的不满情绪。事件背后的深层原因很大程度上归结为缺乏畅通的公民话语渠道，无法通过常规方式与管理部门进行有效沟通，最后诉诸非理性的对话方式。在党、政府和公民间建立民主协商机制则有利于保持各方沟通的有序开展、避免群体性事件的发生。

其三，能够有效监督社会治理过程、为治理注入新的元素。社会治理是一个连续的动态过程，而且社会环境也处于持续变动之中。任何治理模式和制度都表现出预测性特征——任何制度都旨在实现预期的目标和效果，而预测的依据则源自理论推演、经验判断和对当下社会状况的把握。任何社会条件的改变，都会产生预测的偏差。我们面对着一个不争的事实：在社会生活的复杂性面前，没有人或者群体拥有足够的智慧能够穷尽社会的变化。就如人们驾车行驶在通往未来的道路，我们虽然知道到达的方向，但依然要不断调整手中的方向盘，社会治理也是如此。因此，民主协商是与社会治理相行相伴的过程，将社会变动的状况持续性地反馈于治理主体，促进党和政府不断完善社会制度和机制，以适应新形势的要求。

在党和政府与公民的协商中，首先要确定合理的协商范围。有的公共决策涉及全体社会成员的利益，有的决策则只牵涉部分公民的利益。让所有社会成员就任何社会事务进行协商不但在技术上难以实现，而且在某些时候会产生负面的结果。我们会认同利益相关者参与协商，但人们利益的相关程度又有差别。如果不考虑这种差异，就会导致协商的失效——最终演变为多数人对少数人的压制。只有厘清哪些群体具有协商的参与资格，我们才能保证协商的结果有利于规避利益的偏颇。

其次，要开辟长效性的民主协商通道。党和政府与公民的民主协商一般通过两种方式进行：正式的面对面的沟通和非正式沟通。这两种方式各有优势、互促互补。正式的面对面的沟通能够集中反映社会问题、收集社会信息，但是沟通成本较高、协商对象范围有限。以群众意见、建议为主要形式的非正式沟通则具有长期的时效性、沟通对象不受地区和时间限制，信息量丰富。科学利用这两种协商方式，才能更好地为公共决策提供支持。要保证协商结果的有效性就必须防止民主协商的形式化。一些党政部门虽然开辟了协商渠道，但他们将部门意志置于公众意志至上，以政治权力干预协商过程、左右协商结果，让民主协商成为部门决策正当性的论证工具，完全背离了民主协商的目的。还有的部门在施行管理职能过程中完全不采纳公众意见，使民主协商渠道沦为摆设。杜绝这些现象，有赖于为民主协商提供严谨的程序、创造宽松的环境，防止政治权力对协商过程和结果的操纵。

最后，要对民主协商内容进行理性判断和识别。公民参与难免带有个体偏好和特殊利益诉求，公众意见也表现出庞杂性的特点。这就需要对民主协商的信息进行合理的选择。熊彼特之所以反对民众采取诸如写信的方式对政治代表进行游说，是因为这种方式在某种意义上试图操纵这些代表而违背了民主精神。“他认为这一方式实质上是公民试图控制他们的代表的活动，这是对整个领导概念的否定。”① 公民对于社会生活的理解不尽相同、对于社会事务的认识千差万别，与社会事务的利益关联也大相径庭，这就决定了公众意见的参差不齐。来自不同群体的意见很有可能完全相反。这就需要党和政府在尊重民主协商的基础上对协商结果进行甄别，免于受到公众意见中非理性信息的影响。

民主协商的另一维度则是公民之间的协商。社会治理显现出多中心网络化、多元参与的特点。公民既是公意的直接来源，更是社会治理的直接参与者。公民的共识是社会治理合法性基础，也是驱动治理模式创新的有力推手。对于社会治理而言，公民协商的意义主要有以下三点。

其一，公民协商是产生集体行动的基本方式。社会治理期待社会自治能力的提升，并以此支撑社会权力的行使、填补国家权力在社会领域退让留下的空缺。假设我们生活在缺乏相互交往的社会中，人自私的本性将驱使我们尽量从公共资源中获取私人利益，最终将造成哈丁所言的

---

① 〔美〕卡罗尔·佩特曼：《参与和民主理论》，陈尧译，上海人民出版社 2006 年版，第 4 页。

"公地悲剧"。哈丁设定具有趋利理性的放牧者在公共的牧地放牧，结果所有放牧者都倾向于让更多自己的牲畜进入牧区，导致过度放牧带来的牧地萎缩。"这是一个悲剧，每个人都被锁定在一个系统。这个系统迫使他在一个有限的世界上无节制地增加他自己的牲畜。在一个信奉公地自由使用的社会里，每个人追求他自己的最佳利益，毁灭是所有人趋之若鹜的目的地。"[①] "公地悲剧"可以发生在任何公共资源的领域之中。私人理性并不能如自由主义经济学者所期待的在一切社会领域中都促进社会资源的最优分配。共同利益也不能为理性的集体行动提供充足的理由。即便人们相互之间缔结了共同的利益，在小范围内对于这种共同利益的认识也许会让人们产生集体行动，促进公益。但一旦集体规模扩大，更多的人将试图通过搭便车享受福利，而不是为增进公益做出贡献。"任何时候，一个人只要不被排斥在分享由他人努力所带来的利益之外，就没有动力为共同的利益做贡献，而只会选择做一个搭便车者。"[②] 集体的行动显然需要权威以及对权威的服从。国家权力曾经在社会各个领域都扮演了这种权威的角色并且以政治强力给出了服从的理由。那么在缺乏国家权力的条件下，权威的产生就必然诉诸公民的自觉。这种自觉无疑需要公民之间的民主协商。唯有如此，我们才能确立集体行为的方式，并且为集体服从提供理由。

其二，公民协商是化解公共矛盾的渠道。公民之间的诸多行为都具有公共性的意味。从企业的社会性生产到公民个体在公共场所的行为选择莫不如此。这些行为都会对其他公民产生关涉。当这种关涉引发公共矛盾的时候，我们不能凭借自我利益的理由予以化解，而期待公共权力的介入则需要耗费时间、精力与成本。公民协商则是最为便捷和有效的调解方式。很多情况下，公共性矛盾并非私人部门有意识地侵犯他人权益，而是由对他人权益的忽略所造成的。一旦通过双方协商认知他人利益的存在，就会改变自己行为的模式，避免矛盾的发生。这是因为一旦矛盾转化为冲突，利益相关者通常都会付出更高的代价。囚徒博弈的前提在于信息的闭塞。人们在无法确知其他人信息的条件下才会选择最有

① 〔美〕埃莉诺·奥斯特罗姆：《公共事务的治理之道》，李正中译，上海译文出版社2000年版，第18页。

② 〔美〕埃莉诺·奥斯特罗姆：《公共事务的治理之道》，第18页。

利于自己却产生最坏公共结果的行为方式。足够的信息沟通则能帮助人们做出最合理的选择，从而走出囚徒困境。就此而言，公民的协商越充分，产生共赢结果的可能性越大。这就是为什么在公共场所当我们以平和的方式对吸烟者提出禁烟需求时，大多数情况下对方都会熄灭香烟。公民协商能最大限度地避免权力部门对公共领域的介入，降低社会成本。

其三，公民协商是群体通达的桥梁。在社会群体分化趋势日益明显的今天，人们的文化、意识和利益诉求更为多元，群体之间的差异也更为明晰。如果大家都只寓于自我利益之中，就会在社会权力、文化包容以及财富分配等方面产生尖锐问题。那些拥有更高市场能力、拥有更多社会资源的群体会在社会转型中一骑绝尘，造成严重的社会分化。公民群体在文化、权力方面的认知差异则会引发社会歧视，降低社会的包容度。此类现象一方面将造成群体的隔阂，产生对立的群体情绪；另一方面还将造成社会认同的危机。就第一个方面而言，目前社会存在对立性的群体心态。形成这些心态的重要因素在于不同群体之间缺乏相互理解，某一群体的利益增长没有惠及其他群体，甚至拉大了与其他群体的距离。因此分属不同群体的公民心理之间产生了距离感。就第二方面而言，我们对于社会的认同恰恰需要我们超越群体性的识别。这种超越性内在地需要群体之间建立一种共同性的联系，使我们在回答属于何种共同体时，我们不会回答属于“富人”或“穷人”，而是带有强烈的社会归属感。这种超越不能仅仅依靠单一的选票制度完成。缺乏有效沟通的投票程序很容易转变为多数服从的强制方式。只有进行充分的公民民主协商，各个群体才能充分表达自己的价值倾向、文化偏好和利益愿景。唯有通过相互理解、相互探讨之后形成的共识才是普遍有效的。正是在沟通之中，少数群体才能让多数群体认可自己的行为方式和文化信仰，让公共选择的结果满足公共理性的要求。

无论是何种层面的民主协商，都存在一个最根本的问题——如何保证协商的有效性。民主协商的关键在于通过民主的方式让参与协商的各方意志得到真实的表达。除此之外，作为社会治理的民主协商，还有着对于结果的要求——协商达成的共识必须通过社会制度和政策安排得以体现，并且成为公共决策的主要依据。满足民主协商的要求需要在以下三个方面着力。

首先，要创造自由平等的协商场域。罗尔斯设计了“无知之幕”以确保人们充分发表自己的意见并且达成正义原则。但我们在现实生活中无法让人们站在无知之幕之后。我们必然要通过确保协商话语权的方式让协商的结果保持客观独立性。协商话语权最有力的保障是国家的法律体系，特别是宪法对于公民话语权的维护。全面贯彻依法治国是设计民主协商程序的基础。我国宪法第三十五条明确规定：“中华人民共和国公民有言论、出版、集会、结社、游行、示威的自由。”此外，宪法还规定：“中华人民共和国的一切权力属于人民。”“一切国家机关和武装力量、各政党和各社会团体、各企业事业组织都必须遵守宪法和法律。一切违反宪法和法律的行为，必须予以追究。任何组织或者个人都不得有超越宪法和法律的特权。”（《中华人民共和国宪法》第二条、第五条）这意味着公民的言论自由作为基本权利是不容被侵犯和剥夺的。在协商过程中，所有主体都应保持独立的人格，并享有基于人格的平等。这种平等的内涵在于：所有协商主体都不能限制其他主体的言论权利，所有协商主体的话语都应受到同等的尊重和重视。科恩认为，“在理想的协商中，参与者在形式和实质上都是平等的。形式上的平等是因为，控制程序的规则并不挑选个人。每个具有协商能力的人在协商的每个阶段都享有同等的地位。……实质上的平等是因为，现存权力和资源分配并不影响他们参与协商的机会，这种分配也不会在他们的协商中发挥权威性的作用”。①只有在协商者不感受到外界压力，并认为自己的意见会对结果产生影响的条件下，协商者才能具有完整表达自己观点和意见的欲望。否则，协商者就会产生对于民主参与的冷漠。现代西方普遍存在的政治冷漠，很大程度上就是由人们对自我话语的无效所产生的消极态度所引起的。

因此，在民主协商特别是协商决策中，应当赋予协商者同等的权重。也许有人会提出异议——因为参与协商的主体存在认知能力、利益牵涉程度、个体道德水平等方面的差别，担心赋予同等的权重会忽视协商主体间的差异性。民主协商恰恰是对这种差异性的回应。如果人们都是同

① 〔美〕乔舒亚·科恩：《协商与民主合法性》，载〔美〕詹姆斯·博曼、威廉·雷吉《协商民主：论理性与政治》，第56页。

质的，就没有协商的必要，恰恰是人们在诸多方面的异质产生了不同的观点和意见。民主协商就是希望通过平等的对话以公共意志达成在异质基础上的统一。如果我们分配协商主体不同的权重，我们就将面对无法绕开的问题——依据何种标准赋予权重，是政治权力、财富多寡、文化程度还是道德水准？无论依据何种标准，我们都会陷入不平等的对话结构之中、产生话语歧视，而这显然违背民主协商的理念，让民主协商失效。

其次，必须确保民主协商符合公共理性的要求。在社会治理领域，民主协商的目的是达成公共善、促进公共利益。因此，民主协商一定要站在公共的立场才是有效的，否则就会演变为个体利益的相互博弈。几乎所有的政治哲学家都强调以公共理性作为民主协商的基础。科恩指出，“在一个秩序良好的民主中，政治争论是围绕替代性的公共利益概念而组织的”。[①] 高斯认为理性理想是民主协商的核心——“协商是理性的，因为参与各方在提出、反对或支持其观点时，都需要陈述他们的理由。他们在给出理由的同时，希望那些理由（而不是例如权力）将决定其观点的命运”。[②] 那么，我们在协商中如何体现公共理性，换言之，我们如何确保协商主体是凭借公共理性，而不是单纯依据个人欲望发表意见的（在现实的协商中，我们无法完全排除个体性的因素，也没有必要完全排除这些因素）？这就要求进行民主协商时，任何提出意见和主张的主体都有责任出具充分的理由，而且这种理由必须被认为是可以被每位协商成员视为好的理由。只有当这种理由得到协商参与者的普遍认可时，所提出的观点或意见才是正当的。高斯为我们提供了检验公共意见正当性的原则。一种理想化的原则表述为“假设每个人都是善意的、完全理性的、并且拥有充分的信息，那么，当且仅当每个人都接受（或者说不拒绝）原则或政策 P，它才会被公众认为是正当性的”。[③] 因为这一原则过于理想化——信息不对称和人理性的不完满是现实生活的常态，所以高斯进

① 〔美〕乔舒亚·科恩：《协商与民主合法性》，载〔美〕詹姆斯·博曼、威廉·雷吉《协商民主：论理性与政治》，第 51 页。

② 〔美〕杰拉德·F. 高斯：《理性、正当性与共识》，载〔美〕詹姆斯·博曼、威廉·雷吉《协商民主：论理性与政治》，第 151 页。

③ 〔美〕杰拉德·F. 高斯：《理性、正当性与共识》，载〔美〕詹姆斯·博曼、威廉·雷吉《协商民主：论理性与政治》，第 156 页。

而提出了一个低的标准——“当且仅当原则或政策P被每个真诚推理的理性人所接受（或者说，没有拒绝）时，它才被公众认为是正当的”。而这一原则还是不完满的，因为他所关注的是理性的人。高斯则认为正当原则应该关注理性信仰，所以又提出了新的表述方式：“当且仅当每个人都有合理的理由接受原则或政策P（或者说，没有拒绝它的合理理由）时，P才被公众认为是正当的。”在我国的政治语境中，这一原则可以更为详细地表述为：（1）任何观念和意见不与我国的社会主义理念相违背；（2）任何观念和意见都必须提供相应的理由；（3）这些理由可以被协商参与者合理接受。只有符合这一原则的民主协商才能被认为具有公共性。

最后，要实现多层面协商方式的创新。我国学者林尚立将协商分为四种类型——决策性公民协商、听证性公民协商、咨询性公民协商与协调性公民协商。针对不同类型的协商，我们必须设计具有创新性的协商路径。这四种协商类型并不是完全隔离、相互无涉的。在公共事务的协商中，通常几种协商类型并存、相辅相成。听证性协商可以成为公共决策的方式，比如以听证结果作为决策方案。咨询性协商与协调性协商可以为公共决策提供更为充实的信息、突破信息不对称的隔阂，其协商结果也能在公共决策中发挥决定性作用。[①] 要充分发挥民主协商在社会治理中的作用，就必须搭建多层次的协商体系。一是要强化协商决策制度。在社会治理中，要改变部门决策的一元模式，让社会各界代表特别是利益相关者参与公共决策过程，以协商结果而非部门意志决定决策结果。二是要完善听证会制度，在制度制定和政策颁布过程中，要定期举行听证会，广泛听取各方意见。听证会应具有开放性、普遍性和代表性，在听证人员选择上可以采取依据不同群体随机抽取的方式，避免相关部门根据自己意愿设定听证参与对象，弱化听证效力。三是要建立长效意见收集、反馈和评估机制。随着网络技术的成熟、通信手段的丰富，协商不再受到时空的局限。社会治理应该充分利用网站、微博微信搭建公共协商平台，随时公布政策、制度信息，为公众的广泛参与创造条件。此外，我们还应该建立民主协商评估体系，以量化标准考量民主协商对于

---

① 林尚立：《公民协商与中国基层民主发展》，《学术月刊》2007年第9期，第18～19页。

社会治理的影响程度和效果。

三 有效的社会自治能力

要实现社会治理，就必须充分调动社会资源、强化社会权力，不断完善社会自我管理体系。提高社会自治水平方能让社会具备独立于国家权力而健康运转的能力。也唯有如此，才能让社会更好地满足人们的意愿和利益诉求，抵御社会转型期所存在的风险。社会自治能力的提升也能有效防止、抑制权力腐败。社会资源在行政权力层面的过分集中不但满足了权力的扩张性偏好，而且为腐败创造了条件。基层权力腐败是我国廉政建设不可忽视的问题。其根本原因在于权力与责任的失衡——很多低级别的行政组织掌握了与权力完全不对称的社会资源。由于社会自治能力的缺失，一些基层组织越俎代庖、以行政权力取代了社会权力，在代理社会自治的过程中实现了权力的扩张，而这种扩张甚至并非行政系统的正式赋权。有学者在研究“村官腐败”现象时指出，“村官”并未被列入我国正式的行政编制，因而具有双重身份——“村官具有‘双重’代理身份——既是国家行政体系里没有‘官职’的官，同时又是社会自治体的代理人”。“村官”虽然没有法理层面的行政权，但作为“国家行政体系里行政权力的一个环节和部分”而代理行政权力。[①] 提升社会自治能力不但分担行政压力，而且分解行政权力、将社会自治领域拉回社会权力的管辖之下，从而避免资源的过分集中、消解权力腐败的基础。

社会自治能力主要体现在以下几个方面。

（1）社会服务能力。网络化、多中心的社会治理模式并不是要削弱政府职能，其核心在于以多元主体弥补一元主体的不足。政府难以独自承担服务社会的重任，统管式的政府模式已显疲态，并且陷入恶性循环。发展社会权力成为减轻政府负担、提高社会效率的根本出路。社会组织既要分享社会管理权力，更要分担社会服务的责任。与政府相比，社会

---

① 周庆智：《关于“村官腐败”的制度分析》，《武汉大学学报》（哲学社会科学版）2015年第5期，第22页。

作为国家与公民之间的缓冲地带，对于人民群众的需求有着更高的灵敏度。社会组织相较于政府体系也有着更为明显的灵活性，能够随着社会变化有针对性地提供公共产品和服务，满足特定群体的需求。

（2）社会组织动员能力。社会组织动员能力是维持社会稳定的重要力量。社会组织动员是行政组织动员的有力补充，既能为行政信息上传下达创造通畅的社会渠道，又能在行政动员受到阻碍时成为后者的有效替代。特别是在发生突发性事件、行政动员体系来不及做出反应时，社会组织动员对于维持社会秩序、应对危机往往发挥着决定性的作用。在某些特定时刻，行政动员体系面临着失效的危险，美国21世纪初所遭受的卡琳娜飓风就让奥兰多地区的政府系统陷入瘫痪。在这种情况下就需要以强大的社会组织动员能力为保障，以社会权力代行国家权力的职责。否则社会秩序将出现紊乱，后果不堪设想。即便在日常生活中，社会组织动员也发挥着至关重要的作用。道德的社会环境需要政府的倡导，最终有赖于社会成员对道德理想的共同追求和对道德原则的共同持守。面对社会安全问题，特别是社会犯罪问题，人们都希望当危险来临时有人挺身而出，但一些时候不得不接受道德冷漠的事实。这当然有社会制度的考量——如何充分保障见义勇为者的切身利益，如何通过制度安排弘扬正气。但解决这一问题还需要社会组织动员的在场。如果社会能够自主地对这些事件做出应对，在第一时间组织社会成员制止丑恶行为，将能营造充满正能量的道德社会，让丑恶现象失去滋生的土壤。

（3）社会规范能力。法规与法律是社会的基本规范体系。但是法律法规并不能穷尽社会行为，也不能涵盖所有的社会现象。法律法规是一种底线规制，反映社会最起码的道德要求。底线之上，则有待于社会成员的自我约束与社会规范。社会规范主要表现在对公民个体的规范、对行业的规范以及对社会组织的规范三个层面。在公民规范层面，不同于法律法规的强制性，社会对于公民个体的规范更多是通过引导和社会心理的干涉实现的。如果说法律法规是一种硬性的制约，那么社会规范则是软性的约束。社会对公民个体规制的意义在于，法律法规的执行作为一种外界的力量，需要消耗大量的司法、行政资源，而社会规制则更强调对于公民个体的内在影响，有利于建立公民的自我约束机制。同时，社会约束能够降低行政成本，社会组织的多元性也具有更为广泛的行为覆盖能力。

行业规范在当前社会生活中对生活质量产生着深远影响。随着商品经济的发展，商业以商品为载体渗透到社会生活的各方各面。经济生活在人们社会生活中居于中心地位。社会分工的细密让商品交换成为人们满足自身生存发展需求的主要途径，商品消费能力与消费质量决定着人们的社会生活水平。与之相适，随着经济水平的提高，人们对于物质的需求也越来越丰富。商品经济以人们的欲望为动力，不断刺激着人们的消费欲望、改变着人们的消费观念。我国商品经济的发展创造出更多的需求，也让人们从粗放型消费模式向精致型消费模式转变。在这种背景下，商业部门开始扮演越来越强的社会角色。商业部门的影响力早已超越经济领域而深入政治、文化领域。在政治领域，经济的政治化与政治的经济化业已成为不可忽视的现象。前者表现在，经济部门正借助经济的力量谋求政治话语权；后者表现在，政治权力也具有谋求与经济结合的冲动，甚至在某些时候以经济的形式表达。对于发展中国家而言，迫于经济发展的压力，两者的结合更为显著。我国自改革开放以来都予以经济发展特别的关注。在全球化浪潮中，世界经济之间密切的联系编织成了巨大的网络，经济部门的权力得到了进一步扩张。特别是跨国商业往来和全球性经济主体的诞生，给国家主权带来了现实的挑战。全球性经济部门的行为已经突破了国家区域与政府限制，而带有强烈的国际色彩。商业部门的行业标准开始拥有在全球范围的规范作用。社会的行业规制能力对于规范市场行为、建立健康的市场秩序具有关键意义。

社会组织规范对于社会生活的重要性也日益明显。社会组织是社会权力的重要主体。在社会治理现代化进程中，社会组织地位得以进一步提升，其职能也日趋完备。社会组织的兴起对于社会生活既有积极的一面，也存在风险的一面。由于社会组织的群体性色彩，其所拥有的权力可以成为国家权力的有益补充，也可成为国家权力的对抗性力量。只有确保社会组织在有益于社会生活的道路上形成、发展，才能规避风险、充分发挥其优势。

（4）社会协调能力。毫无疑问，现代社会的多样性也增强了不同主体之间的差异性，社会矛盾逐渐增多，这是社会从一元走向多元难以排除的现象。矛盾的增多要求社会必须具备自我修复和矛盾化解能力。社会制度安排通常只能给出标准化的原则。行政和法律调解一方面带有浓厚的国家权力色彩，另一方面则有成本要求。如果所有社会矛盾都寻求行政和法律手段，行政、司法部门也不堪重负。况且，矛盾并不一定上升为冲突——后者恰恰是法律法规调解的对象。矛盾的消解依靠及时有效的社会介入。除了化解社会矛盾，社会协调能力还表现在根据社会发展要求和社会成员共同利益合理分配社会资源，在社会主体间自发形成协同合作的关系。随着市场机制的强化和完善，社会主体间自发合作的可操作性也得到了进一步提升。事实上，社会组织间的协同发展已经成为普遍现象。自发协作相对于以行政手段推动的合作，更贴近于协作双方（或多方）的本质诉求，目的性也更为明确。经过合作方自我认定选择的方案与自身条件的匹配程度也更高，因此通常更为高效。

提高社会自治能力的着力点在于推进社区自治体系建设、完善行业自治制度、有效引导社会组织发展、形成社会协同机制。

随着我国体制改革的深入开展，社会格局经历着重大调整。发端于20世纪90年代的社区建设改变了人们的居住环境，更改变了社会管理的格局。正如我国学者董小燕在其著作《公共领域与城市社区自治》中指出的，在过去的时间里，人们经历了从“单位人”向“社区人”的转变。作为行政全能主义管理模式的代表，“单位”一度成为贯彻行政权力、提供社会保障及服务的通道，人们依系于所在“单位”而享有社会权力。但在经济、政治体制改革之中，人们对于单位的依附性大为减弱，社会生活更多与居住社区息息相关。[①]

社区既是地理的概念，代表人们居住的地点；更是政治概念，代表居住于某地区人们的社会组织形式和参与社会生活的方式。社区并不是只为城市居民独享的组织。在城镇化的进程中，农村社区建设也在稳步发展。现阶段，人口流动摆脱了旧有单位以及户籍制度的限制，人口来源和结构日趋复杂，社区作为基层自治的组织形式，在社会生活的基础性作用已经展露无遗，社区自治成为社会自治的关键环节。社区自治的首要问题在于厘清社区自治内容，建立健全基层自治组织体系。我国在长期的社会管理中形成了以居委会和村委会为基本组织形式的基层自治

① 董小燕：《公共领域与城市社区自治》，社会科学文献出版社2010年版，第54～56页。

体系。《中华人民共和国城市居民委员会组织法》将城市居民委员会定义为“居民自我管理、自我教育、自我服务的基层群众性自治组织。不设区的市、市辖区的人民政府或者它的派出机关对居民委员会的工作给予指导、支持和帮助。居民委员会协助不设区的市、市辖区的人民政府或者它的派出机关开展工作”（《中华人民共和国城市居民委员会组织法》第二条）。与之相似，我国《村民委员会组织法》规定村委会的性质是“村民自我管理、自我教育、自我服务的基层群众性自治组织”，主要职责在于“实行民主选举、民主决策、民主管理、民主监督”（《村民委员会组织法》第二条）。村委会的“设立、撤销、范围调整，由乡、民族乡、镇的人民政府提出，经村民会议讨论同意，报县级人民政府批准”（《村民委员会组织法》第三条）。虽然村委会和居委会是居民自治组织，但都在一定程度上分担着政府行政职能。它们虽然扮演着基层群众自我组织、自我管理的角色，但又处于政府行政管理的终端。我国社区自治组织的行政与社会双重性为政府介入敞开了大门——对于我国社会现实而言，政府作为公共服务和社会福利的主要提供者，其对社会生活的参与对于提高社会自治能力有积极价值，也会产生限制社会权力施展的问题。

现代社区自治的主要模式有三种：（1）以美国为代表的社会主导模式；（2）以东南亚国家（如新加坡）为代表的政府主导模式；（3）以日本为代表的混合模式。[①] 我国社区自治组织的定位应该介于政府主导与社会主导之间，作为政府、社会和居民共治的枢纽。社会自治并不是要以非政府部门取代政府职能，更不是否定政府在社会治理中的地位与作用。政府的参与也不必然意味着行政权力对社会权力的侵犯和挤压。相反，政府参与是社会自治的有机环节。政府在社会自治中的主要作用是创造自治环境，为自治提供制度和组织保障，而不是直接做出社会决策。关键是如何发挥政府的服务与保障职能，防止政府意志对公意的强势。对我国而言，社会自治体系的建立需要政府、社会和居民的共同支持和有效介入。

强化社区自治能力就必须进行组织结构的创新。居委会和村委会制

① 董小燕：《公共领域与城市社区自治》，第 6 页。

度难以满足现代社区治理的需要。居委会和村委会的科层化特质使其难以完全摆脱行政权力的影响。此外，它们受到编制的限制，对于日渐加大的社区管理压力表现得力不从心。成立社区居民代表大会、发展社区公益组织、引导企业参与、形成网络化的社区治理体系是社区自治组织创新的内在要求。社区自治能力建设主要包括以下几个方面。

一是完善社区公共服务体系。社区组织要承担更多的公共服务和公共协调责任，实现社会服务的重心下移。社区组织具有特定的管理与服务对象，能够更有针对性地组织公共设施建设、提供公共产品和公共服务。带有行政色彩的居委会、村委会要加强行政服务端口建设，建立综合性的行政服务部门（比如设立行政服务大厅或窗口），为所在居民办理各种行政手续和业务提供便利的渠道。改革开放以来，我国行政服务理念得到了科学转变，行政服务质量大幅优化，很多城市都建设有各级政务大厅，极大提高了行政效率。我国目前也在逐年削减行政审批程序，减轻人们负担。但行政审批与公共服务还是存在不同程度的过度集中现象。在基层组织设立相应行政业务办理部门，则能为所在地居民提供更为便捷的行政服务，节约社会成本。同时，社区还应通过培育公益组织、引导企业介入满足社区特殊群体的服务需求，开设社区学校加强社区教育、对社区劳动人口进行就业指导和培训。

二是推进社区民主。社区民主意味着社区居民有权参与、讨论和决定社区事务。随着社区逐渐成为居民生活的主要领域，人们对于社区参与的意识和主动性都在增长。关键在于必须为居民民主参与构筑畅通的道路。首先是完善社区组织民主选举制度。上级政府要为社区选举提供政策和程序保障，保证社区居民具有平等的参选机会。其次是建立完备的日常民意表达和组织化民意表达体系。比如开通咨询和服务热线随时听取居民意见、反馈居民需求；社区组织成员和代表定期接待居民进行交流沟通；针对社区事务举办社区协调会和听证会。最后，要构建社区事务民主决策制度，确保社区事务决策来自社区居民的意愿、维护社区居民利益。在某种意义上，社区民主的价值不限于社区生活本身，还是居民走向社会民主的跳板。

三是加强社区党组织领导。党的领导是确保我国社会治理正确方向的核心机制，基层自治组织相关立法也都强调了党组织在基层组织中的领导地位。加强党的领导是确保社区自治力量顺应社会主义建设要求，与社会整体利益诉求保持一致的根本保障。社区自治毕竟受到辖区居民的群体性限制，居民决策也存在短视和片面化的风险。要使社区自治决策既来源于居民民主选择，又要使其契合社会长远规划，强化基层组织内部的党委领导就成为必然要求。社区民主不是照搬西方不受限制的自由民主，而是以公益为导向的社会主义民主。无论是村委会、居委会还是新型社区组织，都要保持党员代表的比例，成立党支部，建立完备的宣传、组织体系，保证党组织参与各项基层事务决策。

推进行业自治是提升社会自治能力的另一重要方面。经济生活处于现代社会生活的中心地位。商品交易的内容与质量在很大程度上决定着人们的物质生活水平。作为商品的提供者，社会化生产以及经济全球化趋势让企业在社会生活中扮演着越来越重要的角色。此外，除了提供物质、创造财富，企业还为社会吸纳就业人口、创新生活方式。企业行为的失范不仅会带来经济生活的失序，更会产生消极的社会后果甚至侵犯人们的基本权利——那些资源掠夺型企业严重破坏生态环境，血汗工厂则极大损害了员工的利益，制假造假的企业更是直接威胁人们的健康与安全。单纯依靠政府部门的监管显然不足以杜绝企业的不道德行为，行业内部的协调与管理就显得尤为必要。行业自治也成为商业文明高度发达的今天社会自治不可或缺的部分。我国行业协会组织管理目前存在的主要问题在于组织规模、原则不统一、行业之间行业协会的影响力和监管力度存在重大差异，有的行业已经形成了严格的行业组织体系，有的行业协会则组织松散、缺乏有效权威。通过行业协会促进行业发展、提高行业服务质量，就必须在行业协会组织建设中强化协会的引导和规范作用。在行业协会准入机制方面，要根据不同行业特点建立相应准入标准。对于一般性行业，对协会的加入通常采取自愿的原则；但对于关系国计民生的核心行业，为了确保协会的组织协调能力，则应该对协会规模提出要求。有的国家采取具有强制性的入会机制，比如日本在明治时期推行某一地区行业中超过三分之二的企业加入协会，其他企业也必须入会的政策。[①] 在运行机构设置方面，要成立具有代表性的董事会、理

① 孙芳：《中国行业协会发展方向研究》，博士学位论文，对外经贸大学，2004，第29页。

事会和监事会，成员应由全体协会单位共同推选，避免协会为少数企业垄断。协会运行机构成员应该引入轮换制，确保机构的流动性，为协会企业提供平等的事务决策机会。行业协会要建立完备的规章制度，制定统一的行业规范和质量标准，并提出具体的激励和惩罚措施。

管理之外，行业服务也是行业协会的基本职责，是行业自治的重要内容。行业协会要成立信息共享、资源调配和技能培训部门，成为行业服务的枢纽。在监督机制方面，除了接受内部理事会和政府相关职能部门的监管，行业协会还应成立伦理审查委员会。伦理审查委员会一方面审查协会企业商业行为的合法性和道德正当性，另一方面则确保协会组织活动符合社会伦理要求、与社会主义道德原则保持一致。行业协会在特定环境下也存在联合企业进行行业垄断、破坏市场自由竞争体制、扰乱社会生活甚至胁迫政府和消费者的危险。在行业协会中成立伦理审查机构，则能提高协会和行业的道德自律能力，促成行业的良性自治。

提升社会自治能力还迫切需要促进社会组织发展、充分发挥社会组织的职能、满足社会发展和建设的需求。培育、建设社会组织是我国发展的必然趋势和内在要求。无论是政府还是市场，都难以独立满足日趋复杂和多元的社会需求，社会组织是弥补行政权力与市场权力空白的重要力量。我国经济的蓬勃发展为社会组织的培育创造了良好的环境。丰富的社会资源可供社会组织调动、利用。我国民主的推进在巩固人们社会主体地位的同时也培养了大家的权利意识和参与意识，为社会组织准备了充足的人力资源条件。当然，我国社会组织的形成与发展也面临着瓶颈：（1）社会组织行政化色彩浓厚。由于行政本位的惯性，我国很多社会组织直接托生于政府部门，或者为行政权力所培育、孵化。社会组织过于浓厚的行政色彩弱化了其社会功能，这些组织所体现的往往是政府意志，弱化了自身的社会功能。（2）社会组织获取认同道路艰难。社会组织必然要凝聚社会资源和力量，在分担政府责任的同时也分享以往由政府行使的社会权力。因此，如何获取政府的信任和支持是社会组织获取政府认同所面对的问题。我国政府长期作为公共管理和公共服务的主要提供者，相对其他社会组织具有更强的公信力。我国社会正处于转型之中，制度尚不完善、社会信任度还处于相对较低的水平。社会组织自身发展也存在不足、组织行为亟待规范，在这种状况下社会组织要博取社会认同存在一定的难度。(3)我国社会组织的兴起是在改革开放之后，因为发展时间较短，社会组织的社会参与能力有待进一步提高。

在社会组织建设中，必须把握机遇、突破瓶颈。其一，完善社会组织登记和准入制度，严格审查社会组织的登记资格，在制度设计上引导规范社会组织结构，促使社会组织具备从事某一方面社会活动的能力，特别是组织的可持续性。

其二，建立常态化社会组织管理体系。目前，社会组织的管理通常采用登记机关与业务管理部门的双重管理模式。大多数社会组织的登记与考核交由民政部门，而业务管理则由业务挂靠部门负责。这种管理模式已经难以适应现代社会组织的发展要求。我国社会组织数量进入21世纪以来以每年30%的速度递增，截止到2008年已经超过40万个。随着社会生活领域的扩展、社会资源的增长和政府简政放权政策的深化，社会组织还将保持高速发展的态势。如此庞大的组织规模对于登记部门而言构成巨大的管理压力。而业务管理部门的监管则强化了行政权力对社会权力的干预，有可能以满足行政管理需求作为社会组织发展的目标。这种模式还会导致多业务部门的多头管理、行政门槛对于社会组织的排斥等问题，限制社会组织的健康成长。① 这就要求我们要创新社会组织引导和管理机制，实现对社会组织管理的日常化、标准化、规范化。因为社会组织形式多样、主体多元、类型丰富，解决组织常态管理的关键在于科学划分社会组织类型，明确各类型组织目标、职责，实行分类管理；充分调动社会资源，通过赋权等方式形成社会管理网络。我们可以借鉴商业领域的行业协会模式，在不同类型的社会组织间建立管理、协调组织，既可以加强社会组织间的交流合作，又能实现内部监管、减轻政府管理压力、以社会权力自我约束取代行政干预。

与行业自治类似，在同类型社会组织之间建立协会还能保障其社会服务水平，有利于社会组织获取信任与认同。商业领域普遍通过行业自治制定了相关质量标准。社会组织也应该建立职能考评体系，通过指标化管理对社会组织职能的发挥做出评估。

---

① 周红云：《中国社会组织管理体制改革：基于治理与善治的视角》，《马克思主义与现实》2010年第5期，第116页。

其三，社会组织要提升组织建设水平。社会组织要加强自身制度建设。社会组织多由私人部门发起，个人因素对于组织的建设、发展至关重要。对于个人或者某一私人部门的过分依赖从长远来看会损害社会组织自我生存能力。社会组织需要通过制度建设逐步弱化对个人的倚重，保持组织的稳定性和行为规范性。社会组织要加强人才建设、建立动态的人才进入机制和人员培训机制，保持组织活力。

其四，社会组织要强化自我成长机能。任何组织的运转都需要社会资源的支撑。社会组织作为非营利部门，在发展中面对更大的困难。社会组织要引入长期战略规划，在项目运营中加强目标管理，保障优质的社会服务质量。与企业相比，很多社会组织缺乏严密的组织体系，内部管理松散、组织行为随意性明显。管理的系统化是社会组织机构建设的根本方向。社会组织自身建设的另一问题在于凸显特色。我国社会组织呈现同质化特点。很多社会组织承担着几乎同样的职能，从管理模式到责任内容都表现出很强的相似性，难以形成自己的特色。一些社会组织缺乏专业性，在资源整合和利用方面受到极大限制。而我们的社会分工则越来越精细，人们对于社会组织的期待也逐步提高。提高社会组织的专业性是其自身发展的必然选择。

其五，要注重对社会组织的引导。成立社会组织的目的在于以社会力量满足社会需求。因此，我们不能盲目追求社会组织的数量，很多同质社会组织的存在一方面造成组织重复建设，浪费社会资源；另一方面则在社会组织间形成竞争压力。我们应该以社会重大需求为导向鼓励社会组织发展，有的放矢，提高其对社会生活的针对性。

社会主体的多元参与是社会自治的基本图式。如何促进不同主体的协同共治，各尽所能、各尽其责、推动社会发展是社会治理面对的关键问题。形成社会协同机制，首先，要消除相互之间的信息壁垒、实现信息共享。在以往的社会管理范式中，不同类型的自治主体间缺乏信息的交互与沟通，所采集的数据在很多情况下处于封闭状态，显然不利于相互协调合作。在社会治理中，社会主体之间应该建立动态联通的信息交互机制，发挥各自在信息采集和整理方面的优势。不同渠道收集的信息可以从不同侧面反映社会状态。以云存储和云计算为标志的大数据时代的来临为社会信息共享创造了条件，移动信息端的丰富与普及促使信息交流频率以几何数的速度增长。信息交往早已超越时间、地域的局限，随时随地展开。信息共享可以帮助社会主体对交往对象进行全面了解，及时发现、预测社会风险，节约信息收集的社会成本。共享更可以帮助各社会主体精确了解社会动态、减小社会摩擦。信息共享的达成要求社区组织、企业和社会组织建立开放式的信息平台，实行信息公开制度。政府信息透明化建设已经取得了长足进步，很多政府部门建立了提供政策咨询和政务办理业务的网站以及面向手机用户的客户端。社会自治主体也应该及时公布涉及公共利益的信息，实现信息有效对接。

其次，要搭建整合社会资源的平台。社会主体在整合社会资源、提供社会服务、促进社会福利等方面存在广泛的合作空间。我们的社会生活是各种领域相互交织而成的复杂系统，这就决定了我们的社会自治主体必然相互联系。协同合作不但出自社会自治主体的意愿，而且是由社会分工的特质决定的。与市场机制类似，社会的合作也具有自发的动力——人们对于社会需求的满足以及私人利益与公共利益的关联。如果说市场存在失灵的现象，社会自治也存在失灵的风险。缺乏社会自治的统筹和合理规划，将不可避免地造成社会资源的浪费、降低社会效率。事实证明，社会自治也需要统筹规划。我们要引入社会自治的战略管理模式，通过平等协商制定、实施社会自治协作战略规划，对多元主体进行统筹安排，分配各自权限、分担相应责任、形成合作框架，从而有效整合社会资源。

最后，要铺设多元资金筹集和社会服务、社会产品供给渠道。虽然目前政府在上述领域都处于主导地位。但从长远来看，多元化的资金和社会服务、社会产品提供方式更有利于减轻政府压力、满足社会需求。我们要搭建涵盖政府、企业、公益组织、公民个体的多维融资体系，建立社会购买制度，通过购买服务等方式引入公共产品的市场化机制，通过市场竞争丰富公共服务和产品来源，提高公共服务和产品质量。鼓励社会主体相互协作的要点在于实现各主体间的增量互动。单方面依赖某一主体的公益意愿难以保证合作的持久性。我们既要强调社会主体对社会协同的参与责任，也要让人们在共同行动中收获社会效益，形成社会共治的互利互惠体系。

四　德法共治的社会规导体系

创造和谐稳定的社会环境、确保社会生活的有序和安全是社会治理的重要使命。党的十八届三中全会指出："创新社会治理，必须着眼于维护最广大人民根本利益，最大限度增加和谐因素，增强社会发展活力，提高社会治理水平，全面推进平安中国建设，维护国家安全，确保人民安居乐业、社会安定有序。"① 党的十九大报告进而提出："不断促进社会公平正义，形成有效的社会治理、良好的社会秩序，使人民获得感、幸福感、安全感更加充实、更有保障、更可持续。"② 保障公共安全、形成健康社会秩序的根本途径在于德法并重，建立德法共治的社会规导体系。

德法共同引导、规范社会行为，两者相辅相成、缺一不可。道德是软性的社会规制方式，引导人们在日常生活中寻求善的价值、完善道德人格、实现道德自律。法律则为人们划定道德的底线，以强制性的方式明确必须恪守的行为准则，并对越界行为予以公共性的惩罚。德法之间的深层关系体现在以下几个方面。

（1）合乎道德价值是司法合理性的重要支撑。德治与法治虽然在实施途径、作用机制和治理内容等方面具有差异，但根本目的都是建立规范的社会秩序、实现积极的社会价值。法治的要义在于善法之治，这也是它区别于"法制"的根本特征——诚然后者是前者的有机组成部分。道德的律法才具有实施法制、约束公众行为的资格。离开善的维度，单纯将法律作为社会规制的工具只会带来灾难性的后果。例如，二战时期纳粹和日本军国主义的统治对全人类造成了沉重的创伤。只有当法制的内容符合社会的道德期待、满足普遍性的道德原则时，法治才获得了道德的合理性。

（2）两者相互促进、共同发展。正因为道德之于法律的价值导向性作用，法律条款的修改在很大程度上源自道德内容的丰富和变化。道德

---

① 《中共中央关于全面深化改革若干重大问题的决定》，人民出版社 2013 年版，第 49 页。

② 习近平：《决胜全面建成小康社会　夺取新时代中国特色社会主义伟大胜利——在中国共产党第十九次全国代表大会上的报告》，第 45 页。

与法律都是动态的系统，随着时代和社会环境的改变而发生变化。当道德内容做出某种调整时，法律也必须做出相应的修改和完善。另外，法治的过程也促进着道德原则和规范的内化。道德的内化既离不开主体的自我努力，也离不开外部制度的规约。法律作为以强力为保障的规范机制，在制约人们行为方式的同时也引导大家形成固定的行为习惯，将外部规制转化为内部自觉。

（3）道德治理是法治社会的有机组成部分。法治与德治的关系是学者们争论的热点问题。学者们争论的焦点往往集中在德治与法治，究竟何者才是社会治理的主要方式。这种争论在一定程度上误解了德治与法治的内涵，将德治简单理解为以道德为基本机制的治理，法治则被理解为以法律为基本路径的治理模式。法治是一个治理系统，正如我国学者俞可平所指出的，法治就如一张桌面，需要道德、民主、党的领导等多要素的共同支撑。法治是相对人治而言的，是我们党从革命党走向执政党的重要标志。他认为："法治与德治相互补充，各有优势，但是不能相互替代，而是各有重点。"[①] 可见，德治与法治之间并不矛盾，更不存在重要性的比较。王淑芹等学者也通过分析后指出两者的关系既非"并列"，也非"主次"。他们指出，"在德治与法治关系上，我国政府的一贯提法是'依法治国和以德治国相结合'"，主张我国的治国方略既不是单纯的德治，也不是单纯的法治，德治与法治的结合才是一个完整的治国方略。"'德法并重'、'德法并举'的提法，不能反映德治与法治相结合的本质特征。"[②] 在某种意义上，社会的道德治理也是法治的应有之义。法治追求善治，也正是善的维度让法治超越了法制，而成为值得期待的社会治理模式。因此，对于社会治理而言，只有德法相济，实现德治与法治相融合的创新，才能构筑完备的社会规约和引导机制。

目前，我国社会暴露了诸多问题，导致了某些领域的失序与混乱、严重干扰了人们的公共生活。其中最主要的问题体现在以下几个方面。

（1）社会诚信缺失。社会信任的缺失表现在三个方面。一是人际信任的缺失。寇东亮在其文章中援引《中国社会心态研究报告 2012—

① 俞可平：《依法治国的政治学意蕴》，《探索与争鸣》2015 年第 2 期，第 15 页。

② 王淑芹、刘畅：《德治与法治：何种关系》，《伦理学研究》2014 年第 5 期，第 67 页。

2013》的内容表明，我国“社会的总体信任进一步下降，已经跌破60分的信任底线。人际不信任进一步扩大，只有不到一半的调查者认为社会上大多数人可信，只有两到三成信任陌生人”。[①] 我国进入陌生人社会阶段之后，由于人们的天然交集减少，人际熟悉程度下降，相互之间的信任关系也受到挑战。造成人际信任降低的另一原因在于人们生活方式的改变。人们私人空间意识逐渐增强，在公共生活与私人生活之间划出了明晰的界限。人们对私人领域的保护客观上也限制了人际交往的范畴，提高了人际信任难度。二是商业信用的缺失。随着商业活动走向人们日常生活的中心地位，人们对于商品交易产生了根本性的依赖。商业信用的缺失对社会造成了巨大损失，也挫伤了人们经济生活的信心。近年来，诈骗信息广泛流传、虚假广告充斥媒体、造假卖假屡禁不止、欺客宰客时有发生等。商业诚信问题引起了人们对于商业产品和服务的广泛质疑，对于某些行业的发展带来了严峻考验。之前所发生的三聚氰胺奶粉事件对于我国乳制品行业的影响长期难以消除，特别在婴幼儿奶粉市场，很多消费者不惜以更高的成本购买进口奶粉。三是公共诚信的缺失。一些社会成员试图通过不诚信行为获取更多的公共利益。比如在我国拆迁过程中，部分居民夸大拆迁面积，或者采取包括迁移户籍、假离婚结婚等手段套取更多的拆迁补偿费用。这些行为扰乱了公共秩序，阻碍了公共资源的合理分配。

（2）规则意识淡薄。无论是道德规则还是法律规范都存在脆弱性。人们在社会行为选择中通常会考虑个人成本与收益。破坏社会规则的行为在短时间内往往能带来额外的利益，驱使部分社会成员产生违反规则的冲动。随着我国私有车辆的大幅增加，公共交通问题日益突出。当人们抱怨交通拥堵并将之归结为车辆数量的增多与道路修筑滞后时，我们却忽视了一个事实，那就是大部分交通拥堵是人为因素引起的。虽然我们制定了严格的交通规则，行车法规也日渐明确、完备，但随意变道、违规占道、逆向行驶等不文明驾驶现象屡见不鲜。社会规则的脆弱性更表现在违规行为的负面刺激效应上。一旦有社会成员从违规行为中获益

---

① 寇东亮：《陌生化境遇中的社会心态及其道德风险》，《山东社会科学》2014年第3期，第7页。

而且逃脱处罚，那么其他社会成员就会竞相模仿，最终导致规则失效。

规则意识淡薄还表现在一些社会成员缺乏权利意识，或者当自己权利受到侵犯时并不采取合乎社会程序的方式予以维护。群体性事件已经成为威胁社会秩序的重要问题。在某些地区爆发的群体性事件造成了社会财产的重大损失，引发了人民群众的广泛关注，严重影响了人们的社会心理。这种事件如果处理不当，就会发出错误的社会信号，似乎通过非法渠道可以最大限度地满足权利诉求。当然，在我们的社会中也存在着合理诉求由于法律成本等各方面原因难以满足的情况。规则意识淡薄对于维系社会规则体系施加了巨大压力。

（3）价值矛盾凸显。其一，经济价值与道德价值的矛盾。诚然，经济价值与道德价值并没有本质矛盾，无论古今中外，人们都倡导经济与道德的一致性。我国传统文化宣扬“不义而富且贵，于我如浮云”（《论语·述而》），西方也倡导以道德方式实现经济价值，现代经济学之父亚当·斯密在发现市场经济模式的内在堂奥之外更是广泛讨论了诸如友爱、正义等伦理问题。但在具体社会生活情境之中，经济价值与道德价值却常常无法同时实现，甚至在特殊条件下表现出零和博弈的特征。随着我们进入商品社会，经济生活的强势让道德生活逐渐式微。道德价值的考量更多的时候让位于经济利益的计较，无论在社会制度安排还是人们现实生活之中，有时都会把经济指数简单作为社会发展水平的衡量尺度。在这种环境下，道德的引导力也受到了一定程度的削弱。其二，不同观念之间的价值矛盾。在前文关于多元社会的探讨中，已经阐述了这一问题。面对同样的情景，依据不同的思想体系原则和道德标准，我们可以得出截然相反的结论。其三，社会制度之间的价值矛盾。“老人倒地扶不扶”一时间引发了社会的广泛讨论，也存在明显的争议。此前某地法院对于相关案件的审理则是激起这场争议的导火索。在那例案件中，扶起老人却被指认为老人摔倒肇事者的年轻人被法院宣判负有民事责任，必须对老人予以赔偿。这一案件的宣判之所以一石激起千层浪，根本原因在于法律价值与道德价值之间的矛盾被充分表现出来。为了保护受害者，被告一方需要自证清白。保护受害者的价值导向本无可厚非，但人们意识到如果这一案件最终成为冤案，其对社会价值将产生令人忧虑的后果。如果人们出于道德义务对他人进行帮助还需要承担法律风险，势必降低人们对于道德行为的主观能动性。这一案列从侧面表明，在我们的社会制度和规则安排中，也客观存在相互之间的价值冲突。如果我们对于上述冲突不能给出清晰的解决路径，我们社会生活的不确定性将会提升。值得关切的是，由于高位道德普遍化所存在的风险，社会规则制定带有底线化的特征。加之道德生活的弱势，拒绝崇高、排斥崇高成为不可忽视的心理现象。如果我们的制度和规则不能充分反映对高尚道德的提倡和对道德行为的保护，社会走向善治的过程就会充满困难与艰辛。

上述问题的解决不是道德或法制某一领域的努力可以实现的，而是牵涉德法共治的系统工程。如何形成德法相济的社会行为规范与引导体系，是社会治理的重要内容。大家都遵守社会规范、产生道德行为是理想化的结果，但在现实生活中，人们总是受到道德水平和利益诱惑等因素的干扰，难以产生共同的行动，对公共性行为来说则尤其困难。埃莉诺·奥斯特罗姆曾经在研究集体行为时发现，社会贡献和社会收益之间存在内在联系，而且集体行为的产生会受到多种因素的影响。

其一是个人对社会合作的期待和热情。奥斯特罗姆发现，在社会合作中，具有更高的合作意愿，并且对于搭便车行为的容忍度较低的人能够促成集体行动的达成。其二是对集体行为的认识与理解。人们在社会生活中很容易陷入囚徒困境。比如交通拥挤问题，大家都知道遵守交通规则能够让大家都获得更好的交通环境、提高交通效率，但由于人们都各自赶时间，所以采取违规的方式提高自己的交通速度。交通博弈规则知识的欠缺和相互理解的缺失是造成这一问题的重要原因。认知科学研究表明，人们对于行为选择的判断很大程度上取决于既有的思维结构，而这又受到所在文化共同体的深层影响。我们依据相应的文化环境产生道德直觉和道德观念——它们在一般条件下使我们洞悉道德责任和道德义务。因此，“人类在推断道义关系，即什么是禁止的、什么是有义务的以及什么是允许的，和推断什么是真实的和什么是虚假的时，使用的是不同的推理方式”。“处于不同的文化、不同的家庭以及展示出多种社会规范的各种环境之中，人们习得的规范往往很不同。”① 因此，对于博弈

① 〔美〕埃莉诺·奥斯特罗姆：《集体行动与社会规范的演进》，王宇锋译，《经济社会体制比较》2012 年第 5 期，第 5 页。

程序有着全面认识、拥有相同或相似文化背景的群体更有可能开展集体行动。其三是合作的共同参与。集体行为的达成有赖于人们相互之间的参与信任和经历。如果大家都认为其他人会参与集体行为，那么个体的参与倾向就会增强，反之则会减少。如果人们在参与过程中发现其他社会成员都切实参与了合作，这种合作的经历也会提升所有参与者的合作欲望。如奥斯特罗姆所言："有些人在看到其他人不合作时，很容易就失望了，然后就会降低其合作贡献程度。而他们降低合作贡献程度，会进一步让其他有条件的合作者感到失望。如果没有沟通和制度性机制阻止这种急坠，最终，只有那些最坚定的有条件合作者才会即便是在最后一轮都会贡献正的合作份额。"① 其四是合作者的交流与沟通。人们进行充分的沟通，更能保证合作的顺畅。沟通可以使那些合作意愿不强的人也加入社会合作中，而且沟通越充分，合作发生的概率越高。根据实证研究，"面对面的沟通比通过计算机终端发信息更有效，其原因很可能在于，前者可以使用丰富的语言结构。发自内心的厌恶搭便车者的人会用语言和肢体语言表示其愤怒，而听到那种语调或者看到那种肢体语言会给搭便车的人带来内在成本"。② 其五是合作的收益和所受到的处罚性后果。如果大家在社会合作中能够形成互利互惠的局面，每一位合作者都能从中得到期望的收益，或者这种收益大于不合作的结果，那么合作将更持续、有效。反之，大家在合作中的贡献大于投入，或者不通过贡献也能获得相应的利益，人们做出合作贡献的积极性就会削弱甚至消失。但是我们在社会生活中通常会遇到这样的情形：即便大家合作的收益大于不合作的结果，但由于信息的不完全或者在特殊条件下个体所遇到的困难，人们还是倾向于退出合作。这就要求采取一定的惩罚性措施维持集体行为。奥斯特罗姆援引菊池（Kikuchi）研究的结果指出，"每个人都可能会犯错，或者面临困难的局面使得他们违规。然而，如果仅仅依赖于有条件合作者而没有惩罚措施，违规者可能会导致群体合作水平的

---

① 〔美〕埃莉诺·奥斯特罗姆：《集体行动与社会规范的演进》，王宇锋译，《经济社会体制比较》2012 年第 5 期，第 4 页。

② 〔美〕埃莉诺·奥斯特罗姆：《集体行动与社会规范的演进》，王宇锋译，《经济社会体制比较》2012 年第 5 期，第 3 页。

急坠”。[①] 因为处罚对于社会成员而言可以发挥警戒作用，促使他们继续留在合作体系之中。

对于社会行为的引导和规范本质上就是激发为社会和法律所认同的集体行为。规导社会行为必须符合集体行为产生和维系的根本机制。建立良好的社会秩序，我们就应该通过德法共治的途径建立社会价值共识、强化社会规则认同、提高人们遵守社会规则的期待、促进相互之间的沟通交流、满足人们采取合理社会行为的利益期待。由此可以推出，德法共治的社会管理创新应该主要聚焦于以下几个方面。

首先，构建德法共治的社会价值认同机制。社会失序的一个重要问题在于缺乏普遍性的价值共识，导致社会生活中价值取向的混杂。这种混杂的价值取向会增加社会行为的不确定性，提高集体性行为发生的难度。我国社会的历史与结构决定了价值的复杂性。我们社会人口密度大、流动性强、民族归属多样，社会分层也日益明显。这些因素使得社会价值的个体性差异明显。要营造良序社会环境，就必须提高社会成员相互之间的价值认同感和社会归属感。当前，我国已经确立了以社会主义核心价值观为核心的价值体系。社会主义核心价值体系凝练了我国优秀的传统文化、高度概括了社会主义道德内涵、浓缩了积极的世界现代道德观念和时代精神、代表了我国人民的共同理想，是引领人们价值生活的基础。推进社会主义核心价值的内化与践行是达成社会价值共识的根本途径。在道德层面，我们要建立完备的社会主义价值学习、传播体系，强化人们的道德认识、培育人们的道德情感。一是完善各层次的社会主义价值学校教育机制。学校教育是我们传授知识、传递文化的主要方式。特别是基础教育，在思想塑造、人格培育方面发挥着不可替代的作用。我们要在基础教育、高层次教育和职业教育等领域开设与社会主义价值相关的课程体系，灌输社会主义价值的内容。二是强化社会主义价值体系的媒体宣传。媒体是现代社会人们获取信息的重要渠道，随着媒体技术的发展，除了传统的电视、广播、纸质媒体，网络媒体在信息传播中的比重迅速增大。移动网络媒体更是异军突起，为人们提供了随时接收

① 〔美〕埃莉诺·奥斯特罗姆：《集体行动与社会规范的演进》，王宇锋译，《经济社会体制比较》2012 年第 5 期，第 11 页。

信息的平台。在社会主义价值传播中，我们要充分发挥媒体特别是网络媒体的优势，实现价值传播的常态化、日常化。网络媒体的主要受众是青年人，通过网络传播社会主义价值，能更高效地帮助年轻一代树立正确的价值观，树立健康的道德人格。三是深化社会主义价值的文化熏陶。我们要加强对社会文化产品的价值审查。由于市场化对于经济利益的追求，一些文化产品为了获得更多利润不惜迎合低俗陈腐的文化取向，严重误导了文化消费者。在我们的文化产品中，有的充斥着拜金主义、消费主义、个人主义文化倾向，有的则表达出对于主流道德的不尊重和挑战。建立文化产品道德管理制度、保证文化产品质量是我们营造高尚社会道德氛围的根本要求。在社会生活中，我们也要通过价值引导增强人们对于负面文化的排斥感，促使人们自觉抵御不良文化的侵扰。在法治层面，我们要制定以社会主义价值为伦理框架的社会规范体系、保障社会行为的价值合理性。法治不仅限于法律体系领域，其本质在于以制度规范社会行为。一方面要在社会主义价值引导下完善和细化法律内容，使法制建设紧跟社会发展的脚步，表达社会主流道德诉求，强化法律的价值合理性；另一方面要围绕社会主义价值以规则规范的方式划定个体行为、组织行为的边界。只有通过德法共治帮助人们达成价值共识、产生道德共同体的归属感，才能更有效地促成社会合道德行为的发生。

其次，构建德法共治的社会行为协调机制。社会成员个体的差异性内在要求对人们行为进行协同调整，以达到一致性。社会行为的协调既需要个体之间的协商交流，也需要群体层面的引导规范。德法共治之于社会行为协调的要义在于实现道德的制度化。我国素有礼仪之邦之称，拥有悠久的道德传统和丰富的道德管理资源。道德生活一度处于我国社会生活的中心地位，在我国传统社会中不但是评价个人品行、判断是非曲直的标准，更是人们进入社会生活的资格。就道德规制而言，传统社会更多地倚重道德教化和个体式的道德修养。孔子曾言：“道之以政，齐之以刑，民免而无耻；道之以德，齐之以礼，有耻且格。”（《论语·为政》）从外在规范和自我约束两方面规导社会行为，开展合乎道德的社会生活是我国传统道德治理的显著特征。我国过去以“礼”来规范人们的行为，“礼”作为道德的外在表现具有普遍的约束性。对于“礼”的尊崇也成为人之为人的道德标准。《礼记》有言：“是故圣人作，为礼以教人，使人以有礼，知自别于禽兽。”（《礼记·曲礼上》）道德的制度化包括两个层面：一是底线道德的法制化，通过法律的强制力量确保社会行为满足最低的道德要求；二是高于底线道德的规则化，即通过明确、具体、具有普遍性的行为规范和指南引导社会成员的道德行为。后者也是礼的现代转换。同时，我们必须引入群体层面的道德管理制度。社会化生产背景之下，行业对于社会领域的涵盖面得到了前所未有的拓展，行业行为在社会秩序的维护中占有至关重要的地位。前文所论及的商业欺诈等现象都属于行业范畴。对于行业行为的协调有赖于道德审查落实与推动。在论述行业自治时已提到，我们应该对行业行为进行制度化的道德审核，增强道德话语在行业规制中的分量。我国有些行业已经开始实施道德审查制度，比如一些医疗部门建立了医学伦理审查委员会，对医学实验、临床治疗、临终护理等过程进行全面伦理监督。我们目前很多行业都建立了行业协会，但更多注重从经济层面对行业参与者进行规范，而对于行业道德监管有待加强。

再次，构建德法共治的社会行为奖惩机制。作为集体行为，人们对于社会规则的态度必然受到利益关系的影响。这种利益不仅涉及经济和物质利益，也包括精神、文化层面的褒奖或处罚。构筑多层面的奖惩制度，在社会成员行为选择与社会收益之间建立必然联系，是规导人们遵规守德的必要机制。在道德层面，我们要弘扬充满正能量的道德风尚，采取道德表彰、道德颁奖等形式给予道德行为以充分的认同，激发人们追求高尚品德的热情。相反，对不道德行为要进行谴责、施加心理压力。我们可以借助网络铺设公共道德舆论平台、展开社会伦理讨论，引导人们关注道德生活。有的城市建立了道德银行，对道德品质优秀者给予正面的社会回馈，取得了良好的效果。当然，社会的道德约束也必须遵守法定权力的界限，不能以非法或不道德的方式推进道德建设。在制度层面，则要提高不道德行为的社会成本。在成熟的信用社会中，个人信用决定其在社会福利、银行贷款方面的限度，不诚信行为将付出高昂的成本。我们也可以借鉴相关制度，在社会规范或者职业规范中将道德作为重要的考量指标，与个人发展、社会生活质量之间结成本质联系。值得一提的是，在我们的社会事件处理中，无论是法律判决还是公共行政，自由裁量权的使用都要充分考虑社会的道德效应，保证程序正义与实质正义的共同实现。

最后，构建德法共治的社会风险监控机制。社会秩序的维护还有赖于对社会道德环境进行动态监控。我们应该设立科学的道德与法治指标，对社会状况进行定期评估，建立社会秩序预警机制。根据美国著名社会学者默顿的研究，当个人文化取向与社会合法方式相背离，或者人们无法通过合法渠道实现社会目标时，更容易引发社会失范行为，这就是为什么处于社会不利地位的人更有可能选择失范行为。因此，我们在社会价值的引导中除了宣扬目的善，还要关注手段的善。在经济价值处于主导价值的时代，倡导以道德的方式、遵循社会秩序和规则创造财富显得尤为必要。默顿发现，美国社会在一段时间内只崇拜财富聚集，而忽视了财富获得的途径，对于一些违规行为产生了不应有的社会包容心理，导致犯罪率上升。对于社会违规行为的监控应该成为社会治理的基本方面。此外，我们还必须对法治运行情况进行综合测评。一要对社会越轨和犯罪问题予以持续关注，二要对法律的公正性和有效性进行测量和评价。公正性主要指对于法律程序的控制，有效性则指人们通过法律途径维护自身权利的现实性和便捷性。之所以有人选择以极端方式表达利益诉求，在很大程度上是因为难以承担法律成本。我们在法治建设中，要进一步降低司法成本，提供更为便捷的法律服务，特别对处于社会不利地位群体施加法律援助，为维权行为提供畅通的法律出口。只有从德法两方面对社会行为进行评价，才能及时发现潜在的失序风险和存在的问题，并采取措施进行修正和防范。

参考文献

中文文献

包心鉴：《社会治理创新与当代中国社会发展》，人民出版社 2014 年版。

陈建平：《“新公共服务”的公共理性诉求》，《上海行政学院学报》2007 年第 3 期。

崔新建：《文化认同及其根源》，《北京师范大学学报》（社会科学版）2004 年第 4 期。

《大学·中庸》，王国轩译注，中华书局 2006 年版。

邓剑秋、张艳国：《中国传统政治文化发展的历程及其特点》，《武汉大学学报》（哲学社会科学版）1998 年第 4 期。

董小燕：《公共领域与城市社区自治》，社会科学文献出版社 2010 年版。

范如国：《复杂网络结构范型下的社会治理协同创新》，《中国社会科学》2014 年第 4 期。

冯仕政：《当代中国的社会治理与政治秩序》，中国人民大学出版社 2013 年版。

敷衣凌：《中国传统社会：多元的结构》，《中国社会经济史研究》1988 年第 3 期。

高宣扬：《论福柯对国家理性的批判》，《求是学刊》2007 年第 6 期。

高彦彦等：《政府规模与经济发展》，《经济评论》2011 年第 2 期。

龚维斌：《中国社会治理研究》，社会科学文献出版社 2014 年版。

郭绍林：《论唐代社会对皇权的制约机制》，《中国史研究》1995 年第 3 期。

胡仙芝：《从善政向善治的转变》，《中国行政管理期》2001 年第 9 期。

惠毅、邓巍：《论国家权力与公民权利之关系》，《西北大学学报》（哲学社会科学版）2007 年第 1 期。

霍存福：《论皇帝行使权力的类型与皇权、相权问题（上）》，《吉林大学社会科学学报》1990年第2期。

冀英俊：《隋代皇权制约理论研究》，《理论界》2013年第10期。

寇东亮：《陌生化境遇中的社会心态及其道德风险》，《山东社会科学》2014年第3期。

黎桦：《以微观制度实现人格权的差等性立法》，《中国社会科学报》2015年8月12日。

李建华：《公共政策程序正义及其价值》，《中国社会科学》2009年第1期。

李昕：《中国三大收入差距成因及改革探析》，《求实》2013年第8期。

李学勤主编《十三经注疏——尚书正义》，北京大学出版社1999年版。

李友梅：《城市社会治理》，社会科学文献出版社2014年版。

林立公：《马克思主义经典作家关于政党学说的基本思想》，《政治学研究》2011年第6期。

刘伯高：《政府公共舆论管理研究》，博士学位论文，苏州大学，2007。

刘光大、岳朝阳：《政府规模增长成因研究四类理论假设》，《中山大学学报》（社会科学版）2007年第2期。

《论语》，张燕婴译注，中华书局2006年版。

《孟子》，万丽华、蓝旭译注，中华书局2006年版。

潘亚玲：《爱国主义与民族主义辨析》，《欧洲研究》2006年第4期。

钱穆：《国史新论》，三联书店2001年版。

裘斌：《“乡贤治村”与村民自治的发展走向》，《甘肃社会科学》2016年第2期。

全永波：《社会治理创新——基于浙江舟山群岛新区的研究》，中国社会科学出版社2014年版。

任剑涛：《国家治理的简约主义》，《开放时代》2010年第7期。

《诗经》，王秀梅译注，中华书局2006年版。

宋贵伦：《中外社会治理研究报告》（上、下集），中国人民大学出版社2015年版。

宋小敏：《论马克思主义关于制度变迁原因和条件的理论》，《江汉论坛》2002 年第 5 期。

孙芳：《中国行业协会发展方向研究》，博士学位论文，对外经贸大学，2004。

孙启文：《居民收入保持较快增长——解读〈二〇一四年国民经济和社会发展统计公报〉》，中华人民共和国国家统计局网站，2015 年 3 月 11 日，http://www.stats.gov.cn/tjsj/sjjd/201503/t20150311_692389.html。

孙涛：《论党委领导与社会治理体制创新》，《云南行政学院学报》2015 年第 1 期。

万俊人：《爱国主义是首要的公民美德》，《道德与文明》2009 年第 5 期。

万俊人：《论中国伦理学之重建》，《北京大学学报》（哲学社会科学版）1990 年第 1 期。

万俊人：《政治如何进入哲学》，《中国社会科学》2008 年第 2 期。

王邦佐：《居委会与社区治理》，上海人民出版社 2003 年版。

王名：《社会组织与社会治理》，社会科学文献出版社 2014 年版。

王日根：《乡绅对明清江西地方社会秩序的意义》，《农业考古》2018 年第 6 期。

王淑芹、刘畅：《德治与法治：何种关系》，《伦理学研究》2014 年第 5 期。

王巍：《社区治理结构变迁中的国家与社会》，中国社会科学出版社 2009 年版。

王银宏：《作为权力形态的晚清公共舆论》，《政法论坛》2010 年第 5 期。

魏礼群：《创新社会治理体制》，北京师范大学出版社 2014 年版。

吴敏燕：《吕贝尔的马克思民主观评析》，《江汉论坛》2010 年第 2 期。

夏勇：《法治是什么——渊源、规诫与价值》，《中国社会科学》1999 年第 4 期。

谢晓娟：《政治文化：民主政府的制度环境与制度精神》，《中国特色社会主义研究》2008 年第 2 期。

徐祖澜：《历史变迁语境下的乡绅概念之界定》，《湖北社会科学》2016年第6期。

《荀子》，安小兰译注，中华书局2007年版。

杨开道：《中国乡约制度》，商务印书馆2015年版。

杨天宇撰《礼记译注》，上海古籍出版社2004年版。

俞可平：《依法治国的政治学意蕴》，《探索与争鸣》2015年第2期。

郁建兴：《马克思的政治哲学遗产》，《中国社会科学》2006年第6期。

曾小华、季盛清：《论中国古代的皇权与相权》，《浙江学刊》1997年第4期。

张康之：《限制政府规模的理念》，《行政论坛》2000年第4期。

张胜利：《中国古代皇权的制度性与非制度性制约》，《中州学刊》2016年第8期。

张翼：《社会治理：新思维与新实践》，社会科学文献出版社2014年版。

赵司空：《论文化认同与中国化的马克思主义》，《马克思主义研究》2012年第11期。

赵燕玲：《论中国古代皇权制约理论与制约机制》，《湖北社会科学》2013年第2期。

赵勇：《社会主义意识形态功能研究》，博士学位论文，华东师范大学，2007。

周红云：《社会管理创新》，中央编译出版社2013年版。

周红云：《社会治理》，中央编译出版社2015年版。

周红云：《中国社会组织管理体制改革：基于治理与善治的视角》，《马克思主义与现实》2010年第5期。

周庆智：《关于“村官腐败”的制度分析》，《武汉大学学报》（哲学社会科学版）2015年第5期。

朱日耀：《中国传统政治文化的结构及其特点》，《政治学研究》1987年第6期。

（宋）朱熹：《四书章句集注》，中华书局1983年版。

朱耀垠：《中国乡老参与乡村社会治理的传统》，《社会治理》2017

年第 10 期。

朱贻庭：《中国传统伦理思想史》，华东师范大学出版社 2003 年版。

〔法〕阿尔都塞：《意识形态和意识形态国家机器》，载陈越编译《哲学与政治——阿尔都塞读本》，吉林人民出版社 2003 年版。

〔印度〕阿马蒂亚·森：《伦理学与经济学》，王宇、王文玉译，商务印书馆 2000 年版。

〔印度〕阿马蒂亚·森：《贫困与饥荒》，王宇、王文玉译，商务印书馆 2001 年版。

〔印度〕阿玛蒂亚·森、让·德雷兹：《印度：经济发展与社会机会》，黄飞君译，社会科学文献出版社 2006 年版。

〔印度〕阿马蒂亚·森：《以自由看待发展》，任赜、于真译，中国人民大学出版社 2002 年版。

〔美〕埃莉诺·奥斯特罗姆：《公共事务的治理之道》，李正中译，上海译文出版社 2000 年版。

〔美〕埃莉诺·奥斯特罗姆：《集体行动与社会规范的演进》，王宇锋译，《经济社会体制比较》2012 年第 5 期。

〔法〕邦雅曼·贡斯当：《古代人的自由与现代人的自由》，阎克文、刘满贵译，上海人民出版社 2005 年版。

〔美〕保罗·布卢姆：《善恶之源》，青涂译，浙江人民出版社 2015 年版。

〔古希腊〕柏拉图：《理想国》，郭斌和、张竹明译，商务印书馆 2002 年版。

〔美〕布鲁斯·W. 布劳尔：《公共理性的局限》，陈肖生译，载《公共理性》，浙江大学出版社 2011 年版。

〔美〕达尔：《论民主》，李风华译，中国人民大学出版社 2013 年版。

〔英〕大卫·麦克里兰：《意识形态》，孔兆新、蒋龙翔译，吉林人民出版社 2005 年版。

〔美〕德沃金：《至上的美德》，冯克利译，江苏人民出版社 2003 年版。

〔美〕菲利克斯·格罗斯：《公民与国家》，王建娥、魏强译，新华出版社2003年版。

〔美〕弗里德里希·沃特金斯:《西方政治传统——现代自由主义发展研究》,黄辉、杨健译,吉林人民出版社2001年版。

〔美〕弗里德曼:《资本主义与自由》,张瑞玉译,商务印书馆1986年版。

〔法〕福柯:《话语的秩序》,肖涛译,载《语言与翻译的政治》,中央编译出版社2001年版。

〔德〕哈贝马斯:《公共领域的结构转型》,曹卫东等译,学林出版社1999年版。

〔美〕哈耶克:《个人主义与经济秩序》,邓正来译,三联书店2003年版。

〔英〕海伍德:《政治学》,张立鹏译,中国人民大学出版社2013年版。

〔美〕汉娜·阿伦特:《人的境况》,王寅丽译,上海人民出版社2009年版。

〔美〕赫伯特·马尔库塞:《单向度的人》,刘继译,上海译文出版社2008年版。

〔德〕黑格尔:《法哲学原理》,范扬、张企泰译,商务印书馆2013年版。

〔英〕霍布斯:《利维坦》,黎思复、李廷弼译,商务印书馆1986年版。

〔英〕J. S. 密尔:《代议制政府》,汪瑄译,商务印书馆1984年版。

〔美〕加布里埃尔·A. 阿尔蒙德、西德尼·维巴:《公民文化——五个国家的政治态度和民主制度》,张明澍译,商务印书馆、人民出版社2014年版。

〔加〕金里卡:《当代政治哲学》,刘莘译,上海三联书店2004年版。

〔美〕卡罗尔·佩特曼:《参与和民主理论》,陈尧译,上海人民出版社2006年版。

〔美〕凯斯·R. 孙斯坦:《自由市场与社会正义》,金朝武等译,中国政法大学出版社2002年版。

〔英〕柯亨:《马克思与诺齐克之间》,应奇、刘训练译,江苏人民出版社2007年版。

〔美〕劳伦斯·B. 索罗姆:《构建一种公共理性的理想》,陈肖生译,载《公共理性》，浙江大学出版社2011年版。

〔美〕列奥·施特劳斯：《自然权利与历史》，彭刚译，三联书店2006年版。

〔法〕卢梭：《社会契约论》，何兆武译，商务印书馆2002年版。

〔美〕罗伯特·帕特南：《独自打保龄球——美国社区的衰落与复兴》，刘波等译，燕继荣审校，北京大学出版社2011年版。

〔美〕罗尔斯：《正义论》，何怀宏等译，中国社会科学出版社1988年版。

〔美〕罗尔斯：《政治自由主义》，万俊人译，译林出版社2000年版。

〔美〕罗纳德·英格尔哈特：《静悄悄的革命——西方民众变动中的价值与政治方式》，叶丽娟、韩瑞波等译，上海人民出版社2016年版。

〔德〕马克斯·韦伯：《新教伦理与资本主义精神》，康乐、简惠美译，广西师范大学出版社2007年版。

〔美〕迈克尔·布林特：《政治文化的谱系》，卢春龙、袁倩译，丛日云校，社会科学文献出版社2013年版。

〔英〕迈克尔·曼：《社会权力的来源》，刘北成、李少军译，上海人民出版社2002年版。

〔美〕迈克尔·桑德尔：《公正，该如何做是好?》，朱慧玲译，中信出版社2011年版。

〔美〕曼瑟·奥尔森：《权力与繁荣》，苏长和、嵇飞译，上海人民出版社2014年版。

〔法〕米歇尔·克罗齐、〔美〕塞缪尔·P. 亨廷顿、〔日〕绵贯让治：《民主的危机》，马殿军等译，求实出版社1989年版。

〔美〕内尔·诺丁斯：《始于家庭：关怀与社会政策》，侯晶晶译，教育科学出版社2006年版。

〔英〕诺曼·费尔克拉夫：《话语与社会变迁》，殷晓蓉译，华夏出版社2003年版。

〔美〕塞缪尔·亨廷顿、劳伦斯·哈里森主编《文化的重要作用——价值观如何影响人类进步》，程克雄译，新华出版社2010年版。

〔英〕斯蒂芬·P. 奥斯本（Stephen P. Osborne）：《新公共治理？——公共治理理论和实践方面的新观点》，包国宪、赵晓军等译，科学出版社

2016 年版。

〔美〕特里·L. 库珀：《行政伦理学——实现行政责任的途径》，张秀琴译，中国人民大学出版社 2001 年版。

〔美〕沃尔泽：《正义诸领域》，褚松燕译，译林出版社 2002 年版。

〔英〕亚当·斯密：《国民财富的性质和原因的研究》（上、下卷），郭大力、王亚南译，商务印书馆 1994 年版。

〔古希腊〕亚里士多德：《尼各马可伦理学》，廖申白译，商务印书馆 2009 年版。

〔古希腊〕亚里士多德：《政治学》，吴寿彭译，商务印书馆 1983 年版。

〔法〕耶夫·西蒙：《权威的性质与功能》，吴彦译，商务印书馆 2015 年版。

〔英〕以赛亚·柏林：《自由论》，胡传胜译，译林出版社 2003 年版。

〔英〕约翰·B. 汤普森：《意识形态与现代文化》，高铦等译，译林出版社 2005 年版。

〔美〕约翰·R. 扎勒：《公共舆论》，陈心想等译，中国人民大学出版社 2013 年版。

〔美〕詹姆斯·博曼、威廉·雷吉：《协商民主：论理性与政治》，陈家刚等译，中央编译出版社 2006 年版。

英文文献

Arizpe, Lourdes, *Culture, Diversity and Heritage: Major Studies*, Springer Cham Heidelberg New York Dordrecht London, 2015.

Arneson, Richard J., "Equality and Equal Opportunity for Welfare," *Philosophical Studies* 56: 1 (1989).

Barber, Benjamin R., *Strong Democracy: Participatory Politics for a New Age*, Berkeley University of California Press, 2003.

Barry, Norman P., An Introduction to Modern Political Theory (Second Edition), St. Martin's Press, 1989.

Bartels, Larry M., *Unequal Democracy: The Political Economy of the New Gilded Age*, Princeton University Press, 2010.

Benson, Ezra Taft, *The Proper Role of Government*, Archive Publishers,

2009.

Bond, Jon R., *Analyzing American Democracy: Politics and Political Science*, Routledge, 2013.

Brandsen, Taco et al., *Manufacturing Civil Society: Principles, Practices and Effects*, Palgrave Macmillan, 2014.

Cataldo, Vincenzo Di, *The Role of Law, the Role of Reason and Intellectual Property: The Passing of Time and the Sense of the Rules*, Max Planck Institute for Innovation and Competition, Munich, 2015.

Clammer, J., *Cultures of Transition and Sustainability*, Palgrave Macmillan, 2016.

Crocker, Lawrence, *Positive Liberty: An Essay in Normative Political Philosophy*, Sprnger Dordrecht, 1980.

De-Shalit, Avner, "On Behalf of 'The Participation of The People': A Radical Theory of Democracy," *Res Publica* 3: 1 (1997).

De Vries, Michiel S., and Pan Suk Kim, *Value and Virtue in Public Administration: A Comparative Perspective*, Palgrave Macmillan, 2011.

De Vries, Michiel S. et al., *Improving Local Government: Outcomes of Comparative Research*, Palgrave Macmillan, 2008.

Douifi, Mohamed, *Language and the Complex of Ideology*, Palgrave Macmillan, 2018.

Fleurbaey, Marc, "Equality and Responsibility," *European Economic Review* 39 (1995).

George, Robert P., Christopher Wolfe, *Natural Law and Public Reason*, Georgetown University Press, 2000.

Gildin, Hilail, ed., *An Introduction to Political Philosophy: Ten Essays by Leo Strauss*, Wayne State University Press, 1989.

Greenawalt, Kent, *Private Consciences and Public Reasons*, Oxford University Press, 1995.

Habibi, Don A., *On Liberty: Positive and Negative, John Stuart Mill and the Ethic of Human Growth*, Springer Dordrecht, 2001.

Huberts, Leo, *The Integrity of Governance: What It Is, What We Know,*

What is Done, and Where to Go, Palgrave Macmillan, 2014.

Huppes-Cluysenaer, Liesbeth, and Nuno M. M. S. Coelho, *Aristotle and The Philosophy of Law: Theory, Practice and Justice* , Springer Dordrecht, 2013.

Joyce, Paul et al. , *Developments in Strategic and Public Management*, Palgrave Macmillan, 2014.

Lægreid, Per, Koen Verhoest, eds. , *Governance of Public Sector Organizations: Proliferation, Autonomy and Performance*, Palgrave Macmillan, 2010.

Licht, Amir N. , Chanan Goldschmidt, and Shalom H. Schwartz, "Culture Rules: The Foundations of the Rule of Law and Other Norms of Governance," *Journal of Comparative Economics* 35 (2007).

MacGilvray, Eric A. , *Reconstructing Public Reason*, Harvard University Press, 2004.

Markovic, Mihailo, "The Language of Ideology," *Synthese* 59 (1984).

Mccarney, Patricia L. "Thinking about Governance in Global and Local Perspective," *Urban Forum* 11: 1, 2000.

Miller, Fred D. , and Carrie-Ann Biondi, *A History of the Philosophy of Law from the Ancient Greeks to the Scholastics*, Springer Dordrecht, 2015.

Newman, Olivia, *Liberalism in Practice: The Psychology and Pedagogy of Public Reason*, The MIT Press, 2015.

Osler, Audrey, Hugh Starkey, *Teacher Education and Human Rights*, Routledge, 2019.

Patriquin, Larry, *Economic Equality and Direct Democracy in Ancient Athens*, Palgrave Macmillan, 2015.

Peragine, "Opportunity Egalitarianism and Income Inequality," *Mathematical Social Science* 44 (2002).

Rawls, John, *Lectures on the History of Political Philosophy*, The Belknap Press of Harvard University Press, 2007.

Shils, Edward, *The Virtue of Civility*, Liberty Fund, 1997.

Smith, Philip D. , *The Virtue of Civility in the Practice of Politics*, UPA Press, 2002.

Smith, William, *Democracy, Deliberation and Disobience*, Kluwer Academic Publishers, 2004.

Steurer, Reinhard, "Disentangling Governance: A Synoptic View of Regulation by Government, Business and Civil Society," *Policy Sci* 46 (2013).

Strauss, Leo, and Joseph Cropsey, *History of Political Philosophy* (3rd edition), University of Chicago Press, 1987.

Tangian, *Mathematical Theory of Democracy*, Springer Berlin Heidelberg, 2014.

Tönnies, Ferdinand, *Community and Civil Society*, Cambrige University Press, 2001.

Türke, Ralf-Eckhard, *Governance: Systemic Foundation and Framework*, Physica-Verlag Heidelberg, 2008.

Tsujinaka, Yutaka, Shakil Ahmed, and Yohei Kobashi, "Constructing Co-governance between Government and Civil Society: An Institutional Approach to Collaboration," *Public Organiz Rev* 13 (2013).

Tutunarua, Mircea, "Romulus Morega, Social and Economic Premises on the Rule of Law," *Procedia-Social and Behavioral Sciences* 149 (2014).

Varien, Mark D., and James M. Potter, *The Social Construction of Communities*, Alta Mira Press, 2008.

Voβ, Jan-Peter, and Richard Freeman, eds., *Knowing Governance*, Palgrave Macmillan, 2016.

Weisband, Edward, *Political Culture and the Making of Modern Nation-States*, Routledge, 2015.

Westermeyer, G., *The Impact of Private Actors on Security Governance*, Springer Fachmedien Wiesbaden, 2013.

Zhao, B., "Political Transition: From 'the Rule of Man' to 'the Rule of Law'," in *To Build a Harmonious World*, Springer Berlin Heidelberg, 2014.

Zweerde, Evert Van Der, "Civil Society and Ideology: A Matter of Freedom," *Studies in East European Thought* 48 (1996).

索　引

A

阿尔都塞　118，155～157

阿尔蒙德　13，20～22，25

阿伦特　2，3，160，171

阿马蒂亚·森　74，84，89，129，186

阿内森　191

艾斯特　160

艾维纳　159，160

爱国主义　179，180

奥斯本　20

奥斯特罗姆　205，225～227

B

巴伯　96，97

比尔斯　96

柏拉图　45，46，51，52，55，81，93，101，133，143，177

柏林　55

补偿原则　190，193

布劳尔　167

布林特　18

布卢姆　156，157

C

差别原则　89，192

程序正义　185，187，188，229

重叠共识　13，48，76，152，189

次人　48

D

单向度　60，75

党委领导　10，109，113，174，216

道德能力　18，42，165

道德认同　12

道德实践　23，31

德沃金　88

德治　13，31，43，183，221，222，228

多维一体　152

多伊菲　161

多元网络　142

E

恩格斯　52，56，57，61，62

F

法尔　140

法治　10，70，99～108，126，136，158，185，207，221，222，228，230

范如同　155

弗里德曼　128

弗洛拜　190，191

福柯　28，164

福利平等　87，88

复合平等　192

G

高斯　208，209

格罗斯　147，179

个体权利　47，109，121～126，145

公地悲剧　205

公共服务　65，126，130，135，137，141，

142，173，174，180，189，195，196，199，214，215，217，220
公共理性 132，163，165～174，182，189，199，206，208
公共利益 11，23，24，73，107，126，132，137，138，140，172～174，177，178，198，202，208，220，223
公共领域 2，3，6～9，15，25，29，44，57，77，78，81，87，95，115，118，120，121，153，157，169，176，178，180，206，213，214
公共生活 1～3，10，11，14，16，26，29，54，55，66，75，79，81，95，98，118，121，140，154，166，169，174，176～178，180，181，222，223
公共舆论 109，114～118，120，121，152～154，156，157，159～163
公共秩序 169，178，180，181，223
公民参与 94，96，98，99，149，159，178，199，204
公民道德 81，175～177，183
公民美德 93，96，102，132，174～183
公民权力 5，45，65，76，77，111～114，121，133，136，139，142～146，148～152，163，171，181
“公民宪章”运动 173
公众意志 109，121～126，199，204
共同体意识 162，163
古德斯密特 100
国家权力 2，3，5，6，15，33，59，64，76，77，81，101，104，111～114，120，121，127，133，135，136，139，142，144，146～152，154，163，164，166，204，205，210～213
国家治理 1，9，119，120，136，139，160，163

H

哈耶克 79，135，185
和谐共治 151
亨廷顿 17
话语 1～4，12，13，16，17，22，26～29，36，60，65，83，105，115，118，120，122，123，126，132，137，140，152，153～161，163，172，181，201，203，207，208，212，229
惠民 28，38
霍布斯 2，47～50，52，104

J

金里卡 19，158
经济理性 16，75，84，97，164，165，169
经济人 52
菊池 226
决定树 191
均等原则 189

K

康德 48，52，53，81，104，167
柯亨 82
可得性 192
克莱梅尔 29
孔子 30～32，34，38，40，41，44，228
库珀 171
库依曼 140

L

李建华 187，188
理性能力 104，117
利希特 100

利益相关者参与 99，203，209
卢梭 47～49，95，145，147，148，150
罗尔斯 48，53，85，89，90，123，131，136，141，150，165～168，170，184，186～189，192，207
罗梅 191～193，197，198
逻各斯 177
洛克 52，145，147，148

M

马克思 17，52，55～72，80，82，95～97，112，119，127，144，147，148，151，161，194，218
迈克尔·曼 144～146，150，151
孟德斯鸠 18，99，147，148，151
孟子 31，38，39，44，183
密尔 94
民主 13，14，17，18，20～23，25，26，28，44，45，53，54，60～62，67，69～71，74，91～99，103～105，114，122，124，126，132，150，152，158～160，165，166，168～170，184，185，199～209，214～217，222

N

诺丁斯 124，149

P

帕拉金 190
帕特南 26，27
佩特曼 204
平等 5，7，16，19，26，28，48～50，52，54，56，57，60，61，65，66，70，74，81～83，85～91，94，104～106，108，109，111，123，124，126，129，135，136，140～143，151，152，155，157，164～166，169，172，175，176，178，185，186，189～197，199，201，207，208，215，217，220
平庸的恶 171

Q

强势民主 97

R

人类共同体 147

S

桑德尔 186
社会多维协商机制 199
社会公平 29，109，127，130，131，159，182，184，185，197，221
社会规范 31，103，105～108，138，142，180，181，184，211，225～229
社会契约 4，49，50，53，55，93，144，145，147，148，180
社会权力 1～5，10，11，13，15，16，28，50，51，54，60，65，73，76，77，105，107，111～114，118，120，121，136，139，142，144～146，148～152，158～160，163，204，206，210～214，217，218
社会上层建筑 158
社会治理 1～4，9～33，36，37，42～45，53，54，65，66，69～77，80，81，87，88，89，91，95～99，103，105～114，116～123，125～132，136～142，147，151～167，169～174，176，178，180，182～185，192，194，195，197，199，201～204，206，208～210，212，214，215，219，221，222，225，230
社会主义 5～10，14，64，69～71，75，

87，109，110，112～114，118～120，127，138，152，155，158，160～163，167，168，177，178，182，184，186，189，194，195，199，201，209，216，217，221，227，228
社会主义核心价值观 70，75，120，161，162，167，177，227
社会组织动员 211
社区自治能力 214，215
生活化政治 29
施特劳斯 1～3，45，47，49，143
施瓦茨 100
实质正义 186～188
市民社会 58，59，144，148
斯密 7，52，84，100，126，134，185，188，224
斯特雷尔 139
苏格拉底 93，100～102，133，168
孙斯坦 164
索罗姆 166，167，169

T

汤普森 64
滕尼斯 162

W

万俊人 4，14，27，179
网络拓扑结构 155
韦伯 42，128，143，147
文化改革伙伴 29
文化上层建筑 160
沃尔泽 90，91，192

X

西蒙 22，23
乡约制度 36，37
协商民主 165，166，168，170，207，208
协同治理 140
荀子 40，41

Y

亚里士多德 18，23，45，46，51，55，56，92，93，100～102，133，143，174～177，179
杨开道 36，37
意识形态 55，62～64，66，71，76，80，96，97，109，114，118～121，123，152～163，178
意识形态国家机器 155～157
应得 89，134，189，194
英格尔哈特 19
原生运气 82，83，88，89，131，134，190，196

Z

责任原则 190
扎勒 153，161，162
正义 31，45，46，52，53，89～91，96，101，102，118，130，131，136，141，158，159，164，168，173，177，180～182，184～189，192，193，195，197，207，221，224，229，230
政府转型 16，132
政治参与 20，22，26，98，99，103，114，152，175
政治共同体 22，27，96，101，166，167，179
至善 37
忠恕之道 168
周红云 9，218

朱熹 41
朱贻庭 38
自由 6，7，14，18，19，22，37，48，49，52～61，63～68，70～81，83，84，89，94～97，100，104，105，112，115，120，124，125，127，128，132～134，136，137，143～145，147，158，164，166，167，169，178，181，184～186，188～190，193～195，199，205，207，216，217，229

后　记

社会治理作为国家治理的重要组成部分，标志着社会建设从管理走向治理的全面转型。在此过程中，社会权力结构、社会主体间关系以及社会道德图式都面临变化与调整。这些改变都建立在深厚的政治哲学基础之上，也表达了社会治理新的政治哲学诉求。面对社会治理，我们不禁追问：社会治理理念的源头何在？在社会治理中我们追寻何种德性？社会治理又内生出怎样的道德期待？正是对上述问题的思考开启了本书的探寻之路。学术之旅伴随着摸索的快乐、偶得的喜悦，也必定经历曲折艰辛。一路走来，幸有良师益友指点迷津、加持扶助，方能拨开思想的迷雾、品尝付梓之时的怡然自得。

本书缘起于浙江师范大学李建华教授当年主持的湖南省社科基金重大委托项目“创新社会管理的政治哲学基础研究”，承蒙李建华教授信任，邀请我参与课题研究，为我敞开了从政治哲学视角探究社会治理的大门。书稿撰写过程中，李建华教授悉心传道授业，使我在困惑之时总能顿开茅塞。

本书撰写也得到清华大学万俊人教授的悉心指导、解惑，每就学术难题请教万教授，都如沐甘霖，从万教授的智慧中获得继续前进的勇气。在此特别感谢李建华教授、万俊人教授两位恩师的呵护滋养，只是寸草之心，难报春晖。

中南大学左高山教授对书稿提出了富有建设性的意见，他严谨细致的治学态度让我印象深刻、收益良多。成书期间，清华大学李义天教授、湖南师范大学彭定光教授、南京师范大学王露露教授等学友都给予了关心、支持，在此致以深谢！我还要感谢中南大学哲学系全体同人所提供的热情帮助！

感谢全国哲学社会科学工作办公室，感谢各位评审过本书的专家，感谢社会科学文献出版社！社会科学文献出版社袁卫华老师为此书出版付出了大量心血，虽然出版事宜琐碎，但袁老师不厌其烦，在交流中总能感受他的热忱和负责，特此感谢！

周谨平

于中南大学

2020 年 3 月

图书在版编目（CIP）数据

社会治理的政治哲学话语 / 周谨平著. -- 北京：
社会科学文献出版社，2020.12
国家社科基金后期资助项目
ISBN 978-7-5201-7223-3

Ⅰ.①社… Ⅱ.①周… Ⅲ.①社会管理-政治哲学-
研究-中国 Ⅳ.①D63

中国版本图书馆 CIP 数据核字（2020）第 164154 号

国家社科基金后期资助项目
社会治理的政治哲学话语

著　　者 / 周谨平

出 版 人 / 王利民
组稿编辑 / 宋月华
责任编辑 / 袁卫华

出　　版 / 社会科学文献出版社 · 人文分社（010）5967215
地址：北京市北三环中路甲 29 号院华龙大厦　邮编：100029
网址：www.ssap.com.cn
发　　行 / 市场营销中心（010）59367081　59367083
印　　装 / 三河市龙林印务有限公司

规　　格 / 开 本：787mm × 1092mm　1/16
印 张：16.25　字 数：254 千字
版　　次 / 2020 年 12 月第 1 版　2020 年 12 月第 1 次印刷
书　　号 / ISBN 978-7-5201-7223-3
定　　价 / 148.00 元

本书如有印装质量问题，请与读者服务中心（010-59367028）联系